Fiodor Dostoïevski

La biographie du plus grand romancier russe

AIMÉE **DOSTOÏEVSKI**

Discovery Publisher

Fyodor Dostoyevsky, A Study by Aimée Dostoyevsky
New Haven Yale University Press

Auteur : Aimée Dostoyevsky
Traduction : Lisa Forrler, Timothée Tournier, Clélia Lefevre
Relecture : Maëlys Benetreau

616 Corporate Way
Valley Cottage, New York
www.discoverypublisher.com
editors@discoverypublisher.com
Fièrement pas sur Facebook ou Twitter

New York • Paris • Dublin • Tokyo • Hong Kong

Table des matières

Fiodor Dostoïevski

La biographie du plus grand romancier russe

AIMÉE **DOSTOÏEVSKI**

Préface

La Russie s'apprêtait à célébrer le centenaire de la naissance de Fiodor Dostoïevski le 30 octobre 1921. Nos écrivains et nos poètes espéraient faire honneur, en prose et en vers, au grand romancier russe ; les peuples slaves s'étaient arrangés pour envoyer des délégations à Petrograd, pour rendre leurs hommages en tchèque, en serbe et en bulgare, au grand slavophile, toujours fidèle à l'idée de notre future confédération slave. La famille Dostoïevski, à son tour, proposa de marquer l'occasion en publiant les documents conservés au musée historique de Moscou. Ma mère aurait donné au monde ses souvenirs de son illustre mari, et moi j'aurais écrit une nouvelle biographie de mon père, et j'aurais consigné mes impressions d'enfant à son sujet.

Il est peu probable qu'un tel festival ait lieu. Une terrible tempête passa sur la Russie, détruisant tout le tissu de notre civilisation européenne. La révolution, prédite depuis longtemps par Dostoïevski, éclata après une guerre désastreuse. Le fossé qui, depuis deux siècles, se creusait entre nos paysans et nos intellectuels devint un abîme. Nos intellectuels, enivrés par les utopies européennes, se tournaient vers l'ouest, tandis que notre peuple, fidèle à la tradition de ses ancêtres, avait les yeux tournés vers l'est. Les nihilistes et les anarchistes russes voulaient introduire l'athéisme européen dans notre pays, tandis que notre paysannerie, profondément religieuse, restait fidèle au Christ.

Le résultat de ce conflit est maintenant devant nous. Les intellectuels qui espéraient régner en Russie à la place du tsar, et la gouverner à leur gré, furent balayés par notre peuple exaspéré, qui les considérait comme des êtres stupides et maléfiques. Les uns trouvèrent refuge dans les palais de nos anciennes ambassades, et prétendent aujourd'hui gouverner la Russie depuis les bords de la Tamise ou de la Seine, en s'efforçant de ne pas remarquer les sourires narquois des ambassadeurs européens ; les autres se réunirent autour des innombrables journaux russes dont on imprime quelques centaines d'exemplaires, et qu'on offre gratuitement à quiconque peut être amené à les lire. Les lecteurs, cependant, se font de plus en plus rares. Les Européens commencent à comprendre que nos intellectuels sont des rêveurs, et que le moujik socialiste et anarchiste dont ils parlent dans leurs journaux n'a jamais existé que dans l'imagination naïve des «grands-pères et grands-mères de la révolution russe».

Loin d'être un anarchiste, le moujik russe est en passe de construire un immense empire oriental. Il fraternise avec les Mongols, et établit des relations amicales avec l'Inde, la Perse et la Turquie. Il garde le bolchévisme comme un épouvantail pour les moineaux, afin d'éloigner la vieille Europe, de l'empêcher de se mêler des affaires russes et d'entraver la construction de l'édifice national. Le jour où il sera achevé, le moujik russe détruira l'épouvantail, qui aura fait son temps, et l'Europe étonnée verra se dresser devant elle un nouvel empire russe, plus puissant et plus solide que l'ancien. Nos moujiks sont de bons architectes, et en sages, ce qu'ils ont toujours été, ils n'ont pas l'idée d'inviter les intellectuels à être leurs architectes. Ils ont compris que ces malades pouvaient détruire la plus belle civilisation du monde, mais qu'ils étaient bien incapables de construire quoi que ce soit à sa place.

Si le centenaire de Dostoïevski ne peut être célébré en Russie, j'aimerais qu'il le soit en Europe, car il est depuis longtemps considéré comme un écrivain universel, un de ces phares qui éclairent le chemin de l'humanité. J'ai donc décidé de publier en Europe la biographie de mon père, que j'avais espéré publier en Russie ; c'est d'autant plus opportun que toute ma fortune est entre les mains des bolchéviques, et que je dois maintenant travailler pour vivre. Les nouveaux détails sur la vie de mon père qui se trouveront dans mon livre pourront suggérer à ses admirateurs de nouvelles études critiques de ses œuvres, et les rendre plus populaires parmi les lecteurs européens et américains. Ce sera certainement la meilleure façon de célébrer le centenaire du célèbre écrivain.

Aimée Dostoïevski

Fiodor Dostoïevski

La biographie du plus grand romancier russe

AIMÉE **DOSTOÏEVSKI**

I

L'origine de la
famille Dostoïevski

« J e connais notre peuple. J'ai vécu avec eux en prison, mangé avec
eux, dormi avec eux, travaillé avec eux. Le peuple m'a rendu le
Christ, que j'ai appris à connaître dans la maison de mon père,
mais que j'ai perdu plus tard, quand je suis devenu à mon tour "un libéral européen". » – août 1880.

Lorsque je lisais les biographies de mon père, j'étais toujours surpris
de constater que ses biographes l'avaient étudié uniquement comme un
Russe, et parfois même comme le plus russe des Russes. Or Dostoïevski n'était russe que du côté maternel, car ses ancêtres paternels étaient
d'origine lituanienne. De toutes les terres de l'empire russe, la Lituanie
était certainement la plus intéressante en raison de ses transformations
et des diverses influences qu'elle avait subies au cours des siècles. La
race lituanienne était composée du même mélange que la race russe, de
Slaves et de tribus finno-turques. Pourtant, il existait une différence très
marquée entre les deux peuples. La Russie était restée longtemps sous le
joug tatar et s'était mongolisée. La Lituanie, en revanche, fut normandisée par les Normands, qui commerçaient avec la Grèce par les voies navi-
gables du Niémen et du Dniepr. Trouvant ce commerce très rentable, les
Normands établirent de vastes dépôts commerciaux en Lituanie, qu'ils
placèrent sous la garde de sentinelles. Peu à peu, ces dépôts se transfor-
mèrent en forteresses, et les forteresses en villes. Certaines de ces villes
existent encore aujourd'hui, comme la ville de Polozk, par exemple, qui
était gouvernée par le prince normand Rogvolod. Le pays entier était
divisé en un certain nombre de petites principautés ; la population était
lituanienne, le gouvernement normand. Un ordre parfait régnait dans
ces principautés, et excitait l'envie des peuples slaves voisins[1].

1. Cette jalousie conduisit les Slaves qui habitaient les rives du Dniepr, et qui
étaient les ancêtres des Ukrainiens et des Russes, à désirer que des princes normands les gouvernent à leur tour. Ils envoyèrent une députation en Lituanie

Les Normands ne se tenaient pas à l'écart des Lituaniens; les princes et leurs partisans se mariaient volontiers avec les femmes du pays, et se fondaient peu à peu dans la population d'origine. Leur sang normand donna une telle vigueur aux Lituaniens, jusqu'alors insignifiants, qu'ils vainquirent les Tatars, les Russes, les Ukrainiens, les Polonais et les chevaliers teutoniques, leurs voisins du nord. Au XVᵉ siècle, la Lituanie était devenue un immense grand-duché, qui comprenait toute l'Ukraine et une grande partie de la Russie. Elle jouait un très grand rôle parmi les autres pays slaves, possédait une cour brillante et très civilisée, et attirait de nombreux étrangers de renom, poètes et hommes de lettres. Les boyards russes qui s'opposaient à la tyrannie de leurs tsars se réfugiaient en Lituanie et y étaient accueillis avec hospitalité. Ce fut le cas du célèbre prince Kurbsky, ennemi mortel du tsar Ivan le Terrible[1].

Les Normands régnaient en Lituanie au début de l'ère chrétienne, et peut-être même avant. Nous les trouvions encore au pouvoir en 1392, en la personne du grand-duc Witold, qui, comme son nom l'indique, était un descendant des princes normands. Il est évident que la Lituanie dut se normandiser profondément au cours de quatorze siècles. Sans parler des mariages contractés par les princes et les membres de leur cour, les

pour offrir au prince Rurik la couronne du grand-duché de Kiev. Rurik, probablement le frère ou le fils cadet d'un prince normand qui gouvernait une partie de la Lituanie, accepta la couronne et se rendit à Kiev avec sa garde normande. Les descendants de Rurik régnèrent en Russie jusqu'au XVIIᵉ siècle, d'abord sous le titre de grand-duc, puis sous celui de tsar. Lorsque le dernier descendant de Rurik mourut à Moscou, la Russie traversa une période d'anarchie, jusqu'à ce que les Boyards élisent comme tsar Mihail Romanoff, dont la famille était d'origine lituanienne, c'est-à-dire une famille slave fortement normandisée. Les Romanoff régnèrent à leur tour pendant plusieurs siècles, aimés et vénérés par le peuple russe. Le fait curieux que la nation russe ait choisi deux fois comme princes des Normands ou des Slaves normandisés, s'explique aisément par le caractère contestataire de mes compatriotes. Interminables bavards et polémistes, capables de s'exprimer pendant une douzaine d'heures sans prononcer un seul mot sensé, les Russes ne peuvent jamais se mettre d'accord. Les Normands, lucides et pragmatiques, économes en paroles, mais prolixes en actes, ont fait vivre en paix les uns avec les autres, et ont maintenu l'ordre dans notre pays.
1. Les historiens modernes qui traitent de l'histoire de la Lituanie et de l'Ukraine mentionnent rarement les Normands. En revanche, ils parlent souvent des Varangiens, et affirment que ces derniers ont joué un rôle important en Lituanie, et même en Ukraine. Or les Varangiens sont en fait des Normands, car le mot Varangien signifie en vieux slave « ennemi ». Comme les Normands battaient toujours les Slaves, ces derniers les appelaient les « ennemis ». Les Slaves ont en général peu de curiosité, et ne se soucient pas de savoir à quelle race appartiennent leurs voisins; ils préfèrent leur donner des noms fantaisistes. Ainsi, lorsque les Russes ont commencé à commercer avec les Allemands, ils les ont appelés « Nemzi », ce qui signifie en vieux russe « les muets », parce que les Allemands ne comprenaient pas leur langue et ne pouvaient pas répondre à leurs questions. Le peuple russe appelle toujours les Allemands « Nemzi ». Le nom d'Allemand ou de Teuton n'est utilisé que par les intellectuels.

nombreux marchands et guerriers venus du nord prenaient volontiers pour épouses de jeunes Lituaniennes qui, grâce à leur sang slave, étaient plus belles et plus gracieuses que les femmes des tribus finno-turques en général. Les enfants issus de ces mariages héritaient du caractère lituanien de leur mère et du cerveau normand de leurs ancêtres paternels. En effet, lorsque nous examinons le caractère lituanien, nous reconnaissons sa forte ressemblance avec le caractère normand. Je recommande à ceux qui désirent étudier ce pays pratiquement inconnu, *Lithuania, Past and Present*, de W. St. Vidûnas. J'aurai souvent l'occasion de citer ce savant écrivain, mais son excellente étude doit être lue dans son intégralité. Un fait curieux en rapport avec le livre de Vidûnas est qu'alors qu'il décrit le caractère lituanien comme essentiellement normand, il ignore le sang normand de ses compatriotes, et déclare ingénument qu'ils ne sont que des Finno-Turcs, venus d'Asie. L'auteur adopte ici l'attitude de la majorité des Lituaniens qui, sous l'influence d'un sentiment pervers de fierté nationale, avaient toujours répudié leurs ancêtres normands[1].

Au lieu de se glorifier de leur descendance, comme les sages Roumains se glorifient de descendre des anciens guerriers de Rome, les Lituaniens essayèrent toujours de faire passer leurs grands-ducs normands pour des princes de sang indigène. Les Russes ne furent jamais trompés sur ce point. Ils savaient que les Lituaniens étaient trop faibles pour les battre, et n'avaient pu le faire qu'avec l'aide des Normands. C'est pourquoi mes compatriotes donnèrent toujours à tous ces Gediminas, Algardas et Vitantas, leurs vrais noms normands de Guedimine, Olguerd et Witold. Les Polonais et les Allemands firent de même, et les princes normands entrèrent dans l'histoire sous leur vrai nom, au grand dam de tous les lituanophiles. Guedimin était le plus célèbre de ces princes. Il était de pure race normande, presque sans aucune trace de sang finno-turc. Ses portraits me firent toujours penser à ceux de Shakespeare ; il y avait un air de famille entre ces deux Normands. Guedimin fit preuve de l'indifférence et de la tolérance normandes caractéristiques en matière de religion ; il protégea aussi bien les catholiques que les orthodoxes. Pour sa part, il préférait rester païen.

Lorsque la Russie et l'Ukraine devinrent plus fortes, elles réussirent à rompre leur lien avec la Lituanie et à recouvrer leur ancienne indépendance. Après avoir perdu leurs riches provinces à l'est et au sud, les Lituaniens étaient affaiblis et ne pouvaient plus lutter contre leurs ennemis

---

1. Dans leur haine de la Russie et de la Pologne, les Lituaniens ont même refusé d'admettre qu'ils avaient du sang slave dans les veines. Pourtant, il suffit de les regarder pour voir qu'ils sont beaucoup plus slaves que finno-turcs.

mortels, les chevaliers de l'ordre Teutonique. Les Allemands conquirent la Lituanie et introduisirent dans le pays une foule d'institutions et d'idées médiévales. Les Lituaniens les conservèrent pendant longtemps, alors qu'elles avaient entièrement disparu du reste de l'Europe. Les Allemands forcèrent les Lituaniens à devenir protestants. Comme tous les Slaves, les Lituaniens étaient des mystiques, et la religion de Luther ne signifiait rien pour eux[1].

Lorsque, plus tard, la Pologne devint à son tour un état puissant et arracha la Lituanie aux chevaliers teutoniques[2], les Lituaniens s'empressèrent de revenir à la foi catholique ou orthodoxe de leurs ancêtres. Le clergé catholique polonais, en particulier les jésuites, mena une guerre passionnée contre les monastères orthodoxes, mais ceux-ci étaient protégés par de nombreuses familles lituaniennes qui préféraient la religion orthodoxe. Parmi celles-ci se trouvaient des personnalités très influentes, notamment le prince Constantin Ostrogesky, le célèbre champion de l'Église orthodoxe. Face à cette résistance déterminée, les Polonais furent obligés de laisser les églises orthodoxes dans le pays, les plaçant toutefois sous la surveillance de familles catholiques nobles, afin de contrôler la propagande orthodoxe. Les jésuites mirent en place d'excellentes écoles latines, obligèrent les nobles du pays à y envoyer leurs fils, et réussirent en peu de temps à latiniser tous les jeunes nobles de Lituanie. La Pologne, désireuse de s'attacher définitivement les Lituaniens, introduisit parmi eux de nombreuses institutions polonaises, dont la *Schlialiia*, ou union des nobles. Les *Schliahtitchi* (nobles) adoptèrent la coutume de se rallier à la bannière de quelque grand seigneur du pays en temps de guerre, et vivaient sous sa protection en temps de paix. Ces seigneurs autorisèrent les *Schliahtitchi* à adopter leurs armoiries. Plus tard, la Russie, qui avait emprunté de nombreuses institutions à la Lituanie, imita les *Schliahtitchi* en créant l'union des nobles héréditaires. Chez les Russes, cette union est plus agraire que martiale, mais dans les deux pays, les unions sont avant tout patriotiques.

1. Les Finlandais, les Estoniens et les Lettons, qui sont des Finno-Turcs de race non mélangée, ont adopté avec ardeur la religion protestante et y sont restés fidèles. L'hostilité que les Lituaniens ont toujours manifestée à l'égard du protestantisme atteste plus éloquemment que tout autre chose leur sang slave. Les Slaves, qui embrassaient volontiers la foi orthodoxe ou catholique, n'ont jamais pu comprendre la doctrine de Luther.

2. Les Allemands conservent cependant une partie de la Lituanie, habitée par la tribu lituanienne des Borusses. Ils la germanisent et la baptisent Prusse. Les Prussiens ne sont pas des Allemands, mais des Lituaniens, d'abord normandisés, puis germanisés. Leur force de caractère et le rôle important qu'ils ont joué en Allemagne sont dus à leur sang normand. La majorité des junkers prussiens sont les descendants directs des anciens chefs normands.

✳ ✳ ✳

Les ancêtres de mon père étaient originaires du gouvernement de Minsk, où, non loin de Pinsk, se trouvait encore un lieu appelé Dostoyeve, l'ancien domaine de la famille de mon père. C'était autrefois la partie la plus sauvage de la Lituanie, couverte presque entièrement de vastes forêts ; les marais de Pinsk s'étendaient à perte de vue. Les Dostoïevski étaient des *Schliahtitchi* et appartenaient au « Radwan herbeux ». C'est-à-dire qu'ils étaient nobles, qu'ils partaient à la guerre sous la bannière du seigneur de Radwan, et qu'ils avaient le droit de porter ses armes. Ma mère fit dessiner les armoiries de Radwan pour le musée Dostoïevski à Moscou. Je les ai vues, mais je ne peux pas les décrire, car je n'ai jamais étudié l'héraldique.

Les Dostoïevski étaient catholiques, très pieux et très intolérants, semble-t-il. Au cours de nos recherches sur l'origine de notre famille, nous trouvâmes un document, dans lequel un monastère orthodoxe, placé sous la tutelle de la famille Dostoïevski, se plaignait de la dureté de leur traitement envers les moines orthodoxes. Ce document prouve deux choses :

1. Les Dostoïevski devaient avoir une bonne réputation dans leur pays, sinon un monastère orthodoxe n'aurait pas été placé sous leur supervision.

2. En tant que catholiques fervents, les Dostoïevski avaient dû envoyer leurs fils dans les écoles latines du pays, et les ancêtres de mon père avaient dû posséder cette excellente culture latine que le clergé catholique propage partout où il va.

Lorsque, au XVIIIe siècle, les Russes annexèrent la Lituanie, ils ne trouvèrent pas les Dostoïevski dans le pays ; la famille était partie en Ukraine. Nous ne savons pas ce qu'ils ont fait là-bas et quelles villes ils ont habitées. Je n'ai aucune idée de ce qu'a pu être mon arrière-grand-père Andrey, et ce pour une raison très curieuse.

Le fait est que mon grand-père Mihail Andrevitch Dostoïevski était une personne très originale. À l'âge de quinze ans, il se disputa avec son père et ses frères, et s'enfuit de la maison. Il quitta l'Ukraine et alla étudier la médecine à l'université de Moscou. Il ne parlait jamais de sa famille et ne répondait pas aux questions sur son origine. Plus tard, alors qu'il avait atteint l'âge de cinquante ans, sa conscience sembla lui avoir reproché d'avoir ainsi quitté le toit paternel. Il fit paraître une annonce dans les journaux, suppliant son père et ses frères de lui donner de leurs nouvelles. On ne prit jamais connaissance de cette annonce. Il est probable que ses proches étaient tous morts. Les Dostoïevski ne faisaient pas de vieux os.

Cependant, mon grand-père Mihail dut déclarer son origine à ses enfants, car j'ai souvent entendu mon père et plus tard mes oncles dire : « Nous, les Dostoïevski, nous sommes Lituaniens, mais nous ne sommes pas Polonais. La Lituanie est un pays bien distinct de la Pologne. »

Mon père parla à ma mère d'un certain épiscope Stepan, qui, selon lui, était le fondateur de notre famille orthodoxe. À mon grand regret, ma mère ne prêta pas beaucoup d'attention à ces paroles de son mari, et ne lui demanda pas de détails plus précis. Je suppose qu'un de mes ancêtres lituaniens, ayant émigré en Ukraine, changea de religion pour épouser une Ukrainienne orthodoxe et devint prêtre. À la mort de sa femme, il entra probablement dans un monastère et, plus tard, devint archevêque[1].

Cela expliquerait comment l'archevêque Stepan put fonder notre famille orthodoxe, bien qu'il soit moine. Mon père devait être convaincu de l'existence de cet épiscope, car il nomma son deuxième fils Stepan en son honneur.

À cette époque, Dostoïevski avait cinquante ans. Il était très curieux que mon grand-père ait publié son annonce dans le journal à cet âge, et que ce soit également à cinquante ans que mon père se soit soudain souvenu de l'existence de l'archevêque Stepan. Tous deux semblaient avoir ressenti à cette époque le désir de renforcer leurs liens avec leurs ancêtres.

Il était quelque peu surprenant de voir les Dostoïevski, qui avaient été guerriers en Lituanie, devenir prêtres en Ukraine. Mais c'était tout à fait conforme à la coutume lituanienne. Je peux citer le savant lituanien W. St. Vidûnas à ce sujet[2] :

« Autrefois, de nombreux Lituaniens aisés n'avaient qu'un seul désir : voir un ou plusieurs de leurs fils embrasser une carrière ecclésiastique. Ils fournissaient volontiers les fonds nécessaires pour les préparer à une telle vocation. Mais ils n'avaient aucune sympathie pour des études à caractère plus général, et étaient opposés à l'adoption de toute autre profession libérale par leurs fils. Ces dernières années encore, de nombreux

---

1. Dans l'Église orthodoxe, seuls les moines – le clergé noir – peuvent devenir archevêques. Le clergé blanc – les prêtres mariés – n'accède jamais à un rang élevé. Lorsqu'ils perdent leur épouse, ils deviennent souvent moines, et peuvent alors poursuivre leur carrière.
2. Voir son *La Lituanie dans le passé et dans le présent*.

jeunes Lituaniens eurent à souffrir de l'obstination de leurs parents. Leurs pères leur refusèrent l'argent nécessaire à des études séculières poussées, alors qu'ils avaient refusé de devenir ecclésiastiques. C'est ainsi que de nombreuses vies très prometteuses furent anéanties. »

Ces paroles de Vidûnas donnaient probablement la clé de l'extraordinaire querelle de mon grand-père Mihail avec ses parents, qui brisa tous les liens entre notre famille moscovite et la famille ukrainienne de mon arrière-grand-père Andrey. Ce dernier souhaitait peut-être que son fils fasse une carrière ecclésiastique, alors que le jeune homme avait une vocation pour la médecine. Voyant que son père ne lui paierait pas ses études de médecine, mon grand-père s'enfuit de chez lui. Il faut admirer l'énergie véritablement normande de ce jeune homme de quinze ans qui était entré dans une ville inconnue sans argent ni amis, avait réussi à obtenir une éducation supérieure, s'était fait une bonne place à Moscou, avait élevé une famille de sept enfants, donné des dots à ses trois filles et une éducation libérale à ses quatre fils. Mon grand-père avait de bonnes raisons d'être fier de lui, et de se citer en exemple à ses enfants.

Le souhait d'Andrey Dostoïevski de voir son fils devenir prêtre n'avait, en effet, rien de très extraordinaire, car le clergé ukrainien avait toujours été très distingué. Les paroisses ukrainiennes jouissaient du droit de choisir leurs propres prêtres, et naturellement, seuls des hommes à la vie irréprochable étaient choisis. Quant aux hautes dignités ecclésiastiques, elles étaient presque toujours détenues par des membres de la noblesse ukrainienne, ce qui était très rarement le cas dans la grande Russie, où les prêtres constituaient une caste isolée. Stepan Dostoïevski devait être un homme de bonne famille et de bonne éducation, sinon il n'aurait pas pu devenir épiscope. L'archevêque, ou épiscope est la plus haute dignité de l'Église orthodoxe, car nous n'avons pas de cardinaux. Après l'abolition du patriarcat, les archevêques gérèrent les affaires de notre église, chacun prenant part à son tour aux délibérations du Saint-Synode. Nous avions encore une autre preuve que les Dostoïevski ukrainiens étaient des intellectuels. Des amis qui avaient vécu en Ukraine nous avaient dit qu'ils y avaient vu un jour un vieux livre, une sorte d'almanach ou d'anthologie poétique, publié en Ukraine au début du XIXe siècle. Parmi les poèmes de ce livre figurait une petite pièce bucolique écrite en russe et composée avec grâce. Elle n'était pas signée, mais les premières lettres de chaque ligne formaient le nom d'Andrey Dostoïevski. Était-ce l'œuvre de mon arrière-grand-père ou d'un cousin ? Je ne sais pas, mais elle prouvait deux choses d'un grand intérêt pour les biographes des Dostoïevski :

– Premièrement, que ses ancêtres ukrainiens étaient des intellectuels, car en Ukraine, seules les classes inférieures et moyennes parlaient l'ukrainien, une langue jolie et poétique, mais aussi infantile et quelque peu absurde. Les classes supérieures en Ukraine parlaient habituellement le polonais ou le russe, et par conséquent, l'année précédente, lorsque le pays s'était séparé de la Russie et avait proclamé son indépendance, le nouvel hetman, Scoropadsky, avait dû afficher des appels éloquents, qui disaient : « Ukrainiens, j'apprends votre langue maternelle ! » L'hetman lui-même ne connaissait probablement pas un mot de cette langue.

– Deuxièmement, que ce talent poétique existait dans la famille ukrainienne de mon père et n'était pas le don de sa mère moscovite, comme l'avaient suggéré les amis littéraires de Dostoïevski.

L'histoire intéressante et variée de la Lituanie eut une grande influence sur la formation des pouvoirs de mon père. Nous trouvâmes dans ses œuvres des traces de toutes les transformations que la Lituanie avait subies au cours des siècles. Le caractère de mon père était essentiellement normand : très honnête, très droit, franc et audacieux. Dostoïevski regardait le danger en face, ne reculait jamais devant lui, poursuivait son but sans relâche, balayant tous les obstacles sur son chemin. Ses ancêtres au caractère normand lui avaient légué une immense force morale que l'on trouve rarement chez les Russes, une race jeune, et par conséquent faible. D'autres nations européennes avaient également contribué à la formation du génie de Dostoïevski. Les chevaliers de l'ordre Teutonique avaient inspiré à ses ancêtres leur conception de l'État et de la famille.

Dans les œuvres de Dostoïevski, et plus encore dans sa vie privée, on retrouvait d'innombrables idées médiévales. À son tour, le clergé catholique de Lituanie, dont les chefs venaient de Rome, enseigna aux ancêtres de mon père la discipline, l'obéissance et le sens du devoir, dont on ne pouvait guère dire qu'ils existaient dans la jeune et anarchique nation russe. Les écoles latines des jésuites formèrent leur esprit. Dostoïevski apprit très vite à parler le français, qu'il préférait à l'allemand, même s'il connaissait si bien cette langue qu'il proposa à son frère Mihail de collaborer à la traduction de Goethe et de Schiller. Mon père avait manifestement le don des langues, ce qui était très rare chez les Russes. Les Européens disaient généralement : « Les Russes savent parler toutes les langues ». Mais ils ne remarquaient pas que ceux qui, parmi mes compatriotes, parlaient et écrivaient bien le français et l'allemand, appartenaient tous à des familles polonaises, lituaniennes et ukrainiennes, dont les ancêtres avaient été latinisés par le clergé catholique. Parmi les Russes de grande Russie, seuls les aristocrates qui avaient reçu une éducation européenne depuis plusieurs générations parlaient bien les langues européennes.

Les bourgeois russes trouvaient l'étude des langues étrangères terriblement difficile. Ils les apprenaient à l'école pendant sept ans, et quand ils en sortaient, ils arrivaient à peine à dire quelques phrases, et ne comprenaient pas les livres les plus simples. Leur accent était déplorable. La langue russe, qui n'avait presque rien de commun avec les langues européennes, était plutôt un obstacle qu'une aide pour les études linguistiques.

L'émigration de mes ancêtres en Ukraine adoucit leur caractère nordique quelque peu rude et réveilla la poésie latente de leur cœur. De tous les pays slaves qui formaient l'empire russe, l'Ukraine est certainement le plus poétique. Quand on venait de Petrograd à Kiev, on se sentait dans le sud. Les soirées étaient chaudes, les rues pleines de piétons qui chantaient, riaient, mangeaient en plein air, à table sur le trottoir devant les cafés. On respirait l'air parfumé du sud, on regardait la lune qui enserrait les peupliers, le cœur se dilatait, on devenait poète pendant un instant. Tout respirait la poésie dans cette plaine doucement ondulée et baignée d'un soleil heureux. Les rivières bleues coulaient, sereines et inlassables, vers la mer ; les petits lacs dormaient doucement, entourés de fleurs ; il faisait bon rêver dans les riches forêts de chênes. Tout était poésie en Ukraine : les costumes des paysans, leurs chants, leurs danses, et surtout leur théâtre. L'Ukraine était le seul pays d'Europe qui possédait un théâtre créé par le peuple lui-même, et non arrangé par les intellectuels pour développer le goût des masses, comme ailleurs. Le théâtre ukrainien était si essentiellement populaire qu'il n'avait même pas été possible d'en faire un théâtre bourgeois. Dans les premiers temps, l'Ukraine était en contact étroit avec les colonies grecques des rives de la mer Noire. Un peu de sang grec coulait dans les veines des Ukrainiens, se manifestant dans leurs charmants visages brûlés par le soleil et leurs mouvements gracieux. Il se pouvait même que le théâtre ukrainien soit un lointain écho du drame tant aimé des Grecs de l'Antiquité.

Émergeant des sombres forêts et des marais humides de Lituanie, mes ancêtres durent être éblouis par la lumière, les fleurs et la poésie grecque de l'Ukraine. Leur cœur réchauffé par le soleil du sud, ils commencèrent à écrire des vers. Mon grand-père Mihail emporta un peu de cette poésie ukrainienne dans son portefeuille de pauvre étudiant lorsqu'il s'enfuit

de la maison de son père, et le garda précieusement, comme un souvenir de sa lointaine patrie. Plus tard, il le transmit à ses deux fils aînés,
Mihail et Fiodor. Ces jeunes composaient des vers, des épitaphes et des
poèmes ; dans sa jeunesse, mon père écrivait des romances vénitiennes
et des drames historiques. Il commença par imiter Gogol, le grand écrivain ukrainien qu'il admirait beaucoup. Dans les premières œuvres de
Dostoïevski, on retrouvait une bonne partie de cette poésie sentimentale
et romantique naïve. Ce n'est qu'après son emprisonnement, lorsqu'il
devint russe, que nous trouvons dans ses romans la largeur de vue et la
profondeur de pensée propres à la nation russe, la nation du grand génie
et du grand avenir. Et pourtant, il n'était pas juste de dire que le puissant
réalisme de Dostoïevski était essentiellement russe. Les Russes n'étaient
pas des réalistes ; c'étaient des rêveurs et des mystiques. Ils aimaient se
perdre dans des visions au lieu d'étudier la vie. Quand ils essayaient
d'être réalistes, ils tombaient aussitôt dans le cynisme et l'érotisme mongols. Le réalisme de Dostoïevski était un héritage de ses ancêtres normandisés. Tous les écrivains de sang normand se distinguent par leur
profond réalisme. Ce n'est pas pour rien que Dostoïevski admirait si
profondément Balzac et le prenait pour modèle.

La famille Dostoïevski était essentiellement une famille de nomades.
Nous les trouvons alors en Lituanie, en Ukraine, domiciliés à Moscou,
et à Saint-Pétersbourg. Cela n'avait rien d'étonnant, car la Lituanie se distinguait des autres pays par sa curieuse classe d' « intellectuels nomades ».
Dans tous les autres pays, c'était le prolétariat qui émigrait : en Russie,
les moujiks, qui traversaient chaque année l'Oural en hordes et étaient
absorbés par l'Asie ; en Europe, les paysans et les classes moyennes inférieures qui allaient chercher fortune en Amérique, en Afrique et en Aus-
tralie. En Lituanie, la population était restée dans le pays ; seuls les intellectuels avaient émigré. Tant que la Lituanie était un brillant grand-duché attirant les poètes et les savants européens, la noblesse lituanienne
restait chez elle. Mais lorsque la splendeur de la Lituanie commença à
décliner, les intellectuels[1] se sentirent rapidement circonscrits dans leurs
forêts et leurs marais, et émigrèrent vers les nations voisines. Ils se mirent
au service des Polonais et des Ukrainiens, et contribuèrent à l'édification
de leur civilisation. Un grand nombre de Polonais et d'Ukrainiens cé-

---

1. Les critiques peuvent m'accuser de confondre les mots « noble » et « intellec-
tuel », qui ne sont pas toujours synonymes. Mais ils doivent se rappeler que dans
le bon vieux temps, l'éducation était impossible pour le prolétariat et les classes
moyennes. Les clergés catholique et orthodoxe, qui étaient les principaux éducateurs de Lituanie, ne s'intéressaient qu'aux fils de la noblesse, futurs législateurs
et gouverneurs de leur pays.

lèbres aujourd'hui sont d'origine lituanienne[1].

Plus tard, lorsque la Russie annexa la Lituanie, une horde de familles lituaniennes descendit dans nos grandes villes. Au début du XIXᵉ siècle, les Polonais entrèrent à leur tour au service de la Russie, mais mes compatriotes remarquèrent très vite la différence entre le «sky» polonais et le «sky» lituanien[2].

Bien que les Polonais aient vécu et se soient enrichis en Russie, ils restèrent catholiques, parlèrent polonais entre eux et traitèrent les Russes comme des barbares. Les Lituaniens, quant à eux, oublièrent leur langue maternelle, adoptèrent la foi orthodoxe et ne pensèrent plus à leur terre natale[3].

Cette migration des intellectuels, et leur facilité à se fondre dans les nations d'adoption étaient le trait le plus caractéristique légué par les Normands à leur postérité lituanienne. Les Normands, seuls parmi les nations de l'Antiquité, possédaient une noblesse nomade. Les jeunes gens des plus hautes familles se ralliaient à la bannière de quelque prince normand, et s'embarquaient sur leurs légers navires pour chercher de nouvelles demeures. On affirme généralement que toutes les aristocraties de l'Europe du Nord furent fondées par les Normands. Il n'y a rien d'étonnant à cela: lorsque les jeunes nobles normands apparaissaient chez un peuple primitif, ils devenaient naturellement les chefs de ces aborigènes sauvages et ignorants. Leurs descendants, habitués à gouverner, continuèrent à le faire au cours des siècles successifs. Les Normands, comme nous l'avons déjà vu, ne se tenaient pas à l'écart des nations qu'ils conquéraient; ils épousaient les femmes du pays, adoptaient ses idées, son costume et ses croyances. Deux siècles après leur arrivée en Normandie, les Normands avaient oublié leur langue maternelle, et se parlaient français entre eux. Lorsque Guillaume le Conquérant débarqua en Angleterre avec ses guerriers, la culture qu'il apporta aux Anglais fut une culture latine, et non normande. Lorsque la famille normande des comtes d'Hauteville conquit la Sicile, elle adopta la culture byzantine et sarrasine qu'elle trouva dans ce pays avec une rapidité étonnante. En Lituanie, il y eut une fusion complète entre envahisseurs et envahis; les

1. On pense que le grand poète polonais Mickiewicz était lituanien. Un de ses poèmes commence par: «Lituanie, mon pays.»
2. «Sky» est la terminaison des noms de la noblesse polonaise et lituanienne.
3. Parmi les grandes familles russes d'origine lituanienne, il faut noter plus particulièrement les Romanoff, ancêtres de la famille régnante, qui appartenaient à la tribu des Borusses; les Soltikoff, dont le nom lituanien était Saltyk; et les Golitzin, descendants du duc Guedimin. En Pologne, la majorité des familles aristocratiques étaient d'origine lituanienne, ainsi que la maison royale de Jagellon.

Normands donnèrent aux Lituaniens leur force morale, et leur léguèrent la mission de civiliser les peuples voisins. Tous les intellectuels nomades de Lituanie étaient, en fait, des Normands déguisés. Ils poursuivirent la grande œuvre de leurs ancêtres avec un courage, une patience et un dévouement sans faille.

Il était évident que la pauvre Lituanie, qui donnait la fleur de sa race aux autres, ne pourrait jamais redevenir un grand état. Elle le comprenait et le regrettait elle-même. «Les Lituaniens doivent être considérés en général comme une race très intelligente,» dit Vidûnas; «que, malgré cela, la Lituanie n'ait exercé aucune influence sur la civilisation européenne, s'explique par le fait que l'intelligence lituanienne a été perpétuellement au service d'autres nations, et n'a jamais pu déployer toutes ses forces dans son pays natal.» Vidûnas avait sans doute raison quand il déplorait l'émigration des intellectuels lituaniens, mais il se trompait quand il disait que la Lituanie n'avait eu aucune influence sur la civilisation européenne. Aucun pays, en effet, ne fit autant pour la civilisation des états slaves que la Lituanie. Les autres peuples travaillèrent pour eux seuls, pour leur propre gloire; la Lituanie consacra les dons de son intelligence au service de ses voisins. La Pologne, l'Ukraine et la Russie ne le comprenaient pas encore, et étaient injustes. Mais le jour viendrait où elles verraient clairement quelle dette immense elles avaient envers la modeste et silencieuse Lituanie.

Les Dostoïevski étaient de tels vagabonds, ils avaient une telle soif de nouvelles idées et de nouvelles impressions, qu'ils essayaient d'oublier le passé et refusaient de parler à leurs enfants de leurs ancêtres. Mais tout en renonçant ainsi au passé, ils avaient le désir de resserrer les liens avec leur famille errante avec une sorte de fil d'Ariane. Ce fil, qui nous permit de les retrouver à travers les siècles, c'était leur nom de famille, Andrey. Les Dostoïevski catholiques de Lituanie avaient l'habitude de donner ce nom à l'un de leurs fils, généralement au deuxième ou au troisième, et les Dostoïevski orthodoxes conservèrent cette coutume jusqu'à nos jours. Depuis, dans chaque génération de notre famille, il y a toujours un Andrey, et, comme auparavant, ce nom est porté par le deuxième ou le troisième fils.

II

L'enfance de
Fiodor Dostoïevski

Après avoir terminé ses études de médecine à Moscou, mon grand-père Mihail entra dans l'armée en tant que chirurgien et servit en cette qualité pendant la guerre de 1812. Nous pouvons supposer qu'il était très compétent dans sa profession, car il fut rapidement nommé surintendant d'un grand hôpital d'État à Moscou. À peu près à cette époque, il épousa une jeune fille russe, Marie Netchaïev. Elle apporta une dot suffisante à son mari, mais le mariage était avant tout un mariage d'amour et d'estime mutuels. Le jeune couple, en effet, ne manquait de rien, car à cette époque, les nominations gouvernementales étaient assez lucratives. Si les salaires n'étaient pas très élevés, l'État compensait en fournissant à ses fonctionnaires tous les éléments nécessaires à une existence confortable. Ainsi, en plus de son revenu, mon grand-père Mihail était logé dans un bâtiment de la Couronne, une petite maison d'un étage, construite dans le style Empire bâtard qui fut adopté pour tous nos bâtiments de la Couronne au XIXᵉ siècle. Cette maison était située près de l'hôpital et était entourée d'un jardin. C'est dans cette petite maison que Fiodor Dostoïevski naquit le 30 octobre 1821.

Mon grand-père avait droit aux services des domestiques attachés à l'hôpital, et à une voiture pour visiter ses malades en ville. Il devait bien faire son travail, car il put bientôt acheter deux domaines dans le gouvernement de Tula, à 160 kilomètres de Moscou. L'une de ces propriétés, appelée Darovoye, devint la résidence de vacances des Dostoïevski. Toute la famille, à l'exception du père, y passait l'été. Mon grand-père, retenu en ville par ses obligations médicales, ne les rejoignait que pour quelques jours en juillet. Ces voyages annuels, qui, en ces temps d'avant le chemin de fer, s'effectuaient en troïka (une voiture avec trois chevaux), ravissaient mon père, qui s'adonna à l'équitation dans son enfance.

Quelques années après la naissance de ses fils aînés, mon grand-père se fit inscrire avec eux dans le livre de la noblesse héréditaire de Moscou[1]. Mon père avait cinq ans à l'époque. Il est étrange que mon grand-père, qui se tint toute sa vie à l'écart des Moscovites, ait souhaité placer sa famille sous la protection de la noblesse russe. Il est probable qu'il y reconnaissait la *Schliahta* lituanienne, dont l'union des nobles russes est, en fait, une imitation[2]. Comme autrefois ses ancêtres avaient placé leurs fils sous la bannière de la noblesse lituanienne unie, mon grand-père s'empressa de placer ses enfants sous la protection de la noblesse russe unie.

En tant que noble moscovite, mon grand-père restait moralement un *Schliahtitch* lituanien – fier, ambitieux et très européen, dans nombre de ses idées. Il était économe jusqu'à la limite de l'avarice, mais en ce qui concerne l'éducation de ses fils, il ne rechignait pas à la dépense. Il commença par placer ses deux garçons à l'école française de Suchard. Comme le latin n'était pas enseigné dans cet établissement, mon grand-père prit lui-même en main les leçons. Lorsqu'ils rentraient à la maison, ses fils travaillaient leurs leçons de français, et le soir faisaient des exercices de latin avec leur père. Ils ne se risquaient jamais à s'asseoir en sa présence, et conjuguaient leurs verbes debout, en essayant de ne pas faire de fautes, et pleins d'une grande admiration pour leur professeur. Mon grand-père était très sévère, mais ses enfants ne reçurent jamais de châtiment corporel. C'est d'autant plus remarquable que les petits Moscovites de l'époque étaient très vigoureusement châtiés. Tolstoy nous raconta, dans ses souvenirs d'enfance, comment il fut battu à l'âge de douze ans. Il est évident que mon grand-père Mihail avait des idées européennes sur l'éducation. Grâce à leur proximité avec la Pologne et l'Autriche, la Lituanie et l'Ukraine étaient beaucoup plus civilisées que la Russie. Plus tard, lorsque Dostoïevski se rappelait son enfance, il disait à ses jeunes frères, Andrey et Nicolaï, que leurs parents étaient des gens remarquables, aux idées plus avancées que la majorité de leurs contemporains.

Comme beaucoup de Lituaniens dont les ancêtres ont été latinisés par le clergé catholique, mon grand-père ressentait de l'affection pour la langue française. Il parlait français avec sa femme, et encourageait ses enfants à s'exprimer dans cette langue. Pour lui faire plaisir, ma grand-mère obligeait ses fils et ses filles à écrire en français leurs vœux pour

---

1. Nul ne pouvait être inscrit dans les livres de la noblesse s'il ne possédait pas de titre de noblesse héréditaire. Les nobles russes admettent volontiers dans leurs unions les nobles polonais, lituaniens, ukrainiens, baltes et caucasiens.

2. Au XVIIIe siècle, les Russes appelaient encore leur noblesse héréditaire Schliahetstvo. Ce mot n'est plus d'actualité, et la majorité des nobles russes ignorent que leur institution de noblesse héréditaire est d'origine lituanienne.

l'anniversaire de leur père. Elle corrigeait leurs fautes sur les brouillons, et les enfants faisaient ensuite des copies fidèles sur des feuilles de papier décorées. Le jour de l'anniversaire, ils s'avançaient tour à tour vers leur père et lui présentaient en rougissant les rouleaux de papier, attachés par un ruban de couleur. Mon grand-père les dépliait, lisait à haute voix avec émotion les félicitations candides, et embrassait les petits auteurs. Plus tard, ses fils aînés ne se contentaient plus de bons vœux ; pour faire plaisir à leur père, ils apprenaient par cœur des poèmes français et les récitaient à leurs parents en présence de leurs frères et sœurs. Mon père récita un jour un fragment de la *Henriade* lors d'une fête de famille. Dostoïevski hérita du goût de son père pour le français ; des expressions françaises apparaissaient fréquemment dans ses romans et ses articles de journaux[1]. Il lisait beaucoup en français, et très peu en allemand, bien qu'il connût bien cette langue. À cette époque, l'allemand n'était pas à la mode en Russie. Mais mon père ne l'oublia pas ; l'allemand dut être conservé intact dans un coin de son cerveau, car dès qu'il passa la frontière prussienne, il se mit à parler allemand, et, selon ma mère, il le parlait couramment.

Lorsque ses fils aînés eurent terminé leur cours à l'école Suchard, mon grand-père les plaça à l'école préparatoire de Tchermack, la meilleure école privée de Moscou, un établissement coûteux, fréquenté par les fils des intellectuels de la ville. Afin qu'ils puissent préparer leurs leçons sous la supervision de leurs professeurs, mon grand-père les envoya comme pensionnaires, et ils ne rentraient à la maison que les dimanches et les jours de fête. Les nobles moscovites de cette époque préféraient envoyer leurs enfants dans des écoles privées, car dans les institutions de la Couronne, les châtiments corporels les plus sévères étaient infligés aux élèves. L'école de Tchermack était de type patriarcal, et les arrangements étaient calqués sur ceux de la vie familiale. M. Tchermack dînait avec ses élèves et les traitait avec gentillesse, comme s'ils étaient ses fils. Il demandait aux meilleurs maîtres de Moscou de donner des cours dans son école, et le travail qui y était fait était d'un haut niveau.

Mon grand-père redoutait la brutalité des classes populaires moscovites,

---

1. L'écrivain Stralioff, grand ami de mon père, dit dans ses souvenirs qu'il préférait parler de choses sérieuses avec Dostoïevski, et n'aimait pas entendre ses plaisanteries, car, selon lui, Dostoïevski plaisantait toujours à la française. Le jeu de mots et d'images qui est l'essence de l'esprit français n'est pas apprécié par mes compatriotes, qui aiment les plaisanteries plus solides. Strahoff considère que Dostoïevski plaisantait à la française non seulement dans la conversation, mais aussi dans ses écrits. C'était, sans doute, le résultat d'une certaine latinisation héréditaire de l'esprit chez Dostoïevski.

et ne permettait jamais à ses enfants de se promener dans les rues. «On nous envoyait à l'école dans la voiture de notre père et on nous ramenait à la maison de la même façon», me dit un jour mon oncle Andrey. Mon père connaissait si peu sa ville natale qu'il n'y a pas une seule description de Moscou dans un seul de ses romans. Comme beaucoup de Polonais et de Lituaniens, mon grand-père méprisait les Russes et avait suffisamment de préjugés pour les considérer comme des barbares. Les seuls Moscovites qu'il recevait dans sa maison étaient les relations de sa femme. Plus tard, lorsque mon père alla de Saint-Pétersbourg à Moscou, il ne rencontra que ses parents. Il n'y avait pas d'amis d'enfance, pas de vieux camarades de son père à qui rendre visite.

Si mon grand-père se méfiait de la civilisation russe, il se gardait bien de le dire devant ses enfants. Il les éleva à la manière européenne, c'est-à-dire qu'il s'efforça d'éveiller et d'entretenir le patriotisme dans leur cœur. Dans son *Journal de l'écrivain*, Dostoïevski raconta que, lorsqu'il était enfant, son père aimait lire à haute voix, le soir, des épisodes de l'histoire russe de Karamzine, et les expliquer à ses jeunes fils[1]. Parfois, il emmenait ses enfants visiter les palais historiques du Kremlin et les cathédrales de Moscou. Ces excursions revêtaient toute l'importance de grandes solennités patriotiques aux yeux de ses fils.

Il est également possible qu'en se tenant ainsi à l'écart des Moscovites, mon grand-père ait cédé à cet instinct de ségrégation si caractéristique des Lituaniens. «Le Lituanien est attiré par la solitude,» écrivit Vidûnas, «il aime vivre pour lui-même. La solitude est pour lui un refuge.» Cette curieuse timidité des Lituaniens est probablement une conséquence de leur topographie. Les Russes et les Ukrainiens, habitants de vastes plaines, purent fonder de grands villages, aller au marché dans les villes voisines, rencontrer d'autres villageois, entrer en relation avec eux et devenir ainsi sociables et hospitaliers. Les grandes forêts et les vastes marais de Lituanie empêchèrent le développement de grands villages. Les quelques maisons qu'il était possible de construire sur une oasis de terre ferme n'abritaient qu'une seule famille, qui, en raison de l'impraticabilité des routes, ne pouvait rendre visite aux habitants des oasis voisines. Vivant ainsi dans l'isolement, les Lituaniens devenaient asociaux. Ces défauts, hérités de plusieurs siècles, mettent des siècles à se corriger, même chez ceux qui ont vécu longtemps dans un pays différent et dans

1. L'Histoire de la Russie de Karamzin était le livre préféré de mon père. Il l'a lu et relu dans son enfance jusqu'à ce qu'il la connaisse par cœur. C'était très remarquable, car en Russie, non seulement les enfants, mais aussi les adultes connaissent très peu l'histoire de leur pays.

des conditions différentes[1].

Les Lituaniens sont en général d'excellents maris et pères. Ils ne sont heureux que dans leur foyer ; mais, aimant tant celui-ci, ils sont enclins à devenir jaloux de leur femme et de leurs enfants, et à vouloir les soustraire aux influences extérieures. Mon grand-père, lorsqu'il enferma ses fils dans une sorte de Lituanie artificielle au cœur de Moscou, ne se rendait pas compte à quel point une telle éducation rendrait la vie difficile aux garçons, qui, après tout, étaient des Russes, et devaient travailler parmi leurs compatriotes. Heureusement, mon grand-père fournissait au moins de bons compagnons à ses enfants dans leur prison domestique ; le soir des fêtes, toute la famille se réunissait dans le salon et lisait à tour de rôle les œuvres des grands écrivains russes à haute voix. À l'âge de quinze ans, mon père connaissait la plupart de nos chefs-d'œuvre. Les enfants avaient l'habitude de réciter les poèmes qu'ils avaient appris. Parfois, des concours de récitation étaient organisés entre les garçons. Mon père et son frère Mihail apprenaient des poèmes russes par cœur, et les parents décidaient lequel d'entre eux avait le mieux récité. Ma grand-mère s'intéressait beaucoup à la lecture de ses enfants. C'était une jolie créature, douce, dévouée à sa famille et absolument soumise à son mari. Elle était délicate ; ses nombreux internements l'avaient beaucoup épuisée[2]. Elle devait rester au lit pendant des jours entiers, et aimait alors entendre ses fils réciter ses poèmes préférés. Les deux fils aînés, Mihail et Fiodor, la vénéraient. Lorsqu'elle mourut, alors qu'elle était encore une jeune femme, ils la pleurèrent amèrement et composèrent son épitaphe en vers. Mon grand-père fit graver son effigie sur le monument de marbre qu'il érigea à sa mémoire.

Conformément à la mode de l'époque, mon grand-père fit réaliser des portraits de lui-même et de sa femme par un artiste moscovite. Ma grand-mère fut représentée dans le costume et la coiffe de 1830, jeune, jolie et heureuse. Son père était un Russe de Moscou, mais elle avait le

---

1. Les Lituaniens n'oublient jamais leurs forêts ; ils continuent à les adorer même lorsqu'ils les ont quittées depuis des générations. Dans son Journal de l'écrivain, Dostoïevski dit : « Toute ma vie, j'ai aimé la forêt, avec ses champignons, ses fruits, ses insectes, ses oiseaux et ses écureuils ; je me suis délecté de l'odeur de ses feuilles humides. Même au moment où j'écris, je peux sentir l'arôme des bouleaux. »

2. Mes grands-parents ont eu huit enfants, quatre fils et quatre filles. L'une d'entre elles, la jumelle de ma tante Véra, était mort-née. Ma grand-mère n'avait pu allaiter qu'un seul de ses enfants, son fils aîné Mihail, qu'elle aimait par-dessus tout le reste. Les autres enfants étaient allaités par des nourrices choisies parmi les paysannes des environs de Moscou.

type ukrainien. Il est possible que sa mère ait été ukrainienne[1]. C'est peut-être son origine qui attira d'abord mon grand-père et conduisit à son mariage avec cette fille de Moscou. Son portrait le montrait dans un uniforme de gala, richement brodé d'or. À cette époque, tout en Russie était militarisé. Les médecins au service de l'État n'avaient pas le droit de s'habiller en mufti, mais devaient porter un uniforme et une épée. Dans le souvenir de Dostoïevski, son père apparaissait comme un militaire, d'autant plus que mon grand-père, qui avait commencé sa vie comme chirurgien militaire, garda toujours le port militaire d'un officier. Il avait le type lituanien caractéristique ; ses quatre fils lui ressemblaient beaucoup. Les yeux de mon père, cependant, étaient bruns, de vrais yeux ukrainiens, et il avait le sourire aimable de sa mère russe. Il était plus vif, plus passionné et plus entreprenant que ses frères. Ses parents l'appelaient « la tête brûlée ». Il n'était pas orgueilleux et n'avait aucun de ces dédains pour le prolétariat dont font souvent preuve les Polonais et les Lituaniens. Il aimait les pauvres et s'intéressait de près à leur vie. Une porte en fer séparait le jardin privé de mon grand-père du grand jardin de l'hôpital, où l'on envoyait les convalescents se promener. Il était strictement interdit aux petits Dostoïevski de franchir cette porte ; mes grands-parents se méfiaient des manières et du comportement des Moscovites de classe inférieure. Tous les enfants obéissaient à l'injonction, à l'exception de mon père, qui se glissait jusqu'au portail et entrait en conversation avec les paysans convalescents et les petits commerçants, bravant la colère de son père. Lors des visites estivales à Darovoye, mon père se lia d'amitié avec les serviteurs de ses parents. Selon mon oncle Andrey, le plus grand plaisir de son frère Fiodor était de rendre service aux pauvres paysannes qui travaillaient dans les champs.

Mes grands-parents étaient très religieux. Ils allaient souvent à l'église, en emmenant leurs enfants avec eux. Mon père se souvient dans ses œuvres de l'immense impression que lui faisaient les lectures de la Bible qu'il entendait à l'église. La foi de mon grand-père avait peu de choses en commun avec la foi mystique, hystérique et larmoyante des intellectuels russes. Mes compatriotes se plaignaient sans cesse des épreuves que la vie apporte à tous ; ils accusent Dieu de dureté, l'injurient et secouent le poing contre le ciel, comme des enfants stupides. La foi lituanienne de mon grand-père était celle d'un peuple mûr, qui avait souffert et lutté.

---

1. Elle appartenait à la famille Kotelenitsky, un nom que l'on rencontre souvent en Ukraine. C'était une famille d'intellectuels ; l'oncle de ma grand-mère, Vassil Kotelenitsky, était professeur à l'université de Moscou. Il n'avait pas d'enfants, aimait beaucoup ses petits-neveux et invitait souvent mon père et ses frères à passer de longues journées dans sa maison de Novinskoye.

Les jésuites, peut-être, et aussi les chevaliers teutoniques, apprirent aux Lituaniens à respecter Dieu et à se plier à sa volonté. Leur descendance d'Ukrainiens pieux, qui considéraient la carrière ecclésiastique comme la plus noble et la plus digne des vocations humaines, incitait la famille Dostoïevski à aimer Dieu et à se rapprocher de lui. C'est avec de tels idéaux que mon grand-père éleva sa jeune épouse, ses fils et ses filles. Un souvenir d'enfance s'imprima profondément dans l'esprit de mon père. Un soir de printemps, à Moscou, la porte du salon où toute la famille était réunie s'ouvrit, et l'huissier du domaine de Darovoye apparut sur le seuil. «Le domaine a brûlé», annonça-t-il d'une voix tragique. Au premier instant, mes grands-parents crurent qu'ils étaient entièrement ruinés; mais au lieu de se lamenter, ils s'agenouillèrent devant les icônes, et prièrent Dieu de leur donner la force de supporter l'épreuve qu'il leur avait envoyée. Quel exemple de foi et de résignation ils donnèrent à leurs enfants, et combien de fois mon père dut se souvenir de cette scène au cours de sa vie orageuse et malheureuse!

III
L'adolescence de
Fiodor Dostoïevski

Lorsque ses fils aînés eurent terminé leur trimestre à l'école préparatoire de Tchermack, mon père les emmena à Saint-Pétersbourg. Il
n'avait pas l'intention d'en faire des médecins; il souhaitait qu'ils
embrassent une carrière militaire, qui, à cette époque, offrait de brillantes
possibilités aux gens intelligents. En Russie, tout fonctionnaire avait le droit
de demander pour ses fils une éducation gratuite dans l'une des écoles publiques. Mon grand-père, qui avait l'esprit pratique, choisit l'école d'ingénieurs militaires, avec un double objectif: à la sortie, l'élève pouvait devenir
officier dans un régiment de la Garde impériale et faire une belle carrière,
ou devenir ingénieur civil et amasser une fortune considérable. Mon grand-
père Mihail était très ambitieux pour ses fils, et leur rappelait sans cesse qu'ils
devaient travailler sans relâche. «Vous êtes pauvres,» disait-il, «je ne peux
pas vous laisser une fortune, vous ne pouvez compter que sur vos propres
forces, vous devez travailler dur, vous conduire avec rigueur, être prudents
dans vos paroles et vos actes.»

À cette époque, mon père avait seize ans et mon oncle Mihail dix-sept.
Élevés comme ils l'avaient toujours été sous l'œil paternel, ne connaissant rien de la vie et ne possédant aucun ami de leur âge, ils n'étaient
rien d'autre que deux grands enfants, un peu rustres et romantiques.
Les deux frères s'aimaient passionnément. Ils vivaient dans un monde
de rêves, lisaient beaucoup, échangeaient leurs impressions littéraires,
admiraient ardemment les œuvres de Pouchkine, leur idéal commun.
Lorsqu'ils partirent pour Saint-Pétersbourg, ils ne se rendaient pas
compte que leur enfance était terminée, qu'ils entraient dans un monde
nouveau[1].

---

1. Mon oncle Andrey nous raconte dans ses souvenirs que mon grand-père ne
permettait jamais à ses fils de sortir seuls et ne leur donnait jamais d'argent. Il
veillait jalousement sur leur conduite ; aucun flirt, même le plus innocent, n'était
toléré. Ces jeunes puritains n'osaient jamais parler des femmes, sauf en vers.

Pendant le voyage de Moscou à Saint-Pétersbourg, qui dura plusieurs jours[1], le jeune Dostoïevski continua à rêver. «Mon frère et moi,» dit mon père, «rêvions du grand et du beau. Ces mots nous paraissaient magnifiques. Nous les utilisions sans ironie. Combien de beaux mots du même ordre avons-nous répétés à cette époque! Nous croyions passionnément à je ne sais quoi, et, bien que nous connaissions toutes les difficultés des examens mathématiques, nous ne pensions qu'à la poésie et aux poètes. Mon frère écrivait des poèmes, et j'écrivais une romance vénitienne.»

Un grand malheur attendait les jeunes rêveurs à Saint-Pétersbourg. Bien qu'il ait obtenu deux nominations pour ses fils à l'école d'ingénieurs, mon grand-père ne put y placer que son fils Fiodor. Mihail fut déclaré trop délicat pour étudier dans la capitale, et les autorités l'envoyèrent avec quelques autres jeunes à Reval, où l'école d'ingénieurs avait une sorte d'annexe. Le désespoir de mon père face à cette séparation d'avec son frère adoré était incommensurable. Il souffrait d'autant plus que, lorsque son père était retourné à Moscou, il s'était retrouvé complètement seul, sans amis ni relations. Il était pensionnaire et, comme il ne connaissait personne en ville, il devait passer toutes ses vacances à l'école[2].

L'école d'ingénieurs se trouvait dans l'ancien palais de Paul, où le malheureux empereur avait été assassiné. Elle se trouvait dans le meilleur quartier de la ville, en face du Jardin d'été, sur les rives de la Fontanka. Les pièces étaient grandes et claires, pleines d'air et de soleil. On ne pouvait pas souhaiter un meilleur domicile pour ses enfants; en tant que médecin, mon grand-père se rendait compte du rôle important que jouaient l'espace et la lumière dans l'éducation physique des jeunes gens.

Bien sûr, leur pudeur devait être une source de grand amusement pour leurs camarades de l'école d'ingénieurs, car les aventures amoureuses du jeune Russe commencent tôt. Dostoïevski, pour sa part, a dû beaucoup souffrir du cynisme de ses jeunes camarades. Lorsque, dans les frères Karamazov, mon père décrit Aliosha se bouchant les oreilles pour ne pas entendre les propos obscènes de ses camarades d'école, il s'inspirait probablement de ses propres expériences.

1. Il n'y avait pas de chemins de fer à l'époque. Les voyageurs se déplaçaient en diligence, ou en troïka, qui mettaient souvent près d'une semaine pour aller de Moscou à Saint-Pétersbourg.

2. Lorsqu'il a placé son fils à l'école à Saint-Pétersbourg, mon grand-père avait compté sur la gentillesse de son parent, le général Krivopichin, qui occupait un poste administratif important. Mais Krivopichin n'aimait pas son parent moscovite et ne voulait rien faire pour son fils. Cependant, après la mort de mon grand-père, le général s'est souvenu de ses obligations; il est allé voir mon père à l'école d'ingénieurs et l'a invité chez lui. Dostoïevski, qui avait alors dix-huit ans, devint rapidement le favori de toute la famille Krivopichin, dont il parle affectueusement dans ses lettres à son frère Mihail.

Néanmoins, mon père n'était pas heureux au château des ingénieurs[1]. Il n'aimait pas la vie en commun avec les autres élèves, et les sciences mathématiques qu'il devait étudier répugnaient son âme poétique. Obéissant aux souhaits de son père, il accomplissait consciencieusement son travail, mais le cœur n'y était pas. Il passait ses loisirs assis dans l'embrasure d'une fenêtre, regardant couler la rivière, admirant les arbres du parc, rêvant et lisant... À peine eut-il quitté la maison paternelle, que l'insociabilité lituanienne s'empara de lui ; il se sentait attiré par la solitude. Ses nouveaux compagnons ne l'intéressaient pas. Il s'agissait pour la plupart de fils de colonels[2] et de généraux, qui commandaient les garnisons dans les différentes villes de province. À cette époque, on lisait peu en province, et on pensait encore moins. Il était difficile d'y trouver un livre sérieux, mais on pouvait toujours compter sur une bouteille de champagne d'une bonne marque. Les gens buvaient beaucoup, jouaient très haut, flirtaient et, surtout, dansaient avec passion. Les parents s'occupaient très peu de leurs enfants, et les laissaient aux soins des domestiques. Les nouveaux compagnons de mon père étaient comme de jeunes animaux, pleins de gaieté, aimant rire, courir et jouer. Ils se moquaient des airs sérieux de leur camarade de Moscou et de sa passion pour la lecture. Dostoïevski, quant à lui, les méprisait pour leur ignorance ; ils lui semblaient appartenir à un autre monde. Ce n'était pas étonnant. Mon père avait plusieurs siècles d'avance sur ses compagnons russes. « J'étais frappé par la sottise de leurs réflexions, de leurs jeux, de leur conversation et de leurs occupations », écrivit-il plus tard. « Ils ne respectaient rien d'autre que le succès. Tout ce qui était juste, mais humilié et persécuté appelait leur cruelle moquerie. À seize ans, ils parlaient de belles petites situations lucratives. Leur vice s'élevait à la monstruosité. » En observant ses camarades de classe, Dostoïevski sentit se réveiller dans son cœur le dédain lituanien de son père pour les Russes, le mépris d'un individu civilisé pour les brutes et les ignorants[3].

---

1. C'est le nom sous lequel l'école d'ingénieurs était connue à Saint-Pétersbourg. Le palais de Paul ressemble en effet à un ancien château.

2. Le poste de mon grand-père à Moscou était équivalent à celui d'un colonel.

3. Bien qu'il les méprisât, mon père n'a jamais rejeté ses compagnons. Les anciens élèves de l'école du génie se souviennent qu'il était toujours prêt à protéger les nouveaux élèves à leur arrivée, les aidant dans leurs leçons, et les défendant contre la tyrannie des plus grands. Le général Savélieff, qui à cette époque était un jeune officier faisant fonction de surintendant des classes, affirme dans ses souvenirs que les autorités scolaires considéraient Dostoïevski comme un jeune homme de haute culture, doté d'une grande force de caractère et d'un profond sentiment de dignité personnelle. Il obéissait assez volontiers aux ordres de ses supérieurs, mais refusait de se plier aux décrets de ses camarades plus âgés, et se tenait à l'écart de toutes leurs manifestations. C'est là un trait très caractéris-

Mon père, cependant, trouva enfin un ami. Il s'agissait du jeune Grigorovitch, qui, comme lui, n'était qu'à moitié russe ; sa grand-mère maternelle était française. Elle s'intéressa beaucoup à l'éducation de son petit-fils et en fit un jeune homme bien informé. Gai et sociable comme le sont généralement les Français, Grigorovitch était assez prêt à jouer avec ses camarades de classe, mais il préférait la société de mon père. Un lien les unissait : tous deux écrivaient en secret, et rêvaient de devenir romanciers[1].

Son amitié avec le jeune Grigorovitch ne fit pas oublier à mon père son frère Mihail. Ils correspondaient constamment ; certaines de leurs lettres furent publiées. Ils y parlaient de Racine, Corneille, Schiller, Balzac, se recommandaient mutuellement des livres intéressants, échangeaient leurs impressions littéraires. Mon oncle profita de son séjour à Reval pour étudier à fond la langue allemande. Plus tard, il traduisit plusieurs des œuvres de Goethe et de Schiller, et ses traductions furent très appréciées du public russe.

Des lettres du jeune Dostoïevski à son père furent également publiées. Elles étaient très respectueuses, mais ne contenaient en général que des demandes d'argent. Mon grand-père n'était pas aimé de ses enfants. Ce Lituanien, qui avait tant de qualités, avait aussi un grand défaut : il était un grand buveur, violent et que l'alcool rendait méfiant. Tant que sa femme était là pour s'interposer entre lui et les enfants, tout allait bien ; elle avait une grande influence sur lui, et l'empêchait de boire avec excès. Après sa mort, mon grand-père céda à sa faiblesse, devint incapable de travailler et démissionna de son poste. Ayant placé ses fils cadets, Andrey et Nicolaï, à l'école de Tchermack, et ayant marié sa fille aînée Barbara à un natif de Moscou, il se retira à Darovoye et se consacra à l'agriculture. Il emmena ses deux filles cadettes, Véra et Alexandra, et leur mena une vie terrible. À cette époque, il était habituel d'élever les filles sous la surveillance de leurs parents. L'instruction donnée n'était pas très étendue : français, allemand, un peu de piano et de danse, des travaux d'aiguille fantaisistes. Seules les filles des pauvres travaillaient. Les filles des familles nobles étaient destinées au mariage, et leur virginité était soigneu-

---

tique, car dans les écoles russes, les garçons font généralement preuve de plus de déférence envers leurs aînés qu'envers leurs maîtres.

1. Mon père avait un autre ami à cette époque, le jeune Schidlovsky, son ancien camarade de classe chez Tchermack. Pour une raison qui m'est inconnue, Schidlovsky voyageait beaucoup, allant tantôt à Reval, tantôt à Saint-Pétersbourg. Il faisait office de porteur de dépêches pour le jeune Dostoïevski. Schidlovsky était un poète, un idéaliste et un mystique. Il a eu une grande influence sur mon père. Il était probablement d'origine lituanienne.

sement préservée. Mon grand-père ne permettait jamais à ses jolies filles de sortir seules, et les accompagnait lui-même dans les rares occasions où elles allaient rendre visite à leurs voisins de campagne. La vigilance jalouse de leur père offensait la délicatesse de mes tantes. Plus tard, elles se rappelèrent avec horreur comment leur père visitait leurs chambres la nuit, pour s'assurer qu'elles n'avaient pas caché quelque amant sous le lit. Mes tantes, à cette époque, étaient des enfants pures et innocentes.

L'avarice de mon grand-père augmentait à mesure que ses habitudes de consommation se confirmaient. Il envoyait si peu d'argent à ses fils qu'ils manquaient de tout. Mon père ne pouvait pas s'offrir une tasse de thé en rentrant de son entraînement, qui se déroulait souvent sous une pluie battante ; il n'avait pas de bottes de rechange, et pire encore, pas d'argent à donner aux aides-soignants qui s'occupaient des élèves officiers. Dostoïevski se révolta contre les privations et les humiliations auxquelles le soumettait la mesquinerie de son père, une mesquinerie pour laquelle il n'y avait aucune excuse, car mon grand-père possédait des terres et avait mis de l'argent de côté pour la dot de ses filles. Mon père considérait que, comme mon grand-père avait choisi pour lui une école brillante et distinguée, il aurait dû lui donner assez d'argent pour vivre comme ses camarades.

Cet état de friction entre le père et ses fils ne dura pas longtemps. Mon grand-père avait toujours été très sévère avec ses serviteurs. Son ivrognerie le rendit si sauvage, qu'ils finirent par l'assassiner. Un jour d'été, il quitta son domaine de Darovoye pour visiter son autre propriété, Tchermashnia, et ne revint jamais. On le retrouva plus tard, à mi-chemin entre les deux, étouffé sous les coussins de sa voiture. Le cocher avait disparu avec les chevaux ; plusieurs paysans du village disparurent en même temps. Interrogés par la Cour, d'autres serviteurs de mon grand-père admirent que le crime était un acte de vengeance.

Mon père n'était pas à la maison au moment de cette mort horrible. Il n'allait plus à Darovoye, car en été, les élèves de l'école du génie devaient effectuer des manœuvres dans les environs de Saint-Pétersbourg. Le crime commis par les paysans de Darovoye, qu'il appréciait beaucoup dans son enfance, fit une grande impression sur son imagination d'adolescent[1]. Il y pensa toute sa vie, et réfléchit profondément aux causes de

---

1. Selon une tradition familiale, c'est en apprenant la mort de son père que Dostoïevski a eu sa première crise d'épilepsie. Nous ne pouvons que conjecturer ce qu'a dû être son état d'esprit, car toute la correspondance avec son frère Mihail, qui aurait pu nous éclairer sur cette période de sa vie, a été détruite. Plus tard, les frères n'ont jamais mentionné leur père dans leurs lettres ; le sujet était probablement trop douloureux pour eux deux. De certaines phrases de la dernière

cette fin épouvantable. Il était très remarquable que toute la famille de mon grand-père ait considéré sa mort comme une honte, n'en ait jamais parlé et ait empêché les amis lettrés de Dostoïevski, qui connaissaient les détails de sa vie, d'en parler dans leurs souvenirs de mon père. Il était évident que mes oncles et tantes avaient une idée plus européenne de l'esclavage que les Russes de l'époque. Les crimes de vengeance commis par les paysans étaient très fréquents à cette époque, mais personne n'en rougissait. Les victimes étaient prises en pitié, les meurtriers dénoncés avec horreur. Les Russes croyaient naïvement que les maîtres pouvaient traiter leurs serviteurs comme des chiens, et que ces derniers n'avaient pas le droit de se révolter. La famille lituanienne de mon grand-père considérait la question d'un point de vue très différent.

J'ai toujours pensé que Dostoïevski avait son père en tête lorsqu'il créa le personnage du vieux Karamazov. Ce n'était certes pas un portrait exact. Fiodor Karamazov était un bouffon ; mon grand-père fut toujours une personne digne. Karamazov était un débauché ; Mihail Dostoïevski aimait sa femme et lui était fidèle. Le vieux Karamazov délaissait ses fils et ne s'intéressait pas à eux ; mon grand-père donnait à ses enfants une éducation soignée. Mais certains traits étaient communs aux deux. En créant le personnage de Fiodor Karamazov, Dostoïevski se souvint peut-être de l'avarice de son père, qui causait à ses jeunes fils tant de souffrance et d'indignation à l'école, de son ivrognerie et du dégoût physique qu'elle provoquait chez ses enfants. Lorsqu'il disait qu'Aliosha Karamazov ne partageait pas ce dégoût, mais plaignait son malheureux père, Dostoïevski se souvenait probablement des moments de pitié qui succédèrent à ceux de dégoût dans son propre cœur de jeune homme. Le grand psychologue en herbe dut deviner par moments que son père n'était, après tout, qu'un être malade et malheureux. Il faut comprendre que cette ressemblance entre mon grand-père et le vieux Karamazov n'est qu'une supposition de ma part, pour laquelle il n'existe aucune preuve documentaire. Pourtant, ce n'est peut-être pas une simple coïncidence si Dostoïevski donna le nom de Tchermashnia au village où le vieux Karamazov envoya son fils Ivan juste avant sa mort. Je suis d'autant plus

lettre avant le meurtre de son père, on peut déduire que Dostoïevski connaissait diverses circonstances de sa vie à la campagne. « Pauvre père ! » écrit-il à son frère Mihail, « quel personnage extraordinaire. Ah ! quels malheurs il a eus ! Quel dommage que je ne puisse pas le consoler ! Mais vous savez, notre père n'a aucune idée de la vie. Il a vécu cinquante ans, et il a toujours la même idée des hommes que lorsqu'il avait trente ans. » Comme toujours, la prescience de Dostoïevski lui fit deviner la cause principale des malheurs de son père. Mon grand-père a en effet vécu toute sa vie comme un Lituanien, et ne s'est jamais préoccupé d'étudier le personnage russe. Il a payé cher son ignorance.

enclin à le penser que c'est une tradition dans notre famille que mon père se soit représenté en la personne d'Ivan Karamazov. C'est ainsi qu'il s'imagina à l'âge de vingt ans. Il est curieux de noter les croyances religieuses d'Ivan, son poème, *Le Grand Inquisiteur*, et son immense intérêt pour l'Église catholique. Il ne faut pas oublier que trois ou quatre générations seulement séparent Dostoïevski du catholicisme de ses ancêtres. La foi catholique devait être encore vivante dans son âme. Il est encore plus curieux de constater que Dostoïevski donna son propre nom, Fiodor, au vieux Karamazov, et fit dire par Smerdiakov à Ivan : « De tous ses fils, c'est toi qui ressembles le plus à ton père. » Il est probable que Dostoïevski ait été hanté toute sa vie par le spectre sanglant de son père, et qu'il ait analysé minutieusement ses propres actions, craignant d'avoir hérité des vices de son père. C'était loin d'être le cas ; la personnalité de Dostoïevski était totalement différente. Il n'aimait pas le vin, et celui-ci lui déplaisait, comme à toutes les personnes de tempérament nerveux. Il était gentil et affectueux avec tous ceux qui l'entouraient, et loin d'être méfiant, il était plutôt simple et confiant. On reprocha souvent à Dostoïevski son incapacité à garder de l'argent. Il ne pouvait jamais en refuser à ceux qui lui en demandaient, et donnait tout ce qu'il possédait aux autres. Il y était poussé par la charité, mais aussi, sans doute, par la crainte de développer l'avarice de son père. Il le craignait d'autant plus qu'il voyait ce vice se reproduire chez sa sœur Barbara, et prendre progressivement la forme d'une véritable manie. Dostoïevski, sans doute, se disait que l'avarice, cette maladie morale, était héréditaire dans sa famille, et que chacun d'eux pourrait en être attaqué s'il n'y prenait garde.

L'alcoolisme de mon grand-père ravagea la vie de presque tous ses enfants. Son fils aîné Mihail et son fils cadet Nicolaï héritèrent de sa maladie. Mon oncle Mihail, même s'il buvait, était au moins capable de travailler ; mais le malheureux Nicolaï, après de brillantes études, ne put jamais faire quoi que ce soit, et resta toute sa vie une charge pour sa famille. L'épilepsie de mon père, qui lui causait tant de souffrances, était probablement due à la même cause. Mais la plus malheureuse de la famille était certainement ma tante Barbara. Elle épousa un homme aisé, qui lui laissa une propriété considérable à Moscou. Les maisons rapportaient un bon revenu ; les enfants de ma tante étaient confortablement installés dans la vie, et ne manquaient de rien. Elle avait donc tout ce qui était nécessaire pour assurer son confort dans sa vieillesse ; mais la malheureuse était victime d'une avarice sordide et maladive. Elle ouvrait sa bourse avec une sorte de désespoir ; la moindre dépense était pour elle une torture. Elle finit par renvoyer ses domestiques, pour éviter de payer leurs gages. Elle n'avait pas de cheminée dans ses appartements et passait l'hiver enveloppée dans un manteau. Elle ne faisait pas la cuisine ; deux fois par semaine, elle sortait acheter un peu de pain et de lait. Dans le quartier où elle vivait, les ragots allaient bon train sur son inexplicable avarice. On disait qu'elle devait avoir beaucoup d'argent, et que, comme tous les malheureux, elle le gardait dans sa maison. Ces ragots travaillèrent l'esprit d'un jeune paysan, qui servait de portier aux locataires de ma tante. Il s'entendit avec un vagabond qui rôdait dans le voisinage ; une nuit, ils s'introduisirent dans le logement de la pauvre folle et l'assassinèrent. Le crime fut commis longtemps après la mort de mon père.

J'en conclus que l'alcoolisme de mon grand-père devait être héréditaire, car son ivresse personnelle n'aurait pas pu provoquer un tel désastre dans notre famille. La maladie persista dans la famille de mon oncle Mihail ; la deuxième et la troisième génération en furent victimes. Le fils de ma tante Barbara était si stupide que sa folie frisait l'idiotie. Le fils de mon oncle Andrey, un jeune et brillant savant, mourut d'une paralysie rampante. Toute la famille Dostoïevski souffrit de neurasthénie.

IV

Les premières étapes

Lorsqu'il termina ses études au château des ingénieurs, Dostoïevski obtint une affectation au département du génie militaire. Il n'y resta pas longtemps et s'empressa de donner sa démission. Son père n'était plus là pour le forcer à servir l'État ; il n'avait aucun goût pour le service militaire, et désirait plus que jamais être romancier. Le jeune Grigorovitch suivit son exemple. Ils décidèrent de vivre ensemble, s'installèrent dans un logement de célibataires, et engagèrent un domestique. Grigorovitch recevait de l'argent de sa mère, qui vivait en province. Mon père recevait une allocation de son tuteur à Moscou, qui lui envoyait de quoi vivre modestement. Malheureusement, mon père eut toujours des idées très fantasques en matière d'économie. Toute sa vie, il fut un *Schliahtitch* lituanien, qui dépensait l'argent qu'il avait en poche sans jamais se demander comment il allait vivre le lendemain. L'âge ne réussit pas à corriger cela. Je me souviens d'un voyage que nous avions fait tous ensemble vers la fin de sa vie, pour aller en Ukraine passer l'été chez mon oncle Jean. Nous devions séjourner à Moscou quelques jours en route, et là, à la grande indignation de ma mère, Dostoïevski insista pour loger dans le meilleur hôtel de la ville, et prit une suite de chambres au premier étage, alors qu'à Saint-Pétersbourg nous avions un domicile très modeste. Ma mère protesta en vain ; elle ne réussit jamais à guérir son mari de sa prodigalité. Lorsque nous avions des connaissances qui venaient dîner à l'occasion d'une fête de famille, mon père proposait toujours d'aller acheter les hors-d'œuvre, qui jouent un rôle si important dans un dîner russe, les fruits et le dessert. Si ma mère avait l'imprudence d'y consentir, Dostoïevski se rendait dans les meilleurs magasins de la ville et achetait toutes les bonnes choses qu'il y trouvait. Je souris toujours quand je lis comment Dmitri Karamazov acheta des provisions chez Plotnikov, avant de partir pour Mokroé. Il me semble me voir à Staraya-Russa, dans ce même magasin, où j'allais parfois mon père, et où j'observais, avec tout l'intérêt d'un enfant gourmand, sa manière originale de se nourrir. Quand j'y allais avec ma mère, elle en sortait avec un modeste paquet à la main. Lorsque j'accompagnais mon père, nous quittions le magasin les mains vides, mais plusieurs petits garçons nous précédaient ou nous suivaient jusqu'à notre maison, portant gaiement de grands paniers et comptant sur un bon pourboire. Comme un vrai *Schliahtitcli*, mon père ne s'est jamais demandé s'il était riche ou pauvre. Autrefois, en Pologne et en Lituanie, la noblesse indigène mourait de faim à la maison, et arrivait à tous les rassemblements publics dans des carrosses dorés et de magnifiques manteaux de velours. Ils vivaient criblés de dettes, ne remboursant qu'une dîme de ce qu'ils avaient emprunté, ne pensant jamais à leur situation financière, s'amusant, riant et dansant. Il faut des siècles pour éradiquer ces défauts raciaux; de nombreux descendants de Dostoïevski devront encore souffrir de la folle prodigalité de leurs ancêtres. Il y avait cependant une différence importante entre mon père et les *Schliahtitchi* lituaniens. Ils ne pensaient qu'à vivre joyeusement, et se souciaient peu des autres. Il faisait l'aumône à tous les pauvres qu'il rencontrait, et ne pouvait jamais refuser de l'argent à ceux qui venaient lui raconter leurs malheurs et le supplier de les aider. Les pourboires qu'il donnait aux domestiques pour les moindres services étaient fabuleux et exaspéraient ma pauvre mère.

Il est évident qu'en vivant de cette manière, mon père dépensa plus que ce que son tuteur pouvait lui envoyer de Moscou. Il s'endetta et, souhaitant échapper aux relances importunes de ses créanciers, il proposa à son tuteur de troquer son droit de naissance contre une somme relativement faible d'argent liquide. Ne connaissant ni les journaux ni les éditeurs, Dostoïevski espérait ingénument gagner sa vie grâce à sa plume. Son tuteur accepta le marché, qu'il n'aurait jamais dû envisager. Mes tantes firent valoir que leur frère Fiodor ne connaissait rien aux affaires et qu'on pouvait lui faire accepter les conditions les plus désavantageuses. Elles essayèrent de répéter le processus plus tard, lorsque la famille Dostoïevski hérita d'autres biens, et la lutte dans laquelle mon père fut forcé d'entrer avec ses sœurs assombrit la fin de sa vie. Je parlerai plus longuement de cette affaire dans les derniers chapitres de mon livre.

Après avoir payé ses dettes, Dostoïevski dépensa rapidement le peu d'argent qui lui restait. Il essaya de faire des traductions[1], mais bien sûr, cela lui rapporta très peu. C'est alors que sa tante Kumanin lui vint en aide et lui versa une allocation. C'était une sœur de sa mère, qui avait fait un riche mariage, et vivait dans une belle maison à Moscou, entourée d'une horde de serviteurs dévoués, et servie et amusée par un certain nombre de dames de compagnie, de pauvres femmes qui tremblaient

---

1. C'est à cette époque qu'il réalise une excellente traduction d'Eugénie Grandet.

devant elle, et cédaient à tous les caprices de leur riche despote. Elle prenait en charge ses neveux et nièces, et était particulièrement bien disposée envers mon père, qui était toujours son préféré. Elle seule, de toute la famille, appréciait ses pouvoirs et était toujours prête à lui venir en aide. Mon père aimait beaucoup sa vieille tante Koumanin, même s'il se moquait un peu d'elle, comme tous ses jeunes neveux. Il la peïgnit dans *Le joueur*, dans la personne de la vieille grand-mère moscovite qui arrive en Allemagne, joue à la roulette, perd la moitié de sa fortune et retourne à Moscou aussi soudainement qu'elle est venue. À l'époque où la roulette était en vogue en Allemagne, ma grand-tante était trop âgée pour voyager. Il se peut cependant qu'elle ait joué aux cartes à Moscou, et qu'elle ait perdu de grosses sommes d'argent. En la décrivant comme venant en Allemagne et jouant à la roulette à ses côtés, Dostoïevski voulait peut-être nous montrer d'où venait sa passion pour le jeu.

Il ne faut pas croire, cependant, que parce que mon père dépensait beaucoup d'argent, il menait une vie prodigue. La jeunesse de Dostoïevski fut studieuse et laborieuse. Il sortait très peu, et restait assis toute la journée à sa table d'écriture, parlant à ses héros, riant, pleurant et souffrant avec eux. Son ami Grigorovitch, qui avait plus de sens pratique que lui, tout en travaillant à son écriture, s'efforçait de faire des connaissances utiles à sa future carrière, se faisait introduire dans la société littéraire, puis présentait son ami Dostoïevski. Grigorovitch était beau, gai et élégant ; il faisait l'amour aux dames, et charmait tout le monde. Mon père était maladroit, timide, taciturne, plutôt laid ; il parlait peu, et écoutait beaucoup. Dans les salons qu'ils fréquentaient, les deux amis rencontrèrent le jeune Tourgueniev, venu lui aussi embrasser la carrière de romancier à Saint-Pétersbourg. Mon père l'admirait beaucoup. « Je suis amoureux de Tourgueniev, » écrivit-il ingénument à son frère Mihail, qui, après avoir terminé ses études militaires, servit à Reval comme officier. « Il est si beau, si gracieux, si élégant ! » Tourgueniev accepta l'hommage de mon père avec un air de condescendance. Il considérait Dostoïevski comme une non-entité.

Grigorovitch réussit à faire la connaissance du poète Nekrassov, qui proposa de créer une revue littéraire. Grigorovitch était impatient d'être lié à cette revue d'une manière ou d'une autre. Ses premières œuvres n'étaient pas tout à fait terminées – il aimait un peu trop la société – mais il savait que mon père avait écrit un roman et qu'il le corrigeait perpétuellement, craignant de ne pas avoir beaucoup de succès. Grigorovitch le persuada de lui confier le manuscrit et le porta à Nekrassov. Ce dernier demanda à

Grigorovitch s'il connaissait l'œuvre de son camarade, et entendant qu'il n'avait pas encore trouvé le temps de la lire, il lui proposa de parcourir ensemble deux ou trois chapitres, pour voir si cela valait quelque chose. Ils lurent ce premier roman de mon père d'une traite[1]. L'aube entrait par les fenêtres quand ils le terminèrent. Nekrassov était stupéfait. « Allons voir Dostoïevski, » proposa-t-il ; « je veux lui dire ce que je pense de son œuvre. » « Mais il dort, ce n'est pas encore le matin », objecta Grigorovitch. « Qu'est-ce que cela peut faire ? Ceci est plus important que le sommeil ». Et l'enthousiaste se mit en route, suivi de Grigorovitch, pour aller réveiller mon père à cinq heures du matin, et lui apprendre qu'il avait un talent extraordinaire.

Plus tard, le manuscrit fut soumis au célèbre critique Belinsky, qui, après l'avoir lu, souhaita voir le jeune auteur. Dostoïevski lui fut présenté, tremblant d'émotion. Belinsky le reçut avec une expression sévère. « Jeune homme, » dit-il, « savez-vous ce que vous venez d'écrire ? Non, vous ne le savez pas. Vous ne pouvez pas encore le comprendre. »

Nekrassov publia *Pauvres gens* dans sa revue, et il eut un grand succès. Mon père se retrouva célèbre en un jour. Tout le monde voulait le connaître. « Qui est ce Dostoïevski ? » demandait-on de tous côtés. Mon père n'avait commencé que récemment à fréquenter la société littéraire, et personne ne l'avait particulièrement remarqué. Le timide Lituanien se retirait toujours dans un coin ou dans l'embrasure d'une fenêtre, ou se cachait derrière un écran. Mais il ne lui était plus permis de se cacher. On l'entourait, on le complimentait, on l'incitait à parler, et on le trouvait charmant. Outre les salons littéraires, où étaient reçus ceux qui aspiraient à devenir romanciers ou ceux qui s'intéressaient à la littérature, il y avait à Saint-Pétersbourg d'autres salons plus intéressants où n'étaient admis que les écrivains, les peintres et les musiciens célèbres. Tels étaient les salons du prince Odoevsky, poète distingué, du comte Sollohub, romancier de grand goût, qui nous laissa des descriptions très pénétrantes de la vie russe dans la première moitié du XIXᵉ siècle, et de son beau-frère, le comte Vieillegorsky, Polonais russophile. Tous ces messieurs s'empressèrent de faire la connaissance de Dostoïevski, l'invitèrent dans

---

1. Il s'appelait Pauvres gens. Avant de l'écrire, mon père avait commencé une tragédie, Marie Stuart, qu'il a mise de côté pour écrire un drame, Boris Godunov. Le choix de ces sujets est très significatif. Il est probable que dans la première jeunesse de Dostoïevski, le sang normand de ses ancêtres paternels était en guerre dans son cœur avec le sang mongol de ses ancêtres moscovites. Mais la souche slave était la plus forte et l'emportait sur les atavismes normands et mongols. Dostoïevski a abandonné Marie Stuart et Boris Godunov, et nous a donné Pauvres gens, qui est plein du charmant sentiment slave de pitié.

leurs maisons et le reçurent cordialement. Mon père s'amusait plus particulièrement chez les Vieillegorsky, où il y avait une excellente musique. Dostoïevski adorait la musique. Je ne pense pas, cependant, qu'il avait l'oreille musicale, car il se méfiait des nouvelles compositions, et préférait entendre les morceaux qu'il connaissait déjà. Plus il les entendait, plus ils le ravissaient.

Le comte Vieillegorsky était un passionné de musique ; il patronnait les musiciens et avait l'habitude de les pourchasser dans les coins les plus obscurs de la capitale. Il est probable qu'un type étrange, un violoniste pauvre, ivrogne, ambitieux et jaloux, découvert par le comte Vieillegorsky dans une mansarde et amené à jouer dans ses réceptions, frappa l'imagination de mon père, car la maison du comte Vieillegorsky fut la scène de son roman *Netotchka Xesvanova*. Avec lui, Dostoïevski réalisa un véritable chef-d'œuvre de la psychologie féminine, même si, dans sa jeune inexpérience, il ne l'expliqua peut-être pas suffisamment à son public. On dit que la comtesse Vieillegorsky naquit princesse Biron. Or les princes Biron, originaires de Courlande, revendiquèrent toujours leur appartenance aux rois, plutôt qu'à l'aristocratie européenne. Si nous lisons attentivement *Netotchka Nest-anova*, nous verrons bientôt que le prince S., qui avait offert l'hospitalité à la pauvre orpheline, n'était qu'un homme de bonne éducation et de bonne société, tandis que sa femme était très hautaine, et donnait un air de palais à sa maison. Tous ceux qui l'entouraient parlaient d'elle comme d'une souveraine. Sa fille Katia était une petite « altesse » ordinaire, gâtée et capricieuse, qui terrorisait ses sujets un jour, et faisait d'eux ses préférés le suivant. Son affection pour Netotchka devint tout de suite extrêmement passionnée, voire légèrement érotique. Les critiques russes réprimandèrent sévèrement Dostoïevski pour cette suggestion d'érotisme. Mon père était parfaitement honnête, car ces pauvres princesses allemandes, qui ne pouvaient jamais se marier par amour et étaient toujours sacrifiées aux intérêts de l'État, souffraient souvent de ces amitiés féminines passionnées et même érotiques. La maladie était héréditaire chez elles, et elle aurait pu se déclarer chez leur descendante, la petite Katia, une enfant précoce. Les Vieillegorsky n'avaient pas de fille ; le personnage de Katia fut entièrement créé par mon père, qui la dépeignit après avoir étudié la maison princière. Dans le portrait de cette petite altesse névrosée, Dostoïevski montrait une connaissance de la psychologie féminine très remarquable chez un jeune homme timide, qui osait à peine aborder les femmes. Son talent était déjà très grand à cette époque. Malheureusement, il manquait de modèles. Rien n'aurait pu être plus fade ou plus convenu que les malheureux natifs de Saint-Pétersbourg, nés et élevés dans un taudis. Ils n'étaient que des copies et des caricatures de l'Europe. «Ces gens sont tous morts depuis longtemps», dit l'écrivain russe Mihail Saltikov. «Ils continuent à vivre uniquement parce que la police a oublié de les enterrer. »

Les amis de Dostoïevski, les jeunes romanciers qui commençaient leur carrière littéraire, n'avaient pas la force d'esprit d'accepter son succès inattendu. Ils devinrent jaloux et s'irritèrent à l'idée que le jeune homme timide et modeste soit reçu dans les salons des célébrités, où les aspirants n'étaient pas encore admis. Ils n'appréciaient pas son roman. L'ouvrage *Pauvres gens* leur paraissait lassant et absurde. Ils le parodiaient en prose et en vers, et ridiculisaient le jeune auteur sans ménagement[1]. Pour l'humilier devant l'opinion publique, ils inventèrent des anecdotes grotesques à son sujet. Ils affirmaient que le succès lui avait fait tourner la tête, qu'il avait insisté pour que chaque page de son deuxième roman, qui était sur le point de paraître dans la revue de Nekrassov, soit encadrée d'une bordure pour la distinguer des autres œuvres de la revue. C'était, bien sûr, un mensonge. *Le Double* parut sans aucun cadre. Ils se moquaient de sa timidité en présence des femmes, et décrivaient comment il s'était évanoui d'émotion aux pieds d'une jeune beauté à laquelle il avait été présenté dans un salon. Mon père souffrit beaucoup de la perte de ses illusions sur l'amitié. Il en avait eu une idée bien différente; il s'était imaginé sans artifice que ses amis se réjouiraient de son succès, comme il se serait certainement réjoui du leur. La méchanceté de Tourgueniev, qui, exaspéré par le succès de *Pauvres Gens*, fit tout pour nuire à Dostoïevski, blessa particulièrement mon père. Il était si attaché à Tourgueniev, et l'admirait si sincèrement. Ce fut le début d'une longue animosité entre eux, qui dura toute leur vie, et dont on parla beaucoup en Russie.

Si nous passons en revue tous les amis que mon père eut au cours de sa vie, nous verrons que ceux de ses débuts diffèrent très nettement de ceux de sa maturité. Jusqu'à l'âge de quarante ans, les relations de Dostoïevski étaient presque exclusivement des Ukrainiens, des Lituaniens, des Polonais et des natifs des provinces baltes. Grigorovitch, mi-ukrainien, mi-français, était son premier ami, et il trouva un éditeur pour son premier roman. Nekrassov, de mère polonaise, lui donna son premier succès; Belinsky, polonais ou lituanien d'origine, révéla son génie au public russe. C'étaient le comte Sollohub, descendant d'une grande fa-

---

1. Turgenev a écrit un poème burlesque, dans lequel il a fait de mon père une figure ridicule.

mille lituanienne, et le comte Vieillegorsky, un Polonais, qui le reçurent cordialement dans leurs salons. Plus tard, en Sibérie, nous trouverons Dostoïevski protégé par un Suédois et des indigènes des provinces baltes. Il semble que tous ces gens aient reconnu en lui un Européen, un homme de culture occidentale, un écrivain qui partageait leurs idées slavo-normandes. En même temps, tous les Russes lui étaient hostiles. Ses camarades de l'école d'ingénieurs le ridiculisaient cruellement ; ses jeunes amis littéraires le haïssaient, le méprisaient, essayaient d'en faire la risée de tous. C'était comme s'ils reconnaissaient en lui quelque chose d'opposé à leurs idéaux russes.

Après l'âge de quarante ans, lorsque Dostoïevski adopta définitivement l'attitude russe, la nationalité de ses amis changea. Les Slavo-Normands disparurent de sa vie. Les Russes recherchèrent son amitié et formèrent une garde rapprochée autour de lui. Après sa mort, ils continuèrent à le garder aussi jalousement que par le passé. Chaque fois que je mentionne l'origine lituanienne de notre famille, mes compatriotes froncent les sourcils et disent : « Oublie cette misérable Lituanie ! Ta famille l'a quittée depuis longtemps. Ton père était russe, le plus russe des Russes. Personne n'a jamais compris la vraie Russie comme lui. »

Je souris quand je constate cette jalousie, qui est, dans son essence, de l'amour. Je pense qu'après tout, les Russes ont raison, car ce sont eux qui ont donné à Dostoïevski son magnifique talent. La Lituanie forma son caractère et civilisa son esprit ; l'Ukraine éveilla la poésie dans le cœur de ses ancêtres ; mais tout ce combustible, amassé au cours des âges, ne s'alluma que lorsque la sainte Russie l'alimenta avec l'étincelle de son grand génie.

Le premier roman de mon père était certes très bien écrit, mais il n'était pas original. C'était une imitation d'un roman de Gogol, qui avait à son tour imité la littérature française de son époque. *Les Misérables*, avec son merveilleux Jean Valjean, étaient à la base de ce nouveau mouvement littéraire. Il est vrai que *Les Misérables* furent écrits plus tard, mais le modèle de Valjean, un bagnard d'une grande noblesse d'esprit, avait commencé à apparaître en Europe. Les idées démocratiques éveillées par la Révolution française conduisirent les écrivains à élever les pauvres, les paysans et les petits commerçants au rang occupé par les nobles et les intellectuels de la classe moyenne supérieure. Ce nouveau courant littéraire plaisait beaucoup aux Russes qui, n'ayant jamais connu d'aristocratie féodale, étaient toujours attirés par les idées démocratiques. Les écrivains russes, qui étaient à cette époque des personnes polies et très instruites, ne décrivaient plus le salon ; ils cherchaient leurs héros dans la mansarde. Ils n'avaient pas la moindre idée de ce qu'étaient réellement ces gens, et au lieu de les décrire tels qu'ils étaient en réalité, illettrés et brutalisés par la pauvreté, ils dotaient leurs nouveaux héros de sentiments chevaleresques, et leur faisaient écrire des lettres dignes de Madame de Sévigné. C'était faux et absurde, néanmoins, ces romans furent à l'origine de cette magnifique littérature du XIXe siècle qui fait la gloire de notre pays. Les écrivains comprirent peu à peu qu'avant de décrire un monde nouveau, il fallait l'étudier. Ils se mirent à observer les paysans, le clergé, les marchands, les citadins ; ils donnèrent d'excellentes descriptions de la vie russe, qui était très peu connue. Mais c'était bien plus tard. À l'époque dont je parle, les romanciers russes firent appel à leur imagination et nous laissèrent des œuvres pleines d'absurdités.

Mon père s'était sans doute rendu compte de la fausseté de ces romans, car il essaya de se détacher de ce nouveau genre littéraire dans son deuxième ouvrage. *Le Double* est un livre de bien meilleure qualité que l'ouvrage *Pauvres gens*. Il est original, il est déjà « Dostoïevski ». Nos aliénistes admiraient beaucoup ce petit chef-d'œuvre, et s'étonnaient qu'un jeune romancier ait pu décrire de façon si imagée les derniers jours d'un fou, sans avoir auparavant étudié la médecine[1].

Pourtant, ce deuxième roman n'eut pas le même succès que le premier. Il était trop nouveau ; les gens ne comprenaient pas cette analyse minutieuse du cœur humain, qui fut si appréciée par la suite. Les fous n'étaient pas à la mode ; ce roman sans héros ni héroïne était considéré comme inintéressant. Les critiques ne cachèrent pas leur déception. « Nous nous sommes trompés », écrivaient-ils ; « le talent de Dostoïevski n'est pas aussi grand que nous le pensions ». Si mon père avait été plus âgé, il n'aurait pas tenu compte des critiques, il aurait persisté dans son nouveau genre, l'aurait imposé au public, et aurait produit de très belles études psychologiques, même à cette époque. Mais il était trop jeune, la critique l'angoissait. Il eut peur de perdre le succès qu'il avait obtenu avec son premier roman, et il revint aux artifices de Gogol.

Mais cette fois, il ne se contenta pas de puiser dans son imagination. Il étudia les nouveaux héros de la littérature russe, alla observer les habitants des mansardes dans les petits cafés et les débits de boisson de la capitale. Il entrait en conversation avec eux, les observait, notait soi-

---

1. Dostoïevski avait une haute opinion du livre Le Double. Dans une lettre à son frère Mihail, écrite après son retour de Sibérie, mon père déclara : « C'était une idée magnifique ; un modèle d'une grande importance sociale que j'ai été le premier à créer et à présenter. »

gneusement leurs manières et leurs coutumes. Se sentant timide et ne sachant pas comment les aborder, Dostoïevski les invita à jouer au billard avec lui. Il n'était pas familier de ce jeu et ne s'y intéressait pas du tout, et il perdit naturellement beaucoup d'argent. Il ne le regretta pas, car il put faire de curieuses observations en jouant, et noter de nombreuses expressions originales[1].

Après avoir étudié pendant quelques mois cette curieuse société, dont il ignorait tout, Dostoïevski se mit à décrire les ordres inférieurs tels qu'ils étaient réellement, pensant que cela intéresserait le public. Hélas! Il eut encore moins de succès qu'avant. Le public russe était prêt à s'intéresser aux misérables, si on les servait à la Jean Valjean. Leur vie réelle, dans toute sa sordide mesquinerie, n'intéressait personne.

Dostoïevski commença à perdre confiance en ses capacités. Sa santé se dégrada, il devint nerveux et hystérique. L'épilepsie était latente en lui, et avant de se déclarer par des crises, elle l'oppressait terriblement[2]. Il évita désormais la société, passa de longues heures enfermé dans sa chambre ou à errer dans les rues les plus sombres et les plus désertes de Saint-Pétersbourg. Il se parlait à lui-même en marchant, gesticulait et faisait en sorte que les passants se retournent et le regardent. Les amis qui le rencontraient pensaient qu'il était devenu fou. La ville incolore et stupide étouffait son talent. Les classes supérieures n'étaient que des caricatures d'Européens; la population appartenait à la tribu des Finno-Turcs, une race inférieure, qui ne pouvait donner à Dostoïevski aucune idée du grand peuple russe. Il n'avait pas assez d'argent pour aller en Europe, dans le Caucase ou en Crimée; les voyages étaient très coûteux à cette époque. Mon père se morfondait à Saint-Pétersbourg et n'était heureux qu'avec son frère Mihail, qui avait démissionné de sa commission et s'était installé dans la capitale, dans l'intention de se consacrer à la litté-

1. Les amis de mon père racontent dans leurs souvenirs qu'il invitait souvent des étrangers à lui rendre visite parmi ceux qu'il rencontrait dans les cafés, et qu'il passait des journées entières à écouter leurs conversations et leurs histoires. Les amis de mon père ne comprenaient pas le plaisir qu'il pouvait prendre à parler avec des gens aussi peu instruits; plus tard, quand ils lurent ses romans, ils reconnurent les personnages qu'ils avaient rencontrés. Il est évident qu'à cette époque, comme tous les jeunes hommes de talent, il ne pouvait peindre que d'après nature. Plus tard, il n'eut pas besoin de modèles et créa lui-même ses personnages.

2. Le docteur Janovsky, que mon père aimait beaucoup et qu'il consultait au sujet de sa santé, affirme que, bien avant sa condamnation, Dostoïevski souffrait déjà d'une affection nerveuse qui ressemblait beaucoup à l'épilepsie. Comme je l'ai dit plus haut, la famille de mon père déclara qu'il avait eu sa première crise en apprenant la mort tragique de mon grand-père. Il est évident qu'il souffrait déjà d'épilepsie à l'âge de dix-huit ans, bien qu'elle n'ait pris sa forme la plus violente qu'après son emprisonnement.

rature. Il avait épousé une Allemande de Revai, Emilie Dibmar, et avait plusieurs enfants. Mon père aimait beaucoup ses neveux ; leurs rires enfantins chassaient sa mélancolie.

Il était étonnant de ne trouver aucune femme dans la vie de Dostoïevski à cette période de la prime jeunesse, qui était l'âge de l'amour pour la plupart des hommes. Pas de fiancée, pas de maîtresse, pas même un flirt ! Cette vertu extraordinaire ne pouvait s'expliquer que par le développement tardif de son organisme, ce qui n'était pas rare dans le nord de la Russie. La loi russe permettait aux femmes de se marier à l'âge de seize ans ; mais tout récemment, quelques années avant la guerre, des savants russes avaient commencé à protester contre cette coutume barbare. D'après leurs observations, la femme du nord de la Russie n'était pas complètement développée avant l'âge de vingt-trois ans. Si elle se mariait avant, la procréation pouvait lui faire beaucoup de mal et ruiner définitivement sa santé. C'est à cette mauvaise coutume que nos médecins attribuèrent l'hystérie et les troubles nerveux qui ravageaient tant de foyers russes. Si les savants avaient raison, nous devions placer le développement complet de l'organisme masculin de la Russie septentrionale dans la vingt-cinquième année, car les hommes arrivent toujours à maturité plus tard que les femmes. Quant aux organismes anormaux, ceux des épileptiques, par exemple, ils devaient mûrir encore plus lentement. Il était possible qu'à cet âge, les sens de Dostoïevski ne soient pas encore en éveil. Il était comme un écolier qui admirait les femmes de loin, en avait très peur, et n'en avait pas encore besoin. Les amis de mon père, comme nous l'avons vu, se moquaient de sa timidité en présence des femmes[1]. Sa période romantique commença après son emprisonnement, et il ne montra alors aucune timidité.

Les héroïnes des premiers romans de Dostoïevski étaient pâles, nébuleuses et sans vitalité. Il ne peignit à cette époque que deux bons portraits féminins, ceux de Netotchka Nesvanova et de la petite Katia, des enfants de dix à douze ans. Ce roman était, si l'on excepte *Le Double*, sa meilleure œuvre de cette période. Il n'avait qu'un seul défaut, qui était commun à tous les romans écrits par Dostoïevski avant son emprison-

---

1. Le docteur Riesenkampf, qui a bien connu mon père à cette période de sa vie, écrit dans ses souvenirs : « À l'âge de vingt ans, les jeunes hommes recherchent généralement un idéal féminin, et courent après toutes les jeunes beautés. Je n'ai jamais rien remarqué de tel chez Dostoïevski. Il était indifférent aux femmes, avait même une antipathie pour elles. » Riesenkampf ajoute cependant que Dostoïevski s'intéressait beaucoup aux histoires d'amour de ses camarades et qu'il aimait chanter des chansons sentimentales. Cette habitude de chanter des chansons qui lui plaisent, il l'a conservée jusqu'à la fin de sa vie. Il chantait généralement à voix basse lorsqu'il était seul dans sa chambre.

nement : les héros étaient trop internationaux. Ils pouvaient vivre sous tous les cieux, parler toutes les langues, supporter tous les climats. Ils n'avaient pas de patrie et, comme tous les cosmopolites, étaient pâles, vagues et mal définis. Pour les faire vivre, il fallait leur créer une nationalité. C'est ce que Dostoïevski s'apprêtait à faire en Sibérie.

V

La conspiration de Petrachevski

Ce fut durant cette période malheureuse de sa vie que mon père fut impliqué dans la conspiration de Pétrachevski. Ceux qui connaissaient les principes monarchistes de Dostoïevski plus tard dans sa vie ne purent jamais comprendre comment il en vint à s'associer avec des révolutionnaires. C'est en effet inexplicable si l'on ignore les origines lituaniennes de mon père. Il complota contre le tsar, parce qu'il ne comprenait pas encore le vrai sens de la monarchie russe. À cette période de sa vie, Dostoïevski ne connaissait pas grand-chose de la Russie. Il avait passé son enfance dans une sorte de Lituanie artificielle recréée par son père au cœur de Moscou. Durant son adolescence au château des ingénieurs, il se tenait aussi éloigné que possible de ses camarades russes. Quand il devint romancier, il fréquentait les salons littéraires de Saint-Pétersbourg, les plus instables de tout le pays. À cette époque, la Russie nous était pratiquement inconnue, nos géographes et historiens existaient encore à peine. Voyager était difficile et coûteux. Il n'y avait ni train ni bateau dans notre pays. Les serfs travaillaient leur terre et gardaient le silence; on disait du moujik qu'il était «un sphinx». Les écrivains russes ne vivaient que selon l'esprit européen, ne lisaient que des livres français, anglais et allemands, et partageaient toutes les idées des Européens concernant la liberté. Plutôt que d'informer l'Europe des idées russes, nos écrivains demandaient naïvement à l'Europe de leur expliquer ce qu'était la Russie. Si mes compatriotes ne connaissaient pas grand-chose à la Russie, l'Europe n'en savait rien. Les écrivains, scientifiques, diplomates et hommes d'État européens n'avaient pas appris le russe, n'avaient pas voyagé en Russie, ne s'étaient pas efforcés d'aller étudier le moujik dans son habitat. Ils se contentaient d'obtenir leurs informations des réfugiés politiques qui habitaient leurs cités. Tous ces juifs, ces Polonais, ces Lituaniens, ces Arméniens, ces Finlandais et ces Lettons ne savaient même pas parler russe, et parlaient un horrible jargon. Cela ne les empêcha pas de s'adresser à l'Europe au nom du peuple russe. Ils assurèrent aux Européens que les moujiks grognaient sous le joug des tsars et attendaient impatiemment que les nations européennes vinssent les délivrer, pour leur donner cette république européenne dont (selon les réfugiés) le moujik rêvait jour et nuit. L'Europe les crut sur parole. Ce n'est que de nos jours, maintenant que les Européens ont vu le tsarisme remplacé par le bolchévisme et le défaitisme, qu'ils ont commencé à comprendre qu'ils avaient été trompés. Il faudra encore longtemps avant qu'ils ne comprennent la vraie Russie. Dans le même temps, le colosse russe a pour eux quelques réveils difficiles et quelques mauvaises surprises en réserve.

Au moment de la conspiration de Pétrachevski, mon père était plus lituanien que russe, et l'Europe lui était plus chère que sa patrie. Les romans qu'il écrivait avant son emprisonnement étaient des imitations d'ouvrages européens : Schiller, Balzac, Dickens, George Sand et Walter Scott étaient ses maîtres. Il croyait aux journaux européens comme on croit aux Évangiles. Il rêvait d'aller vivre en Europe, et déclarait qu'il ne pourrait apprendre à bien écrire que là-bas. Il parlait de ce projet dans ses lettres à ses amis, et se lamentait qu'un manque de moyens l'empêchait de le mener à bien. L'idée qu'il serait préférable d'aller à l'est plutôt qu'à l'ouest pour devenir un grand écrivain russe ne lui traversa jamais l'esprit. Dostoïevski détestait l'héritage mongol chez les Russes, il était un vrai Ivan Karamazov à cette période de sa vie.

L'émancipation des serfs était imminente. Tout le monde en parlait, et tout le monde en réalisait la nécessité. Notre gouvernement, égal à lui-même, hésita à réaliser cette réforme. Les Russes, qui comprenaient leur propre caractère national lent et indolent, savaient qu'ils n'avaient qu'à patienter une année ou deux et ils l'obtiendraient. Les Polonais, les Lituaniens et les natifs des provinces baltiques ne comprenaient pas ce délai, et croyaient que le tsar ne donnerait jamais la liberté à son peuple. Ils se proposèrent de le renverser afin de l'obtenir eux-mêmes pour les paysans. Dostoïevski partageait leurs craintes. Il ne savait rien de l'indolence orientale ; il fut énergique et actif toute sa vie. Quand une idée lui semblait juste, il la mettait immédiatement en pratique ; il ne pouvait pas comprendre la lenteur de la bureaucratie russe. Il ne pouvait oublier la mort tragique de son père, et désirait ardemment l'abolition d'un système qui rendait les maîtres cruels et incitait les esclaves au crime. Dans son état d'esprit d'alors, la rencontre avec Pétrachevsky ne pouvait qu'avoir des conséquences fatales. Pétrachevski, comme son nom l'indique, était d'origine polonaise ou lituanienne, et c'était un lien entre lui et Dostoïevski plus fort que tout le reste. Pétrachevski était éloquent et adroit ; il attira tous les jeunes rêveurs de Saint-Pétersbourg autour de lui et les enflamma. L'idée de se sacrifier pour le bonheur des autres est très attirante pour des cœurs jeunes et généreux, en particulier quand leurs vies sont aussi tristes que l'était celle de mon père à l'époque. Durant ses vagabondages solitaires dans les rues sombres de Saint-Pétersbourg, il dut souvent se dire à lui-même qu'il serait préférable de mourir pour une noble cause que de prolonger une existence inutile.

Le procès de Pétrachevski est l'un des plus obscurs de tous les procès politiques russes. Les documents qui ont été publiés ne donnent qu'une image banale d'une réunion politique, où de jeunes gens se rencontraient pour répéter des lieux communs à propos des idées nouvelles qui arrivaient d'Europe, pour se prêter des livres interdits par le censeur, et pour déclamer des extraits incendiaires de pamphlets révolutionnaires. Néanmoins, mon père maintint toujours qu'il s'agissait d'un complot politique dont l'objectif était de renverser le tsar, et d'établir une république des intellectuels en Russie. Il est probable que Pétrachevski, alors qu'il préparait une armée de volontaires, ne confia les objectifs secrets de son entreprise qu'à quelques élus. Appréciant l'esprit, le courage et la force morale de Dostoïevski, Pétrachevski le destinait probablement à jouer un rôle majeur dans la future république. Mon oncle Mikhaïl était aussi intéressé par la société, mais comme il était marié et père de famille, il trouva sage de ne pas fréquenter les réunions trop assidûment. Il tira avantage, cependant, de la bibliothèque de livres interdits. Mon oncle était à l'époque un grand admirateur de Fourier, et un fervent disciple de ses théories romantiques. Mon oncle Andreï assista également aux rencontres. À cette époque, il était un très jeune homme, et venait juste de commencer ses études supérieures. Il était plus jeune que ses frères aînés de nombreuses années, et les voyait plutôt comme des parents que des égaux. Les deux aînés le lui rendaient bien, et le traitaient comme un petit garçon. De tels rapports n'existent pas en Russie, mais se rencontrent souvent dans des familles polonaises et lituaniennes. Mon père ne parlait jamais de politique avec son jeune frère, et mon oncle Andreï n'était pas au courant du rôle qu'il jouait dans la société. Andreï Dostoïevski n'avait rien du talent littéraire de ses frères, mais les lectures familiales que mon grand-père Mikhaïl continua pour le bénéfice de ses plus jeunes fils éveillèrent en lui un grand intérêt pour la littérature. Plus tard, alors qu'il était au service de l'État dans diverses villes de province, il parvint toujours à attirer tous les intellectuels de la région autour de lui. Ayant entendu parler des réunions intéressantes qui se tenaient à la maison de Pétrachevski, il supplia l'un de ses camarades de l'y emmener. Il assista à plusieurs rencontres sans rencontrer mon père. Un soir, alors que mon oncle Andreï passait d'un groupe à l'autre, écoutant avec grand intérêt les discussions politiques des jeunes hommes, il se trouva soudain confronté par son frère Fiodor, dont le visage était blanc et plein de colère.

«Que fais-tu ici?» demanda-t-il d'une voix terrible. «Va-t'en, va-t'en tout de suite, et que je ne te revoie plus jamais dans cette maison.»

Mon oncle fut si alarmé par la colère de son frère aîné qu'il quitta la réception de Pétrachevski immédiatement, et ne revint jamais. Quand plus tard la police découvrit le complot, les trois frères Dostoïevski furent arrêtés. Les réponses naïves de mon oncle Andreï rendirent évident aux yeux des juges le fait qu'il ne savait rien de la conspiration, et il fut bientôt libéré. La colère de son frère l'avait sauvé. Mon oncle Mikhaïl fut maintenu en prison pendant plusieurs semaines. Dostoïevski dit plus tard dans son *Journal de l'écrivain* que Mikhaïl savait beaucoup de choses. Il est probable que mon père n'eût pas de secrets pour lui. Mon oncle savait aussi tenir sa langue, et il ne fit aucun aveu. Il fut capable de prouver aisément qu'il avait rarement visité Pétrachevski et qu'il s'était rendu à sa maison seulement pour emprunter des livres. Il fut finalement libéré, et le prince Gagarine, qui s'occupait de l'affaire, connaissant l'affection qui existait entre les deux frères, se hâta de faire savoir à mon père que son frère avait été libéré, et qu'il n'avait plus besoin d'avoir peur pour son compte. Mon père n'oublia jamais cette action généreuse de la part du prince Gagarine, et il en parla plus tard dans son *Journal de l'écrivain*.

Dostoïevski fut traité plus sévèrement que ses frères. Il fut envoyé à la forteresse St Pierre-St Paul, la terrible prison pour conspirateurs politiques. Il passa là les mois les plus misérables de sa vie. Il n'aimait pas en parler; il essayait d'oublier. C'est étrange à dire, mais *Le petit héros*, le roman qu'il écrivit en prison, est la plus poétique, la plus gracieuse, la plus juvénile et fraîche de ses œuvres. Quand nous la lisons, nous pouvons supposer que Dostoïevski essayait d'évoquer le parfum des fleurs dans sa sombre prison, l'ombre poétique des grands parcs avec leurs arbres centenaires, les éclats de rire joyeux des enfants, la beauté et la grâce des jeunes femmes. L'été régnait à Saint-Pétersbourg, mais le soleil ne jeta que rarement un coup d'œil sur les murs humides de la vieille forteresse.

Le procès Pétrachevski s'éternisa comme souvent en Russie. L'automne était déjà arrivé quand le gouverneur daigna enfin s'occuper sérieusement des conjurés. Nos affaires politiques étaient presque toujours jugées par des cours militaires; le plus important parmi les généraux qui durent enquêter sur l'affaire Pétarchevski était le général Rostovzov. Plus tard, il fut nommé président de la commission pour l'émancipation des serfs, et mena une lutte vigoureuse contre les grands propriétaires terriens qui souhaitaient émanciper les serfs, mais garder toute la terre pour eux. Rostovzov, soutenu par Alexandre II, qui le tenait en haute estime, remporta la victoire, et les paysans reçurent leur portion de terre. Le général Rostovzov était un ardent patriote, et considérait toutes les conspirations politiques comme des crimes. Il étudia soigneusement tous les documents que la police avait saisis dans les maisons de Pétrachevski et des jeunes hommes qui avaient pris parti pour lui, et fut probablement surpris de la faiblesse des preuves contre eux. Étant vaguement au courant de l'intelligence et du talent de Dostoïevski, il le suspecta d'être l'un des leaders du mouvement, et résolut de le faire parler. Le jour du procès, il se montra aimable et charmant avec mon père. Il parla à Dostoïevski comme à un jeune auteur très doué, un homme de haute culture européenne, qui avait été malheureusement mêlé à un complot politique sans vraiment très bien réaliser la gravité de ce qu'il faisait. Le général indiquait tacitement à Dostoïevski le rôle qu'il devait jouer pour éviter un châtiment trop sévère. Mon père était très naïf et faisait facilement confiance. Il ne comprit rien de tout cela, fut très attiré par le général, qui ne le traitait pas comme un criminel, mais comme un homme du monde, et il répondit volontiers à toutes ses questions. Rostovzov dut laisser échapper quelque parole imprudente, car mon père réalisa soudainement qu'on l'invitait à acheter sa liberté en vendant ses camarades. Il fut profondément indigné qu'une telle proposition lui eût été faite. Sa sympathie pour Rostovzov se changea en haine. Il devint têtu et prudent, se débattant avec chaque question qui lui était posée. Le jeune homme, bien que nerveux et hystérique, et épuisé par de longs mois d'emprisonnement, était plus fort que le général. Réalisant que son stratagème était détecté, Rostovzov perdit son calme ; il quitta la cour, laissant l'interrogatoire aux autres membres du tribunal. Occasionnellement, il ouvrait la porte de la pièce adjacente où il s'était réfugié et demandait : « Ont-ils fini d'examiner Dostoïevski ? Je ne reviendrai pas dans ce tribunal tant que ce pêcheur invétéré ne l'aura pas quitté. »

Mon père ne put jamais pardonner à Rostovzov son attitude hostile. Il disait de lui que c'était un saltimbanque, et en parla avec mépris pour le restant de ses jours. Il le méprisait d'autant plus qu'au moment du procès, Dostoïevski croyait avoir raison, et se considérait comme un héros désireux de sauver son pays. L'angoisse qu'endura mon père durant son interrogatoire eut un impact profond sur lui. Elle trouva plus tard une expression dans le duel de Raskolnikov avec Porfiry, et dans le duel de Dimitri Karamazov avec les magistrats venus l'interroger à Mokroé.

Les généraux, Rostovzov à leur tête, présentèrent la sentence de mort à Nicolas 1er. Il refusa de la signer. L'empereur n'était pas cruel, mais il avait l'esprit étriqué, et n'avait pas la moindre notion de psychologie. En effet, cette science était pratiquement inconnue en Russie à cette époque. L'empereur ne désirait pas la mort des conjurés, mais il souhaitait «donner une bonne leçon à ces jeunes hommes.» Ses conseillers lui proposèrent une comédie lugubre. On allait dire aux prisonniers de se préparer à la mort. Ils furent amenés sur la place publique, où l'échafaud avait été érigé. On les fit y monter. L'un des conjurés était attaché à un poteau avec les yeux bandés. Les soldats firent comme s'ils étaient sur le point de fusiller les malheureux prisonniers... À ce moment, un messager arriva et annonça que l'empereur avait commué leurs condamnations à mort en travaux forcés. Les témoignages de l'époque affirment que par peur d'un accident, les fusils des soldats n'étaient même pas chargés, et que le messager qui était censé arriver du palais était en fait sur place avant l'arrivée des conjurés. Tout cela était sans doute vrai; mais les infortunés jeunes hommes n'en savaient rien, et se préparaient à mourir. Si Nicolas 1er avait été plus subtil, il eût réalisé qu'il eût été plus généreux de fusiller les conjurés que de leur faire subir de pareils tourments. Cependant, l'empereur agit selon les usages de son époque; nos aïeux avaient un goût prononcé pour le mélodrame. Nicolas pensait sans doute conférer une grande joie aux jeunes hommes en leur redonnant leurs vies sur l'échafaud même. Peu d'entre eux furent en mesure de supporter cette joie; certains perdirent la raison, d'autres moururent jeunes. Il est possible que l'épilepsie de mon père n'ait jamais pris une forme si terrible sans cette sinistre plaisanterie.

Malade et affaibli comme il l'était, Dostoïevski s'approcha vaillamment de l'échafaud et regarda courageusement la mort dans les yeux. Il nous a dit que tout ce qu'il ressentit à ce moment était une peur mystique à l'idée de se présenter immédiatement devant Dieu, sans être préparé. Ses amis qui étaient réunis autour de l'échafaud disent qu'il était calme et digne. Mon père a décrit ses émotions à ce moment dans *L'idiot*. Bien qu'il dépeigne l'angoisse d'un condamné à mort, il ne nous dit rien de la joie qu'il ressentit en apprenant son sursis. Il est probable qu'après la première bouffée de soulagement animal, il ressentit une grande amertume, une profonde indignation à l'idée qu'on s'était joué de lui et l'avait torturé si cruellement. Son âme pure, déjà tournée vers l'au-delà, regrettait peut-être de devoir revenir sur terre, et se plonger une fois encore dans la boue dans laquelle nous nous débattons tous.

Mon père retourna à la forteresse. Quelques jours plus tard, il partit pour la Sibérie en compagnie d'un officier de police. Il quitta Saint-Pétersbourg la veille de Noël. Alors qu'il traversait en traîneau les rues de la capitale, il vit les fenêtres éclairées des maisons et se dit à lui-même : « En ce moment, ils sont en train d'illuminer l'arbre de Noël dans la maison de mon frère Mikhaïl. Mes neveux sont en train de l'admirer, riant et dansant autour, et je ne suis pas avec eux. Dieu seul sait si je les reverrai un jour ! » Dostoïevski ne regretta que ses petits neveux quand il tourna le dos à cette ville au cœur de pierre.

Arrivé en Sibérie, mon père reçut la visite de deux femmes à l'une des premières escales. Il s'agissait des femmes des « décabristes, » dont la mission autoproclamée était d'accueillir les nouveaux prisonniers politiques, pour leur adresser quelques mots de réconfort, et leur donner quelques conseils sur la vie qui les attendait comme détenus. Elles tendirent une bible à mon père, le seul livre autorisé en prison. Profitant d'un moment où l'officier de police avait le dos tourné, l'une des femmes dit à mon père en français d'examiner soigneusement le livre quand il serait seul. Il trouva un billet de 25 roubles glissé entre deux pages de la bible. Avec cet argent, il fut en mesure d'acheter un peu de linge, de savon et de tabac pour améliorer son lot, et de se procurer du pain blanc. Il n'eut pas d'autre argent tout le temps de son exil. Ses frères, ses sœurs, sa tante et ses amis l'avaient bassement abandonné, terrifié par son crime et son châtiment.

VI

La vie en prison

Q uand un homme est soudainement déraciné et se trouve obligé de passer des années dans un monde étrange, avec des personnes dont la grossièreté et le manque d'éducation ne peuvent que le perturber, il élabore un plan au moyen duquel sa sensibilité ne sera pas trop heurtée, adopte une attitude, et se résout à un certain mode de conduite. Certains se retranchent dans le silence et le dédain, espérant ainsi être laissés en paix ; d'autres deviennent des flagorneurs, et cherchent à acheter leur tranquillité par l'adulation la plus basse. Dostoïevski, condamné à vivre des années en prison au milieu d'une redoutable bande de criminels qui, n'ayant rien à perdre, ne craignaient rien et étaient capables de tout, choisit une attitude très différente ; il adopta un ton de fraternité chrétienne. Il ne s'agissait pas d'un rôle nouveau pour lui, il s'y était essayé quand, enfant, déjà, il s'était approché du portail d'acier du jardin privé de son père et, alors qu'il risquait d'être puni, était entré en conversation avec les pauvres patients de l'hôpital ; également, quand il avait parlé aux paysans de Darovoye, et avait essayé de gagner leur affection en aidant les pauvres femmes dans leur labeur. Il adopta le même ton fraternel plus tard, quand il étudia les pauvres de Saint-Pétersbourg dans les petits cafés et magasins de la capitale, jouant au billard avec eux, et leur offrant leurs rafraîchissements préférés alors qu'il essayait de découvrir les secrets de leurs cœurs. Dostoïevski réalisa qu'il ne deviendrait jamais un grand écrivain en fréquentant d'élégants salons, plein de gens polis dans des manteaux bien taillés, avec des cravates à la mode, des têtes vides, des cœurs anémiques et des âmes dépourvues de couleur. Tout écrivain dépend des gens, des âmes simples à qui l'on n'a jamais enseigné l'art de cacher leurs souffrances sous un voile de mots triviaux. Les moujiks de Yasnaia Poliana apprirent plus à Tolstoï que ses amis moscovites. Les paysans qui accompagnèrent Turgenev dans ses expéditions lui donnèrent des idées plus originales que ses amis européens. Dostoïevski, à son tour, dépendit des pauvres, et, dès son enfance, chercha instinctivement des moyens de les approcher. Cette science, qu'il avait déjà dans une certaine mesure acquise, allait s'avérer des plus utiles pour lui en Sibérie.

Dostoïevski ne nous a pas caché sa méthode pour gagner l'affection de ses codétenus. Dans son roman L'idiot, il décrit les premiers pas en détail. Le prince Muichkine, descendant d'une longue lignée d'ancêtres de culture européenne, voyage un jour d'hiver particulièrement froid. Il est russe, mais, ayant passé toute sa jeunesse en Suisse, ne connaît que très peu sa patrie. La Russie l'intéresse et l'attire grandement, il désire pénétrer son âme et découvrir ses secrets. Comme le prince est pauvre, il voyage en troisième classe. Il n'est pas élitiste, ses compagnons de voyage rustres et ordinaires ne lui inspirent pas aucun dégoût. Ce sont les premiers vrais Russes qu'il ait vus; il n'a rencontré en Suisse que nos intellectuels, qui singeaient les Européens, et des réfugiés politiques qui, parlant un horrible jargon qu'ils appelaient russe, se posaient comme les représentants des rêves sacrés de notre nation. Le prince Muichkine qui n'avait vu jusqu'alors que des copies et des caricatures a très envie de connaître enfin l'original. Regardant avec sympathie ses compagnons de troisième classe, il attend seulement la première phrase pour entrer en conversation avec eux. Ses compagnons de voyage l'observent avec curiosité; ils n'avaient jamais vu un oiseau pareil de si près. Les manières polies du prince et son habillement européen leur semblent ridicules. Ils entrèrent en conversation avec lui pour s'en moquer, pour s'amuser un peu à ses dépens. Ils rirent grossièrement, se donnant des coups de coude aux premiers mots du prince; mais graduellement, tandis qu'il continuait à parler, ils cessèrent de rire. Sa courtoisie, son charme, son absence de snobisme, sa manière naïve de les traiter comme des égaux, comme des gens de son monde, leur firent réaliser qu'ils étaient en présence d'une créature extrêmement rare et curieuse – un vrai chrétien. Le jeune Rogogine ressent l'attraction de cette bonté chrétienne, et se dépêche de déverser les secrets de son cœur à cet inconnu distingué, qui l'écoute avec tant d'intérêt. Bien qu'illettré, Rogogine est très intelligent; il comprend que le prince Muichkine lui est moralement supérieur. Il l'admire et le révère, mais il voit clairement que le pauvre prince n'est qu'un grand enfant, un rêveur ingénu, qui ne connaît pas la vie. Il sait combien le monde est malveillant et impitoyable. L'idée de protéger ce prince si charmant entre dans le noble cœur de Rogogine. «Cher prince», dit-il, quand il le quitte à la gare de Saint-Pétersbourg, «Venez me voir. Je vous ferai faire une bonne pelisse, et je vous donnerai de l'argent et des habits magnifiques, dignes de votre rang. »

Dostoïevski arriva en Sibérie un jour d'hiver particulièrement froid. Il voyageait en troisième classe, en compagnie de voleurs et de meurtriers, dont la mère patrie se débarrassait dans les différents bagnes de Sibérie. Il observa ses nouveaux compagnons avec curiosité. Là enfin se trouvait la vraie Russie qu'il avait cherchée en vain à Saint-Pétersbourg ! Ils étaient là, ces Russes, ce curieux mélange de Slaves et de Mongols, qui avaient conquis un sixième du monde ! Dostoïevski étudia le visage lugubre de ses compagnons de voyage, et cette double vue, que tous les écrivains sérieux possèdent plus ou moins, lui permit de déchiffrer leurs pensées et de lire leurs cœurs puérils. Il regarda avec sympathie les condamnés qui marchaient à ses côtés, et entra en conversation avec eux à la première opportunité. Les condamnés, pour leur part, le regardèrent avec curiosité, mais pas avec amitié. N'était-il pas un noble, ne venait-il pas de cette classe maudite de tyrans héréditaires, qui traitaient les serfs comme des chiens, et les voyaient comme des esclaves, condamnés à trimer toute leur vie afin que leurs maîtres puissent vivre dans l'opulence ? Ils entrèrent en conversation avec Dostoïevski pour se moquer de lui et s'amuser à ses dépens. Ils se donnèrent des coups de coude et se moquèrent de mon père, quand ils entendirent ses premières paroles ; mais graduellement, alors qu'il continuait à parler, les huées et les rires cessèrent. Les moujiks voyaient devant eux leur idéal – un vrai chrétien, un homme sage et modeste, qui plaçait Dieu au-dessus de tout, qui croyait sincèrement que ni le rang ni l'éducation ne devaient créer de fossé entre les hommes, que tous étaient égaux devant Dieu, et que celui qui était suffisamment fortuné pour posséder la culture devait chercher à la diffuser, plutôt que de s'en enorgueillir. Il était l'idée que les moujiks se faisaient des vrais nobles, mais hélas ! ils n'en avaient que rarement rencontré de ce genre. À chaque mot que prononçait Dostoïevski, les yeux de ses compagnons s'écarquillaient davantage.

Quand Dostoïevski souhaite dessiner son propre portrait dans la personne de l'un de ses héros, et relater une période de sa vie, il donne à ce héros toutes les idées et toutes les sensations que lui-même avait à cette époque. Cela semble quelque peu en étrange que le prince Muichkine (dans *L'idiot*), qui n'était pas un criminel et n'avait jamais été jugé et condamné, ne parle, à son arrivée à Saint-Pétersbourg, de rien d'autre que des derniers moments d'un homme condamné à mort. Nous pouvons sentir qu'il est entièrement possédé par cette idée. Dostoïevski nous explique ce comportement excentrique en disant que le directeur du sanatorium, auquel le pauvre prince avait été envoyé par sa famille, l'avait emmené à Genève pour assister à une exécution. Ces Suisses semblent avoir eu une idée étrange du traitement convenable pour un patient nerveux ; il n'est pas étonnant qu'ils n'aient pas été en mesure de guérir le prince. Mon père se servit de cette explication somme toute alambiquée pour cacher au grand public que le prince Muichkine n'était nul autre que ce condamné politique malheureux, le conspirateur, Fiodor Dostoïevski, qui, tout au long de sa première année d'emprisonnement, fut hypnotisé par sa réminiscence de l'échafaud et ne put penser à rien d'autre. Dans L'idiot, le prince Muichkine décrit toutes les impressions d'un homme condamné au serviteur de la famille Epantchine. Quand ils le questionnent plus tard au sujet de l'exécution, le prince répond : « J'ai déjà dit toutes mes impressions à votre serviteur, je ne puis en parler davantage. » La Famille Epantchine éprouve les plus grandes difficultés pour faire aborder ce sujet à Muichkine. C'était précisément l'attitude de Dostoïevski ; il décrivait ses souffrances aux détenus et refusait d'en parler ultérieurement aux intellectuels de Saint-Pétersbourg. Ils le questionnèrent ardemment en vain, Dostoïevski fronçait les sourcils et changeait de sujet.

Il est en effet remarquable que le prince Muichkine, qui s'éprend de Nastasia Philipovna, ne devienne pas l'un de ses prétendants et dise à une jeune fille, qui l'aime et est disposée à se marier avec lui : « Je suis malade, je ne pourrai jamais me marier. » Dostoïevski en était probablement convaincu quand il était jeune homme ; il ne changea d'opinion qu'après son emprisonnement. La ressemblance entre Dostoïevski et son héros s'étend au moindre détail.

Le prince Muichkine arrive donc à Saint-Pétersbourg sans portemanteau, n'ayant avec lui qu'un petit baluchon ne contenant qu'un petit foulard propre. Il n'a pas un kopeck, et le général Epantchine lui donne vingt-cinq roubles. Dostoïevski arriva en Sibérie avec un petit baluchon que la police l'avait autorisé à emporter, il n'avait pas un kopeck ; et les femmes des décabristes lui apportèrent vingt-cinq roubles, dissimulés entre les pages d'une bible.

Sa bonne réputation le suivit jusqu'en prison ; ceux de ses compagnons de voyage qui étaient emprisonnés avec lui à Omsk parlèrent à leurs nouveaux camarades de cet homme étrange, Dostoïevski, qui allait purger sa peine avec eux. Certains des condamnés, de bonne nature, étaient déjà en train de considérer la manière dont ils allaient protéger ce jeune et frêle camarade, ce rêveur, qui avait été si occupé à penser aux héros de ses romans qu'il n'avait pas eu le temps d'étudier la vie réelle. Les condamnés se dirent à eux-mêmes que si la vie était difficile pour eux, habitués qu'ils étaient depuis l'enfance à la fatigue et aux privations, elle devait être d'autant plus difficile pour Dostoïevski, élevé dans le confort, et par-dessus tout habitué, grâce à sa position sociale, à être traité avec respect par tout le monde. Ils tentèrent de le consoler, lui disant que la vie était longue, qu'il était toujours jeune, qu'il y avait du bonheur en réserve pour lui après sa libération. Ils firent preuve d'une délicatesse propre aux paysans russes. Dans *Souvenirs de la maison des morts*, mon père a décrit comment, quand il errait tristement dans la prison, les condamnés venaient et lui posaient des questions sur la politique, les pays étrangers, la cour, la vie dans les grandes villes. «Ils ne semblaient pas s'intéresser beaucoup à mes réponses,» dit mon père; «je ne pus jamais comprendre pourquoi ils me demandaient ce genre d'informations.» L'explication était cependant très simple; un détenu au bon cœur remarqua Dostoïevski marchant seul, dans une sorte de rêve, regardant au loin. Il tenait à le distraire. Il sembla impossible à son esprit rustique qu'un gentilhomme puisse s'intéresser à des choses vulgaires, et l'ingénu diplomate parla par conséquent à mon père de sujets élevés: la politique, le gouvernement, l'Europe. Les réponses ne l'intéressaient pas, mais il avait atteint son but. Dostoïevski fut éveillé, il parla avec animation, sa mélancolie était exorcisée.

Mais les condamnés virent chez mon père plus qu'un jeune homme triste et souffrant. Ils entrevirent son génie. Ces moujiks illettrés ne savaient pas exactement ce qu'était un roman, mais avec l'instinct infaillible d'une grande race, ils perçurent que Dieu avait envoyé ce rêveur sur terre pour accomplir de grandes choses. Ils réalisèrent sa grandeur morale et firent ce qu'ils purent pour s'occuper de lui. Dostoïevski raconte dans ses mémoires comment, un jour, quand les détenus furent envoyés au bain, l'un d'entre eux demanda la permission de laver mon père. Ce qu'il fit avec beaucoup de soin, le soutenant comme un enfant, de peur qu'il ne glisse sur les planches humides. «Il me lava comme si j'étais fait de porcelaine,» dit Dostoïevski, très étonné de tout ce soin. Mon père avait raison. Il était en fait un objet précieux pour ses humbles camarades. Ils pensaient qu'il rendrait de grands services à la communauté russe, et ils le protégèrent tous. Un jour, exaspérés par la mauvaise nourriture qu'on leur donnait, ils manifestèrent, et demandèrent à voir le gouverneur de la prison d'Omsk. Mon père pensa qu'il était de son devoir de prendre part à la manifestation, mais les détenus ne lui permirent pas de se joindre à eux. «Ta place n'est pas là,» crièrent-ils, et ils insistèrent pour qu'il retournât à la prison. Les détenus savaient qu'ils s'exposaient à un châtiment sévère pour leur protestation, et ils étaient désireux d'épargner Dostoïevski. Ces humbles moujiks avaient des âmes chevaleresques. Ils se montrèrent plus généreux envers mon père que ses amis de Saint-Pétersbourg, ces écrivains méchants et jaloux, qui firent tout leur possible pour empoisonner ses premiers succès.

Si les détenus protégèrent mon père, lui, pour sa part, dut exercer une grande influence morale sur eux. Il est trop modeste pour en parler lui-même, mais Nekrassov l'a proclamé. Le poète était un homme au discernement remarquable. Dans *Les pauvres gens*, que Nekrassov publia si volontiers dans sa revue, il reconnut le génie de Dostoïevski. Quand il fit la connaissance du jeune romancier, il fut frappé par la pureté de son cœur et la noblesse de son esprit. Le cercle étriqué, plein d'intrigues et de jalousie dans lequel les écrivains russes de l'époque vivaient empêcha Nekrassov de devenir l'ami de mon père, mais il ne l'oublia jamais. Quand Dostoïevski fut envoyé en Sibérie, Nekrassov pensa souvent à lui. Le poète se distinguait des autres par sa profonde connaissance de l'âme des paysans. Il avait passé toute son enfance dans le petit domaine de son père, et, plus tard dans sa vie, y alla tous les étés. Connaissant le peuple russe et connaissant Dostoïevski, il se demanda quelles allaient être les rapports entre le jeune romancier et ses codétenus. Les poètes pensent en vers, et Nekrassov nous a laissé un excellent poème, *Les malheureux*, dans lequel il dépeint la vie de Dostoïevski au milieu des criminels. Il ne le mentionne pas par son nom – la censure, qui était particulièrement stricte à cette époque, ne l'aurait pas permis – mais il dit à ses amis littéraires, et plus tard à Dostoïevski lui-même, qui était le héros du poème.

Cette histoire est mise dans la bouche d'un condamné, naguère un homme de la bonne société, qui avait tué une femme dans un accès de jalousie. En prison, il s'associe avec les criminels les plus vils, boit et joue avec eux en dépit de son mépris pour eux. Son attention est attirée par un prisonnier qui n'est pas comme les autres. Il est très faible, et a la voix d'un enfant ; ses cheveux sont fins et clairs comme l'aurore. Il est très silencieux, vit isolé des autres, et ne fraternise avec personne. Les détenus ne l'aiment pas, parce qu'il a « des mains blanches », c'est-à-dire qu'il ne peut pas effectuer de travaux lourds. Le voyant fournir un travail acharné toute la journée, mais accomplir peu à cause de sa faiblesse, ils le huent et l'appellent « la taupe ». Ils s'amusent à le bousculer, et rient quand ils le voient devenir pâle et se mordre la lèvre quand les gardiens donnent des ordres brutaux. Un soir en prison, les détenus jouent aux cartes et se saoulent. Un prisonnier, qui a été malade depuis longtemps, est mourant ; les détenus le raillent et lui chantent des requiem blasphématoires. « Misérables ! Ne craignez-vous pas Dieu ? » s'écrie une voix terrible. Les détenus regardent autour d'eux avec stupéfaction. C'est « la taupe » qui parlait, et elle ressemble maintenant à un aigle. Il leur ordonne d'être silencieux, de respecter les derniers moments d'un homme mourant, leur parle de Dieu, et leur montre l'abysse dans lequel ils sombrent. Il devient à compter de ce jour le maître de ceux dont la conscience n'est pas tout à fait morte. Ils l'entourent en public respectueux, buvant ses paroles. Ce prisonnier est un homme instruit ; il parle aux détenus de la pauvreté, de la science, de Dieu et, par-dessus tout, de la Russie. C'est un patriote qui aime son pays, et entrevoit pour lui un avenir radieux. Ces discours ne sont pas éloquents et ne se distinguent pas par la beauté du style ; mais il détient le secret pour parler directement à l'âme et toucher les cœurs de ses disciples. Le prisonnier meurt dans le poème, entouré par le respect et l'admiration des détenus. Ils le soignent avec dévotion durant sa maladie ; ils lui font une sorte de litière, et le portent tous les jours dans la cour de la prison afin qu'il puisse respirer de l'air frais et voir le soleil qu'il aime. Après sa mort, sa tombe devient un lieu de pèlerinage pour tous les habitants de la région.

Quand mon père rentra de Sibérie, Nekrassov lui montra le poème et lui dit : « Vous en êtes le héros. » Dostoïevski fut grandement touché par ces mots ; il admirait beaucoup le poème, mais quand ses amis littéraires lui demandèrent si Nekrassov l'avait décrit fidèlement, il répondit en souriant : « Oh non ! Il a exagéré mon importance. C'était moi, au contraire, qui étais le disciple des détenus. »

Il est difficile de dire qui avait raison de Nekrassov ou de Dostoïevski. Le poème aurait pu être un rêve poétique, mais il montre l'opinion que Nekrassov avait de mon père. Quand il parlait de Dostoïevski comme il le fit dans *Les malheureux*, Nekrassov le vengeait de toutes les viles calomnies de ses rivaux littéraires. Il est étrange qu'aucun des biographes russes de Dostoïevski, à l'exception de Nikolaï Strahov, n'ait mentionné le poème de Nekrassov, alors qu'ils ont rapporté toutes les calomnies inventées par de jeunes écrivains après le succès de *Les pauvres gens*. Ils ne pouvaient pourtant pas ignorer qu'il était le héros du poème, car Dostoïevski lui-même avait rapporté sa conversation avec Nekrassov sur le sujet dans son *Journal de l'écrivain*. C'est presque comme s'ils avaient souhaité dissimuler au public la conception que le poète russe avait du romancier.

VII

Ce que les détenus
apprirent à Dostoïevski

Dostoïevski avait quelques raisons de déclarer que les détenus avaient été ses maîtres. De fait, ils lui apprirent ce qui était pour lui plus important d'apprendre que tout autre chose; ils lui apprirent à connaître et à aimer notre belle et généreuse Russie. Quand il se trouva pour la première fois de sa vie dans un grand centre national, il sentit le sang de sa mère parler de plus en plus fort dans son cœur. Mon père commençait à reconnaître ce charme russe qui est bien la force de notre pays. Ce n'est pas par le glaive que la Russie a conquis ses ennemis; c'est le cœur de la Russie qui a formé ce vaste empire russe. Notre armée est faible, nos pauvres soldats sont souvent vaincus, mais partout où ils passent, ils laissent un souvenir impérissable. Ils fraternisent avec les vaincus et au lieu de les opprimer, leur ouvrent leur cœur, les traitent comme des camarades; et les vaincus, touchés par cette générosité, ne les oublient jamais. «Là où le drapeau russe a flotté, il flottera toujours», avons-nous coutume de dire. Mes compatriotes sont conscients de leur charme.

Le paysan russe, sale, sauvage et déguenillé, est en fait un vrai charmeur. Son cœur est doux, tendre, gai et enfantin. Il n'a pas d'éducation, mais a l'esprit large, clair et pénétrant. Il observe beaucoup et médite sur des sujets qui ne passeraient jamais par la tête d'un bourgeois européen. Il travaille toute sa vie, mais ne s'intéresse pas au profit. Il n'a que peu de besoins matériels, ses besoins moraux sont bien plus nombreux. C'est un rêveur, son âme recherche la poésie. Très souvent, il quittera sa famille et les champs pour visiter des monastères, pour prier la tombe des saints ou pour se rendre à Jérusalem. Il appartient à la race orientale qui donna au monde Krishna, Bouddha, Zoroastre ou Mahomet. Le paysan russe est toujours prêt à quitter ce monde et à partir chercher Dieu dans le désert. Il vit plus dans l'au-delà que dans ce monde. Il a un sens aigu de la justice : « pourquoi nous quereller et nous disputer ? Nous devrions vivre selon la vérité du seigneur. » Les paysans russes prononcent souvent de telles phrases. Ils ont souvent cette « vérité » à l'esprit : ils essaient de vivre selon l'Évangile. Ils aiment caresser les enfants, consoler les femmes éplorées, aider leurs aînés. On ne croise pas souvent un gentleman dans les villes russes, mais il y en a plein nos villages.

En étudiant ses codétenus, Dostoïevski rendit justice à la générosité de leurs cœurs et à la noblesse de leurs âmes, et apprit à aimer son pays comme il mérite d'être aimé. La Russie conquit l'âme lituanienne de Dostoïevski à travers les condamnés de Sibérie, et la conquit pour toujours. Mon père ne pouvait rien faire à moitié. Il se voua corps et âme à la Russie et servit le drapeau russe aussi fidèlement que ses ancêtres avaient servi le drapeau de Radwan. Ceux qui désirent comprendre ce changement d'idées devraient lire sa lettre au poète Maïkov, écrite peu après sa libération. Elle est un hymne à la Russie. « Je suis russe, mon cœur est russe, mes idées sont russes, » répète-t-il à chaque ligne. Quand nous lisons cette lettre, il est facile de comprendre ce qui se passait dans son cœur. Tout jeune homme sérieux et idéaliste s'efforce de devenir un patriote, car seul le patriotisme peut lui donner la force de bien servir son pays. Un jeune Russe est instinctivement patriote, mais un Slave, dont la famille paternelle vient d'un autre pays et qui a été élevé dans une autre atmosphère, ne peut posséder ce patriotisme instinctif. Avant d'offrir ses services à la Russie, ce jeune Lituanien désirait savoir quels étaient ses objectifs. Après avoir quitté l'école des ingénieurs, Dostoïevski chercha cette explication dans la société mondaine de Saint-Pétersbourg, et ce sans succès. Dans les salons de Saint-Pétersbourg, il trouva seulement des gens qui cherchaient leur propre avantage matériel, ou des intellectuels qui détestaient leur patrie et rougissaient à l'idée d'avouer qu'ils étaient russes. Ces gens indolents, apathiques ne pouvaient donner à mon père la moindre idée de la grandeur de la Russie. Dans son roman, *L'Adolescent*, Dostoïevski dressa un curieux portrait, celui de l'étudiant Kraft, un Russe d'origine germanique, qui se suicide parce qu'il est convaincu que la Russie ne peut jouer qu'un rôle secondaire dans la civilisation humaine. Il est fort probable que dans sa jeunesse, Dostoïevski ait lui-même souffert de la même maladie que Kraft, une maladie à laquelle tous les Russes d'origine étrangère sont plus ou moins sujets. Mon père disait souvent à ses amis qu'il était alors au bord du suicide, et que son arrestation le sauva. Mais si Saint-Pétersbourg ne put lui enseigner le patriotisme, les Russes qu'il rencontra en prison lui apprirent rapidement la grande leçon russe de la fraternité chrétienne, cet idéal magnifique qui réunit de si nombreuses races sous nos bannières. Frappé par sa beauté, mon père souhaita suivre leur exemple. Était-il le premier slavo-normand à se donner corps et âme à la Russie? Non. Tous les grands ducs moscovites qui avaient fondé la grande Russie, qui avaient défendu l'Église orthodoxe et avaient combattu vaillamment contre les Tatars, étaient aussi slavo-normands, les descendants du prince Rourik. Grâce à leur perspicacité normande, ces patriotes russes originels comprenaient notre grande idée mieux que les Russes eux-mêmes durant leur enfance nationale. Il arrive souvent que les jeunes nations servent leur idée nationale instinctivement, sans très bien la comprendre, et leur patriotisme n'est donc pas très profond. Ce n'est que quand elles gagnent en maturité que les nations réalisent pleinement l'idée sur laquelle elles se sont construites, et, comprenant enfin les services que leurs ancêtres avaient rendus à l'humanité, deviennent fières de leur pays. Chez les races qui vieillissent, le patriotisme atteint son apogée, et souvent les aveugles. C'est à ce stade que les Napoléons et les Guillaumes font leur apparition ; excessivement fiers de leur culture nationale, ils désirent l'imposer aux autres.

Ayant enfin compris l'idée russe, Dostoïevski suivit avidement l'exemple des illustres Slavo-Normands dont il connaissait si bien l'histoire, l'ayant étudiée dans son enfance dans les ouvrages de Karamzine. Comme les grands ducs d'autrefois, Dostoïevski expliqua l'idée russe à ses compatriotes ; comme eux, il chérissait tout ce qu'il y avait d'original en Russie : nos idées, nos croyances, nos coutumes et nos traditions. Il inaugura ses services patriotiques en renonçant à son républicanisme. Il lui avait semblé magnifique, quand il l'avait exposé dans les salons de Saint-Pétersbourg à un public enthousiaste de Polonais, de Lituaniens, de Suédois de Finlande, d'Allemands des provinces baltiques et de jeunes Russes. En Sibérie, quand il fut au contact quotidien de représentants du peuple russe de chaque coin de notre gigantesque pays, l'idée d'introduire des institutions de l'Europe moderne dans la Sainte Russie le frappa comme absurde. Il vit que le peuple russe était encore au stade de la culture byzantine, qui avait été stoppée dans son développement par l'invasion turque de Constantinople. Le clergé orthodoxe, qui avait propagé cette culture parmi les paysans, s'était avéré incapable de la développer, et le peuple russe était resté au XVe siècle, retenant toutes les idées mystiques naïves de cette époque. Il est évident que l'introduction des idées européennes du XIXe siècle parmi des personnes si mal préparées pour les recevoir ne pouvait que produire une terrible anarchie, dans laquelle toute la civilisation européenne introduite à un prix énorme par les descendants de Pierre le Grand serait submergée. Quand il prit part à la conspiration de Pétrachevski, mon père rêvait de substituer une république d'intellectuels à la monarchie. Il voyait maintenant que cela serait impossible, parce que le peuple haïssait les nobles ou les intellectuels bourgeois avec une haine féroce et implacable. Les paysans ne pouvaient pas oublier la cruauté de leurs maîtres, et ils se méfiaient de tous les nobles et de toute personne éduquée. Dostoïevski réalisa que la seule république possible en Russie serait une république de paysans, c'est-à-dire le règne de l'ignorance et de la brutalité, ce qui couperait notre pays de l'Europe plus que jamais. Les Russes n'aimaient pas les Européens, et réservaient toute leur sympathie pour les Slaves et les tribus mongoles d'Asie, auxquels ils ressemblent. L'instauration d'un régime républicain tendrait à transformer la Russie en un pays mongol, et tout le travail de nos tsars et de nos nobles périrait. À cette période de sa vie, Dostoïevski aimait trop l'Europe pour souhaiter séparer la Russie de ses influences européennes. Plutôt que d'enfoncer notre pays dans un gouffre d'ignorance et de violence, il renonça à ses idées politiques. Cela n'arriva pas d'un coup. Voici ce qu'en dit Dostoïevski lui-même dans son *Journal de l'écrivain* : « Ni la prison ni la souffrance ne nous ont brisés. Quelque chose d'autre a changé notre cœur et nos idées : l'union avec les gens, la fraternité dans la misère. Ce changement ne fut pas soudain ; au contraire, il vint très graduellement. De tous mes camarades politiques, je fus celui pour qui il fut le plus facile d'embrasser l'idée russe, parce que j'étais de souche patriotique et profondément religieuse. Dans notre famille, nous connaissions l'Évangile dès l'enfance. Quand j'avais dix ans, je connaissais tous les principaux épisodes de l'histoire russe de Karamzine, que mon père nous lisait tous les soirs. Les visites au Kremlin et aux cathédrales de Moscou étaient toujours pour moi des événements solennels. »

Réalisant que les institutions européennes du XIXe siècle étaient inadaptées au peuple russe, mon père envisagea d'autres moyens d'améliorer la civilisation de notre pays. Il pensa qu'il serait préférable d'œuvrer au développement de la culture byzantine, qui s'était enracinée dans le cœur et l'esprit de nos paysans. À son apogée, la culture byzantine avait été d'un ordre autre que la culture moyenne de l'Europe. Ce fut seulement quand les érudits grecs, fuyant les Turcs, eurent demandé l'asile aux grandes villes européennes que la culture européenne commença à émerger de la brume du Moyen-Âge. Si la civilisation byzantine avait aidé à développer la culture européenne, elle pourrait bien faire de même pour la Russie. Dostoïevski commença par conséquent à étudier l'histoire de notre Église, qui avait défendu cette civilisation, et l'avait préservée telle qu'elle l'avait reçue de Constantinople. Les derniers des patriarches moscovites, plus érudits que leurs prédécesseurs, commençaient déjà à développer cette civilisation selon des lignes russes, quand leur œuvre fut interrompue par Pierre le Grand. Au début, mon père ne s'était guère intéressé à l'Église orthodoxe. Il n'y en a pas la moindre mention dans aucun de ses romans écrits avant son incarcération. Mais après, l'Église figure dans chaque nouveau livre ; les héros de Dostoïevski en parlent de plus en plus, et dans son dernier roman, *Les frères Karamazov*, le monastère orthodoxe domine toute la scène. Mon père réalisait désormais quel rôle important la religion jouait en Russie, et il commença à l'étudier avec passion. Plus tard, il visita des monastères et parla avec les moines ; il cherchait à être initié aux traditions de la religion orthodoxe ; il devint son champion et fut le premier à oser dire que notre Église avait été paralysée depuis le temps de Pierre le Grand, à demander son indépendance, et à désirer voir un patriarche à sa tête. Le clergé russe se hâta de répondre à ses avances. Habitués à être traités avec mépris par les intellectuels russes, comme une institution sénile et dépourvue de sens, ils furent touchés par la sympathie de Dostoïevski, dirent de lui qu'il était le vrai fils de l'Église orthodoxe et restèrent fidèles à sa mémoire.

Mon père étudia également la monarchie russe, et réalisa finalement que le tsar, le soi-disant despote oriental, était simplement aux yeux du peuple russe la tête de cette grande communauté, le seul homme dans tout le pays inspiré par Dieu. Selon la croyance orthodoxe, le sacre est un sacrement ; l'Esprit saint descend sur le tsar, et le guide dans chacun de ses actes. Jadis, tous les Européens partageaient de telles convictions ; mais elles disparurent graduellement tandis que les opinions athées gagnaient du terrain, et elles les font désormais sourire. Les Russes, qui sont encore au XVe siècle, tiennent toujours religieusement à cette foi. Profondément mystiques, les Russes ont besoin de l'aide divine et ne peuvent vivre sans. Les Russes n'obéissent qu'à un homme couronné dans la cathédrale de Moscou par un archevêque ou un patriarche. Intelligent sans doute comme peut l'être un président de la République, il ne serait, aux yeux de nos paysans, qu'un beau parleur ridicule ; le halo du couronnement lui ferait toujours défaut. Le peuple ne lui ferait pas confiance ; ils ne sont, malheureusement, que trop au courant de la facilité avec laquelle on peut acheter un officiel russe. Il serait inutile que nos présidents signent des traités et promettent l'aide des troupes russes aux Européens ; ils ne seraient jamais capables d'honorer leurs propres appels aux armes. Il suffirait de répandre une rumeur que le président avait été acheté par l'Europe pour provoquer une épidémie de défaitisme.

Réalisant le rôle immense joué par le tsar en Russie, et son prestige moral au sein de la paysannerie, grâce à son couronnement, voyant que lui seul pouvait les maintenir unis et les préserver de l'anarchie rampante qui attend toujours les races mongoles, mon père devint un monarchiste. L'indignation de nos écrivains, de toute la société intellectuelle de Saint-Pétersbourg qui était hostile au tsarisme fut grande quand ils apprirent que Dostoïevski avait abjuré son credo révolutionnaire. Tandis que mon père avait étudié le peuple russe en prison, ces gentlemen avaient discuté dans des salons, tirant leur connaissance de la Russie des livres européens, et considérant nos paysans comme des idiots, à qui l'on pouvait faire accepter toutes les lois et toutes les institutions sans discussion et sans questions. Les intellectuels ne purent jamais comprendre les raisons du changement d'opinion de Dostoïevski, et ne purent jamais lui pardonner ce qu'ils appelèrent « sa trahison de la cause sacrée de la liberté. » Ils détestèrent mon père toute sa vie et continuèrent à le haïr après sa mort. Chaque nouveau roman de Dostoïevski fut accueilli, non pas avec un esprit critique impartial qui analyse une œuvre et donne à son auteur de sages conseils qu'attend impatiemment un écrivain, mais par des attaques telles celles d'une bande de chiens enragés, se jetant sur les chefs-d'œuvre de mon père et, sous prétexte de les critiquer, mordant, déchiquetant leur proie, l'insultant et l'offensant cruellement. L'influence morale exercée par mon père sur les étudiants de Saint-Pétersbourg, qui ne cessa de croître tandis que ses talents mûrissaient, rendit furieux les écrivains russes. Quand Trétiakov souhaita inclure un portrait de mon père dans sa collection des *Grands écrivains russes*, et chargea un artiste célèbre de le peindre, la rage des ennemis politiques de Dostoïevski ne connut aucune limite. « Allez à l'exposition pour voir le visage de cet aliéné, » hurlèrent-ils aux lecteurs de leurs journaux, « et vous réaliserez enfin qui donc vous aimez et lisez. »

Cette haine féroce et implacable blessa profondément mon père. Il désirait vivre en paix avec les autres écrivains, et travailler de concert avec eux, pour la gloire de son pays. Il ne pouvait rétracter des opinions fondées sur son étude profonde du peuple russe, commencée en prison et poursuivie le reste de sa vie. Il pensait qu'il n'avait pas le droit de cacher la vérité à la Russie ; il était forcé de leur montrer l'abysse dans lequel les socialistes et les anarchistes des salons de Saint-Pétersbourg les menaient. Ce sens du devoir accompli lui donna la force de lutter, mais sa vie fut très dure. Dostoïevski mourut sans avoir pu démontrer qu'il avait raison. C'est nous, les malheureuses victimes de la révolution russe, qui voyons réaliser toutes ses prédictions, et qui devons expier le verbiage irresponsable de nos libéraux.

* * *

Mon père n'étudia pas seulement l'âme russe en prison. Il se livra également à une étude approfondie de la Bible. Nous prétendons tous être chrétiens, mais combien d'entre nous connaissent les Évangiles? La plupart d'entre nous se contentent de les écouter à l'église, et de retenir une vague idée de la préparation de leur première communion. Peut-être que dans sa jeunesse mon père connaissait la Bible d'après la mode des jeunes hommes de son monde – c'est à dire, très superficiellement. Il en dit d'ailleurs autant dans l'autobiographie de Zossima, qui est dans une certaine mesure la sienne: «Je n'ai pas lu la Bible,» dit Zossima, parlant de ses jeunes années, «mais je ne m'en suis jamais séparé. J'avais le pressentiment que j'en voudrais un jour.» D'après ses lettres à son frère Mikhaïl, Dostoïevski commença l'étude de la Bible à la forteresse Saint Pierre-Saint Paul. Il la continua en Sibérie, où quatre ans durant il s'agit de son seul livre. Il étudia le précieux tome que les femmes des décabristes lui avaient présenté, en médita chaque mot, l'apprit par cœur et ne l'oublia jamais. Aucun écrivain de son temps n'avait eu une si profonde culture chrétienne que Dostoïevski. Toutes ses œuvres en sont saturées, et c'est cela qui leur donne leur souffle. «Quel étrange hasard que votre père ait eu les Évangiles comme seule lecture durant les quatre années les plus importantes de la vie d'un homme, quand son caractère se forme définitivement» m'ont dit beaucoup de ses admirateurs. Mais était-ce un hasard? Y a-t-il seulement une telle chose dans nos vies? Ou bien tout n'est-il pas prédestiné? L'œuvre de Jésus n'est pas achevée; à chaque génération, il choisit ses disciples, leur fait signe de le suivre, et leur donne le même pouvoir sur le cœur humain que celui qu'il donna jadis aux pauvres pêcheurs de Galilée.

Il n'y aurait pas eu de Dostoïevski sans son vieux testament de la prison, cet ami fidèle qui le consola dans les heures les plus sombres de sa vie. Il l'emportait toujours avec lui lors de ses voyages et le gardait dans un tiroir de son bureau, à portée de main. Il prit l'habitude de le consulter aux moments importants de sa vie. Il ouvrait le testament, lisait les premières lignes qu'il voyait et les prenait comme une réponse à ses doutes.

Dostoïevski n'écrivit rien dans sa prison de Sibérie. Et pourtant, il était un bien plus grand écrivain quand il quitta Omsk que quand il y était arrivé. Le jeune lituanien, qui aimait certainement la Russie, mais ne comprenait pas grand-chose d'elle, s'était transformé en vrai russe en prison. S'il retint toute sa vie les caractéristiques lituaniennes et la culture de ses pères, il n'en aimait la Russie que plus profondément. Il la jugeait du point de vue d'un Slave bienveillant, conquis par le charme de la Russie. Nos travers ne l'alarmaient pas ; il voyait qu'ils venaient de la jeunesse de notre nation, et croyait qu'ils disparaîtraient avec le temps. Un enfant de la petite Lituanie, qui avait eu son heure de gloire, mais qui n'en aura probablement plus, Dostoïevski souhaitait consacrer ses talents au service de la grande Russie. Peut-être pensait-il qu'ils venaient du sang de sa mère, et que la Russie avait sur ceux-ci plus de droits que la Lituanie et l'Ukraine. D'autre part, l'idée de diviser la Russie en un certain nombre de petits pays, qui trouve à présent la faveur de tant de personnes, était alors non existante, et en travaillant pour la Russie, Dostoïevski pensait qu'il travaillerait également pour la Lituanie et l'Ukraine.

Un admirateur respectueux et disciple passionné du Christ, avec un pays bien-aimé à servir, Dostoïevski était mieux équipé pour son noble travail qu'avant son emprisonnement. Il n'était plus nécessaire pour lui d'imiter les romanciers européens ; il n'avait qu'à tirer ses sujets de la vie russe, et à se rappeler les confessions des détenus, les idées et les croyances des moujiks. Ce Lituanien comprenait enfin l'idéal russe, révérait l'Église russe, et oubliant l'Europe, il se donna de tout cœur pour dépeindre les coutumes slavo-mongoles de notre grand pays.

VIII

Dostoïevski soldat

La dernière année de prison de Dostoïevski fut plus tolérable que les trois premières. La brute qui commandait la forteresse d'Omsk et empoisonnait les condamnés avait enfin été remplacée. Le nouveau commandant était un homme instruit, de culture européenne. Il s'était intéressé à mon père et avait essayé de lui rendre service. Il était légalement habilité à employer les condamnés lettrés aux travaux de sa chancellerie. Il envoyait chercher mon père, qui traversait la ville, escorté par un soldat. Le commandant lui donnait quelques travaux faciles à exécuter, lui faisait servir de bons repas, lui apportait des livres, lui montrait les journaux, que mon père dévorait avidement[1]. Il n'avait pas vu de journal depuis trois ans, et il ne savait rien de ce qui se passait dans le monde. Il semblait être né de nouveau ; il allait bientôt quitter sa « maison des morts ». « Quel moment béni ! » s'exclame-t-il en décrivant sa libération dans ses mémoires.

Le camarade politique de Dostoïevski, Dourov, fut libéré au même moment. Mais hélas, le pauvre homme n'eut pas la force de se réjouir de sa liberté. « Il s'en alla comme une bougie qui s'éteint », dit mon père. « Il était jeune et beau lorsqu'il est entré en captivité. Il en est ressorti à moitié mort, les cheveux grisonnants, voûté et à peine capable de se tenir debout. »

Et pourtant Dourov n'était pas épileptique, contrairement à mon père, il était en excellente santé au moment de son arrestation. Comment pourrions-nous alors expliquer l'apparente différence dans la manière dont ces deux conspirateurs affrontèrent le monde après quatre ans passés au bagne ? Nous devons, je pense, chercher cette explication dans leur nationalité. Dourov était russe ; il appartenait à un peuple encore jeune, qui épuisait rapidement ses forces, perdait courage au premier obstacle,

1. Mon père n'a jamais fait publiquement allusion à ce commandant, de peur de lui nuire aux yeux du gouvernement, mais il parlait souvent de lui à ses relations. Bien que Dostoïevski détestât parler des souffrances qu'il avait endurées pendant sa captivité, il aimait évoquer ceux qui avaient été bons envers lui durant ses épreuves.

et ne pouvait soutenir une lutte. Dostoïevski était lituanien, descendant d'une race beaucoup plus ancienne, et avait du sang normand dans les veines. La résistance a toujours fait la joie des Lituaniens. Vidūnas, qui connaissait si bien son peuple, s'est ainsi exprimé sur ce point : « Quoi qu'il arrive à un Lituanien, il ne se décourage pas. Cela ne veut pas dire qu'il est indifférent à son sort. Sa sensibilité est trop vive pour cela, mais elle a une élasticité et une résilience d'une qualité remarquable. Il peut supporter l'inévitable avec courage, et faire face aux nouvelles expériences avec constance. Le Lituanien aspire involontairement à la maîtrise des différents éléments de la vie. Cela devient évident lorsqu'il est confronté à une difficulté. La tension de son esprit se manifeste d'une manière très caractéristique ; plus la difficulté est grande, plus il est disposé à tout accepter avec sérénité, et même avec gaieté et plaisanterie. »

Dostoïevski commença probablement cette lutte pour la vie dès son premier jour de captivité. Il lutta contre le désespoir en étudiant avec intérêt le caractère des détenus, leurs manières, leurs habitudes, leurs idées et leur conversation. Voyant en eux les futurs héros de ses romans, il nota soigneusement toutes les précieuses indications qu'ils pouvaient lui donner ; un étranger ne peut se faire une idée de l'esprit juste, vif et observateur du paysan russe. Lorsque, les jours de fête, les détenus buvaient jusqu'à l'ivresse et se trouvaient réduits à un état de bestialité, Dostoïevski cherchait la consolation de son dégoût dans l'Évangile. « Je ne peux pas voir son âme ; peut-être est-elle plus noble que la mienne », se disait-il en regardant un détenu ivre qui titubait, criant des chansons obscènes. Il comprit rapidement que les travaux forcés étaient un excellent remède contre le désespoir. Il les considérait comme un sport, et s'y adonnait avec l'énergie passionnée qu'il mettait dans tout ce qui l'intéressait. Dans certains chapitres de *Souvenirs de la maison des morts*, nous voyons clairement le plaisir qu'il prenait à travailler en plein air ou à broyer de l'albâtre[1].

Obligé de dissimuler aux détenus la colère, le mépris et le dégoût qu'il avait pour certaines de leurs actions, Dostoïevski apprit à discipliner son tempérament nerveux. La réalité, rude et implacable, le guérit de ses peurs imaginaires. « Si tu t'imagines que je suis encore nerveux, irritable et obsédé par la pensée de la maladie, comme je l'étais à Saint-Pétersbourg, tu dois te débarrasser de cette idée. Il n'en reste plus un seul vestige », écrit-il à son frère Mikhaïl peu après sa libération.

---

1. Alors qu'il parle d'un travail qui lui avait été attribué en prison, il dit : « j'ai été obligé de tourner la roue ; c'était difficile, mais c'était une excellente gymnastique. » Plus tard, il décrivit comment il devait porter des briques sur son dos, et déclara qu'il aimait ce travail, car il développait sa force physique.

Une autre idée, plus noble, soutint et consola Dostoïevski durant son séjour dans la forteresse. Profondément religieux comme il l'avait toujours été, il dut souvent se demander pourquoi Dieu l'avait si sévèrement puni, lui, le martyr innocent d'une noble théorie. À cette époque, il se considérait comme un héros et était très fier du complot de Pétrachevski. L'idée que ce complot était un crime qui aurait pu faire plonger la Russie dans l'anarchie, qu'un petit groupe de jeunes rêveurs n'avait pas le droit d'imposer sa volonté à un pays immense ne lui vint à l'esprit que bien plus tard, peut-être une dizaine d'années après sa libération. Se croyant irréprochable, se sachant exempt de tout vice et n'étant inspiré que par des pensées pures et nobles, il dut se demander avec perplexité comment il avait pu mériter ses terribles souffrances, par quelle action il avait pu encourir la colère d'un Dieu qu'il avait toujours aimé et révéré. Il se dit alors que Dieu avait dû lui envoyer ces malheurs non pour le punir, mais afin de le rendre plus fort et de faire de lui un grand auteur, utile pour son pays et son peuple. Le public ignorant confond souvent l'homme de talent avec son talent, et ne fait pas la distinction entre les deux. Mais ce dernier ne fait pas cette erreur. Il sait que son talent est un don à part qui appartient à la communauté plutôt qu'à lui-même. S'il est un tant soit peu croyant, l'écrivain, le musicien, le peintre ou le sculpteur se sent comme un messie et accepte sa croix. Il a le sentiment qu'en lui donnant un talent, Dieu n'a pas souhaité le placer au-dessus des hommes, mais plutôt le sacrifier pour le bien des autres, et faire de lui un serviteur de l'humanité. Plus son don est grand, plus ce sens du sacrifice est éclairant aux yeux de son détenteur. Parfois, il se rebelle, et rejette l'amère coupe que le destin a préparée pour lui. Et parfois, il est exalté à l'idée d'avoir été choisi pour apprendre aux hommes les voies de Dieu. Alors que l'homme de génie médite sur sa mission, la colère et la révolte s'évaporent. Il s'élève au-dessus de la foule; se sent plus proche de Dieu que les autres mortels, et son zèle pour sa mission s'accroît de jour en jour. « Faites-moi souffrir, alors mon talent et mon influence se verront augmentés », prie-t-il courageusement. « Ne m'épargnez point! Je supporterai tout si seulement l'œuvre que Vous m'avez envoyée accomplir est bien faite. » Lorsque l'homme de génie atteint ce stade de résignation, plus rien ne peut le terrifier et sa dévotion à la cause de l'humanité ne connaît plus de limites. Plus tard, après son retour à Saint-Pétersbourg, Dostoïevski dit à ses amis qui avaient qualifié sa sanction d'injuste : « Non, c'était juste. Le peuple nous aurait condamnés. Je m'en suis rendu compte en prison. Et puis, qui sait, peut-être Dieu m'a-t-il envoyé là-bas pour que j'y apprenne la chose essentielle, sans laquelle il n'y a pas de vie, sans laquelle nous ne pourrions que nous dévorer les uns les autres, et afin que je puisse apporter cette chose essentielle aux autres, même s'ils ne sont que quelques-uns, afin de les rendre meilleurs, même si ce n'est qu'un peu. Alors cela aura valu la peine d'aller en prison.»

✳ ✳ ✳

Selon la loi russe, la sanction de Dostoïevski n'était pas terminée lors-qu'il fut libéré. Il devait servir comme soldat dans un régiment en Si-bérie, dans la petite ville de Semipalatinsk jusqu'à ce qu'il ait obtenu sa commission d'officier et regagné son statut d'homme libre. Mais le service militaire était presque la liberté, comparée à ce qu'il avait en-duré dans la forteresse. Les officiers de son régiment le traitaient plus comme un camarade que comme un subordonné. À cette époque, les Sibériens avaient beaucoup de respect pour les prisonniers politiques. Les décabristes, qui appartenaient aux meilleures familles du pays, et qui supportaient leur peine sans se plaindre, et avec beaucoup de dignité, préparaient le terrain pour les conspirateurs de Pétrachevski. Mon père aurait été reçu à bras ouverts par toute la ville même s'il n'avait pas été un écrivain. Ses romans, très lus en province, avaient accru la sympathie des habitants de Semipalatinsk à son égard. Mon père, pour sa part, sollicitait leur amitié. L'étroite intimité dans laquelle il avait été obligé de vivre avec les détenus l'avait guéri de sa distance lituanienne. Il ne res-sentait plus ce mépris lituanien pour les Moscovites ignorants; il savait que le manque de culture chez le Russe allait souvent de pair avec un cœur d'or. Il sortait en société, prenait part aux divertissements de Semi-palatinsk, et se faisait aimer de toute la ville. La joie de vivre remplissait son être. Alors que le pauvre Dourov s'éteignit comme une bougie et mourut peu après sa libération, Dostoïevski reprit sa vie là où il l'avait laissée au moment de sa condamnation. Il s'empressa de reprendre ses relations amicales avec ses proches à Moscou et Saint-Pétersbourg[1]. Il les pardonna généreusement de l'avoir délaissé dans sa prison et dans sa joie d'être enfin libre, il appela ses sœurs, qui avaient été si froides à son égard, «les anges». Il écrivit à ses amis littéraires de Saint-Pétersbourg, leur envoya des ouvrages et s'intéressa beaucoup à ce qu'ils avaient fait pendant «ma mort». Il se lia d'amitié avec les officiers et les soldats de son régiment[2].

---

1. Mon père avait pu envoyer ses premières lettres à son frère Mikhaïl, et re-cevoir un peu d'argent de sa part avant sa libération, grâce à la gentillesse du commandant.
2. Dostoïevski nous dira plus tard, dans le journal Le Citoyen, qu'il aimait lire

À l'occasion du départ d'un de ses nouveaux amis appelé Vatihanov, Dostoïevski fut photographié avec lui par le praticien peu habile de Semipalatinsk. C'est à cette circonstance que nous devons le seul portrait existant de Dostoïevski jeune.

Quelques mois après sa libération, Dostoïevski rencontra à Semipalatinsk un homme de son monde, le jeune baron Wrangel qui était venu en Sibérie pour des affaires en lien avec son ministère. Il était originaire des provinces baltes, d'origine suédoise, mais complètement russifié, et grand admirateur des œuvres de mon père. Il proposa qu'ils vivent ensemble, et Dostoïevski accepta son offre. Il est curieux que chaque fois que Dostoïevski acceptait de vivre avec un camarade, c'était avec des Russes d'origine européenne : Grigorovitch, un Français, et Wrangel, un Suédois. Il est probable que mon père n'aurait jamais pu supporter les habitudes semi-orientales des vrais Russes, qui dorment toute la journée après avoir joué aux cartes toute la nuit. Il voulait une vie ordinaire avec un compagnon bien éduqué qui respecterait ses heures de travail et de méditation. Il était heureux avec le jeune Wrangel. Ils passaient l'hiver en ville, et l'été ils louaient une habitation rustique, une villa, et s'amusaient à faire pousser des fleurs, auxquelles ils étaient tous deux très attachés.

Plus tard, le baron Wrangel changea de ministère et se consacra à la diplomatie. Il était notre chargé d'affaires dans les Balkans, il y vécut très longtemps et y rencontra de nombreuses personnes remarquables. Néanmoins, vers la fin de sa vie, il ne s'attarda que sur son amitié avec Dostoïevski. Mes compatriotes qui l'avaient connu dans son dernier poste de consul de Russie à Dresde me disaient que chaque fois qu'il faisait la connaissance d'un Russe, le baron Wrangel commençait toujours par lui dire qu'il avait été l'ami du grand Dostoïevski, et décrivait leur vie commune à Semipalatinsk. « C'était devenu une véritable manie », disaient naïvement les Russes. Ils auraient compris son enthousiasme si le sujet avait été un duc ou un marquis, mais un écrivain ! Il n'y avait pas vraiment de quoi se vanter. Le noble balte était plus intelligent et plus civilisé que mes compatriotes snobs. Dans sa vieillesse, en repensant sa carrière, le baron Wrangel se rendit compte que la plus belle page de sa vie avait été l'amitié du grand écrivain, et son plus grand service à l'humanité les quelques mois de tranquillité que sa délicatesse et son raffinement avaient assurés à un homme de génie souffrant, négligé par ses

à haute voix à ses camarades, les soldats, le soir lorsqu'ils étaient tous réunis dans le dortoir. Il avoue que ces lectures et les discussions qui les suivaient lui procuraient un grand plaisir.

amis, qui avait besoin de repos après la terrible épreuve qu'il avait subie.

Le baron Wrangel publia ses souvenirs de mon père. Il ne pouvait décrire la vie intime de Dostoïevski, car mon père ne parlait qu'à ses parents ou à ses amis de longue date et dont la loyauté était prouvée, mais il offre un excellent récit de la société de Semipalatinsk et du rôle que mon père joua dans cette petite ville. Les souvenirs du baron Wrangel sont les seules traces que nous possédons sur cette période de la vie de Dostoïevski.

IX

Le premier mariage
de Dostoïevski

L es travaux que mon père devait accomplir en prison étaient très durs, mais ils lui faisaient du bien et développaient son corps. Il n'était plus une créature malade ni un adolescent dont le développement avait été arrêté. Il était devenu un homme, et il avait envie d'amour. Toute femme un peu plus adroite que les beautés rustiques de Semipalatinsk aurait pu gagner son cœur. Une telle femme allait apparaître quelques mois après sa libération. Mais quelle terrible femme le destin avait-il réservée à mon pauvre père!

Parmi les officiers du régiment de Semipalatinsk, il y avait un certain capitaine Issaïeff, un brave homme qui ne croulait pas sous le poids de son intelligence. Il était en très mauvaise santé et tous les docteurs de la ville avaient abandonné son cas. Pour mon père, c'était un homme charmant qui l'invitait souvent chez lui. Sa femme, Maria Dmitrievna, recevait Dostoïevski avec grâce et se démenait pour lui plaire et à l'apprivoiser. Elle savait qu'elle serait bientôt veuve et se retrouverait avec peu de moyens, avec la maigre pension que le gouvernement russe accordait aux veuves d'officiers, une somme à peine suffisante pour la nourrir, elle et son fils, un garçon de sept ans. Comme toute bonne femme d'affaires, elle cherchait déjà un second mari. Dostoïevski lui semblait être le meilleur parti de la ville; il était écrivain de talent et avait une riche tante à Moscou qui lui envoyait de l'argent de temps en temps. Maria Dmitrievna joua la femme à l'âme poétique, incomprise par la société de cette petite ville de province, et aspirant à une âme sœur dotée d'un esprit aussi noble que le sien. Elle s'empara rapidement du cœur ingénieux de mon père, qui, à l'âge de trente-trois ans, tomba amoureux pour la première fois.

Cette amitié sentimentale fut soudainement interrompue. Le capitaine fut envoyé à Kouznetsk, une petite ville sibérienne où se trouvait un autre régiment appartenant à la même division que celle de Semipala-tinsk. Il emmena sa femme et son enfant, et mourut quelques mois plus tard, à Kouznetsk, de la phtisie, dont il souffrait depuis longtemps. Maria Dmitrievna écrivit à Dostoïevski pour lui annoncer la mort de son mari, et entretint avec lui une correspondance animée. En attendant que le gouvernement lui verse sa maigre pension, elle vivait dans la pauvreté, et s'en plaignait amèrement à son père. Dostoïevski lui envoya presque tout l'argent qu'il recevait de la part de sa famille. Il avait sincèrement pitié d'elle et souhaitait l'aider, mais ses sentiments pour elle relevaient plus de la sympathie que de l'amour. Ainsi, lorsque Maria Dmitrievna lui écrivit pour dire qu'elle avait trouvé un prétendant à Kouznetsk et qu'elle s'apprêtait à se remarier, il se réjouit, bien loin d'avoir le cœur brisé, il était ravi de savoir que la pauvre femme avait trouvé un protecteur. Il contacta également ses amis afin d'aider son rival à obtenir un rendez-vous qu'il sollicitait. En fait, Dostoïevski ne considérait pas le futur mari de Maria Dmitrievna comme un rival. À cette époque, mon père n'était pas certain de pouvoir se marier un jour et se considérait, dans une certaine mesure, comme un invalide. L'épilepsie qu'il couvait depuis si longtemps commençait à se manifester. Il avait des crises étranges, de soudaines convulsions qui l'épuisaient et l'empêchaient de travailler. Le docteur du régiment qui le soignait hésitait sur le diagnostic, ce n'est que bien plus tard qu'ils annoncèrent qu'il s'agissait d'épilepsie. Pendant ce temps, les docteurs, ses camarades, ses proches, son ami, le baron Wrangel et son frère Mikhaïl lui avaient conseillé de ne pas se marier et Dostoïevski s'était tristement résigné au célibat. Il accepta le rôle du Prince Muichkine qui, malgré son amour pour Nastassia Philipovna, la laisse partir avec Rogogine et entretient une relation amicale avec son rival.

Pendant ce temps, Maria Dmitrievna s'était disputée avec son fiancé et avait quitté la ville de Kouznetsk. Elle avait enfin reçu sa pension, mais cette bagatelle ne suffisait pas à la capricieuse, paresseuse et ambitieuse femme. Mon père était à présent officier, et elle revint à sa première idée de se marier avec lui. Dans ses lettres qu'elle écrivait donc beaucoup plus fréquemment, elle exagérait sa pauvreté et déclarait qu'elle était lasse de cette lutte, menaçant de mettre fin à sa vie et à celle de son enfant. Dostoïevski devint mal à l'aise, il voulut la voir, lui parler pour lui faire entendre raison. Étant un ancien prisonnier politique, il n'avait pas le droit de quitter Semipalatinsk[1]. Ses frères officiers, à qui il avait confié

---

1. Dostoïevski était cependant souvent chargé d'escorter des missions scienti-fiques voyageant en Sibérie sur ordre du gouvernement. Ainsi, dans une lettre, mon père décrit une visite à Barnaoul, une petite ville entre Semipalatinsk et

son désir de se rendre à Kouznetsk s'arrangèrent pour l'y envoyer «pour affaires régimentaires». La division qui possédait son quartier général à Semipalatinsk déploya à son régiment à Kouznetsk un fourgon de cordes qui devait, en accord avec la loi, être escorté par des soldats et des officiers armés. C'était inhabituel d'envoyer Dostoïevski pour ce genre d'expéditions, il était toujours secrètement protégé pas ses officiers, mais cette fois-ci il fut content de pouvoir profiter de ce prétexte, et traversa des centaines de verstes assis sur les cordes qu'il était censé surveiller. Maria Dmitrievna l'accueillit à bras ouverts et regagna très rapidement son influence sur lui, qui avait été quelque peu affaiblie par leur longue séparation. Touché par ses complaintes, sa misère et ses menaces de suicide, Dostoïevski oublia le conseil de ses amis et la demanda en mariage, promettant de la protéger, elle et le jeune Paul. Maria Dmitrievna accepta sa proposition avec enthousiasme. Mon père retourna à Semipalatinsk dans son fourgon et demanda à son commandant la permission de se marier. Celle-ci fut accordée en plus d'un congé de quelques semaines. Il retourna à Kouznetsk, cette fois-ci plus confortablement, dans une calèche, et avec l'intention de repartir avec la nouvelle madame Dostoïevski et son futur beau-fils. Le congé de mon père était limité, le gouvernement n'appréciant pas de voir ses prisonniers politiques circuler librement dans le pays, et il fut obligé de se marier quelques jours après son arrivée à Kouznetsk. Il était si heureux sur le chemin de l'église! Le bonheur semblait enfin lui sourire, le destin allait le dédommager de toutes ses souffrances en lui donnant une épouse douce et aimante, qui, peut-être, le rendrait père. Pendant que Dostoïevski rêvait ainsi, à quoi pensait sa promise? La nuit précédant son mariage, Maria Dmitrievna l'avait passée avec son amant, un beau et jeune précepteur, qu'elle avait découvert à son arrivée à Kouznetsk, et dont elle avait longtemps été la maîtresse en secret[1].

Cette femme était la fille d'un mamelouk de Napoléon, qui avait été fait prisonnier pendant la retraite de Moscou, et amené à Astrakhan, sur

Kouznetsk, qu'il fit en compagnie de M. P. Semenov et de ses amis, membres de la Société de géographie. En apprenant leur arrivée, le général Gerngross, gouverneur de la ville, invita toute la mission à un bal chez lui, et fut particulièrement poli avec mon père. Aux yeux de ce général balte, Dostoïevski, qui venait tout juste de quitter un bagne, n'était pas un forçat, mais un écrivain célèbre.
1. Il est probable que le prétendant de Kouznetsk, dont j'ignore le nom, avait rompu ses fiançailles avec Maria Dmitrievna en découvrant son intrigue clandestine avec le précepteur. Mon père, qui n'avait fait que deux courtes visites à Kouznetsk et n'y connaissait personne, n'avait aucune possibilité de découvrir la liaison, d'autant plus que Maria Dmitrievna jouait toujours le rôle de la femme sérieuse et vertueuse en sa présence.

la mer Caspienne, où il changea son nom et sa religion afin d'épouser une jeune fille de bonne famille qui était tombée éperdument amoureuse de lui. Elle l'avait fait entrer dans l'armée russe; il était finalement devenu colonel et avait commandé un régiment dans une ville de province. Mon père ne l'avait jamais connu. Par un hasard de la nature, Maria Dmitrievna n'avait hérité que du type russe de sa mère. J'ai vu son portrait. Rien en elle ne trahissait son origine orientale. En revanche, son fils Paul, que je connus plus tard, était presque un mulâtre. Il avait la peau jaune, les cheveux noirs et brillants, roulait les yeux comme les esclaves noirs, gesticulait de façon extravagante, était malicieux, stupide et insolent.

Au moment du second mariage de sa mère, c'était un joli petit garçon plein de vie que mon père chouchoutait pour faire plaisir à Maria Dmitrievna. Dostoïevski ne soupçonnait pas l'origine africaine de sa femme, qui la dissimulait soigneusement; il ne la découvrit que bien plus tard. Rusée comme toutes les femmes de sa race, elle jouait le rôle de l'épouse modèle, rassemblait autour d'elle toute la société lettrée de Semipalatinsk et organisait une sorte de salon littéraire. Elle se faisait passer pour une Française, parlait le français comme si c'était sa langue maternelle, et était une grande lectrice. Elle avait été bien éduquée dans un établissement gouvernemental pour les filles de la noblesse. La société de Semipalatinsk prenait madame Dostoïevski, nouvellement mariée, pour une femme de haut caractère. Le baron Wrangel parlait d'elle avec respect dans ses mémoires et disait qu'elle était charmante. Elle continuait, en secret, à rendre visite à son jeune précepteur qui l'avait suivie jusqu'à Semipalatinsk. Et cela l'amusait grandement de duper le monde ainsi que son pauvre rêveur de mari. Dostoïevski connaissait le jeune homme, comme on connaît tout le monde dans une petite ville. Mais le beau jeune homme était si parfaitement insignifiant qu'il ne vint jamais à l'esprit de mon père de soupçonner en lui un rival. Il prenait Maria Dmitrievna pour une femme fidèle qui lui était entièrement dévouée. Elle avait cependant un terrible caractère et se laissait aller à de brusques accès de colère. Mon père les attribuait à sa mauvaise santé, cette dernière étant quelque peu tuberculeuse, et pardonnait les scènes violentes qu'elle faisait constamment. Elle était une bonne maîtresse de maison et savait comment rendre une maison confortable. Après les horreurs de la prison, sa maison semblait être un parfait paradis pour Dostoïevski. Malgré les craintes de ses amis et de ses proches, le mariage lui convenait. Il prit du poids, devint plus gai et semblait heureux. La photographie de Semipalatinsk mentionnée plus tôt nous montre un homme plein de force, de vie et d'énergie. Elle ne ressemble en rien au portrait du prince Muichkine dans *L'Idiot*, ni à celui du bagnard-prophète dans le poème de Nekrassov. L'épilepsie de mon père, qui s'était enfin déclarée, avait calmé ses nerfs. Il souffrait beaucoup pendant ses crises, mais, en revanche, son esprit était plus calme et plus lucide une fois qu'elles passaient. L'air vif, sec et sain de la Sibérie, le service militaire, qui remplaçait la gymnastique, la vie paisible d'une petite ville de province, tout concourait à améliorer la santé de Dostoïevski. Comme toujours, il était absorbé par ses romans. Il remplissait consciencieusement ses obligations militaires, mais le cœur n'y était pas. Mon père attendait avec impatience le moment où il pourrait démissionner de son poste et redevenir un écrivain libre et indépendant. Lors de son séjour à Semipalatinsk, Dostoïevski écrivit deux livres, *Le rêve de l'oncle* et *Le Bourg de Stépantchikovo et sa population*. Les héros de ces romans n'étaient pas des cosmopolites, comme dans ses œuvres précédentes. Ils ne ressemblaient en rien aux citoyens blafards de Saint-Pétersbourg ; ils habitaient la campagne ou de petites villes de province, étaient très russes et très vivants. En lisant ces premières œuvres écrites après sa libération, on constate que Dostoïevski avait enfin rompu avec la tradition de Gogol, et était revenu à l'idée du *Double*. Dans ces nouveaux romans, il peignait des types anormaux : Prince K., un dégénéré qui devient imbécile, et Foma Opiskine, un aventurier possédant un grand pouvoir psychique. Les romans sont gais et ironiques, tandis que ceux écrits avant l'emprisonnement de l'auteur sont presque tous mélodramatiques. Il est évident que Dostoïevski était arrivé à cette période de son existence où l'homme n'a plus une vision tragique de la vie, où il peut un peu en rire, où il peut la regarder avec un certain détachement, commençant à comprendre qu'elle n'est qu'un épisode dans la longue série d'existences que l'âme doit traverser. Cette ironie augmente au fur et à mesure que le talent de Dostoïevski mûrit, et qu'il apprend à mieux connaître les hommes et la vie. Elle ne devient jamais amère ou malveillante, car l'amour de l'humanité et l'admiration pour la fraternité chrétienne de l'Évangile se renforcent de plus en plus dans son cœur.

Mon père reçut la permission de publier ces deux premiers romans, mais fut obligé de laisser le manuscrit de *Souvenirs de la maison des morts* au milieu de ses brouillons. Il travaillait dessus depuis longtemps, pleinement conscient de sa valeur, mais il était impossible de le publier à cause de la censure qui était très stricte pour tout ce qui concernait les prisons. Il était à présent libre de vivre dans n'importe quelle ville en Sibérie, mais il ne pouvait pas retourner en Russie. Cependant, mon père souhaitait retourner à Saint-Pétersbourg, un endroit qu'il avait détesté. Les intellectuels nomades de Lituanie ont cette étrange particularité : ils ne peuvent pas vivre à la campagne ou en province ; ils doivent être sur place, là où ils peuvent sentir battre les pulsations de la civilisation le plus fort. Les grandes réformes qui firent briller le règne d'Alexandre II étaient en préparation à Saint-Pétersbourg. Mon père désirait ardemment s'y trouver, avec les autres écrivains russes. Il craignait qu'en restant en Sibérie, il ne soit pas en contact avec les idées nouvelles qui agitaient notre pays. Il chercha fébrilement les moyens d'obtenir la permission de rentrer en Russie. Il écrivit d'innombrables lettres, s'adressa à tous ses anciens amis, et découvrit enfin un protecteur. La guerre de Crimée venait tout juste de s'achever. Tout le monde parlait du général Todleben, qui s'y était distingué et avait été fait comte. Mon père se souvint des frères Todleben, qu'il avait connus à l'école d'ingénieurs. Il leur écrivit, les priant d'intervenir en sa faveur auprès du gouvernement. Les Todleben se souvenaient très bien de leur ancien camarade. Il ne leur avait jamais paru aussi étrange qu'à ses camarades de classe russes ; ils venaient de Courlande, et leurs ancêtres avaient dû rencontrer souvent ceux de Dostoïevski sur les bords du Niémen. Ils supplièrent leur distingué frère de plaider la cause de mon père. Le gouvernement russe ne pouvait rien refuser au comte Todleben, que tout le monde appelait « le défenseur de Sébastopol ». Dostoïevski reçut rapidement la permission de vivre n'importe où en Russie, à l'exception des deux capitales. Mon père choisit la ville de Tver sur la Volga, située sur la ligne de chemin de fer entre Saint-Pétersbourg et Moscou. Il démissionna joyeusement de son poste d'officier, fit ses adieux à ses camarades et aux aimables habitants de Semipalatinsk qui l'avaient si bien accueilli, et partit pour la Russie avec sa femme et son beau-fils. Afin d'effectuer ce long voyage, Dostoïevski acheta une calèche qu'il vendit en arrivant à Tver ; c'était la façon dont les gens voyageaient à cette époque. Comme il était heureux de parcourir, libre et indépendant, la route qu'il avait parcourue, dix ans auparavant, sous la garde d'un policier. Il allait revoir son frère Mikhaïl, retourner dans ce monde littéraire où il pourrait échanger des idées avec ses amis, présenter sa chère femme, qui l'aimait, à sa famille. Alors que Dostoïevski rêvait ainsi dans sa calèche, le beau précepteur, que sa maîtresse emmenait comme un chien de compagnie, les suivait dans une briska à distance d'une étape. À chaque station, elle lui laissait une lettre d'amour écrite à la hâte, l'informant de l'endroit où ils devaient passer la nuit, et lui ordonnant de s'arrêter à la station précédente et de ne pas les dépasser. Elle avait dû énormément s'amuser sur le chemin, à constater la joie naïve de son pauvre et romantique mari.

Lorsqu'il s'installa à Tver, mon père devint très rapidement intime avec le gouverneur, le comte Baranov. Sa femme, née Vassiltchikov, était une cousine du comte Sollogoub, l'écrivain, qui avait autrefois un salon littéraire à Saint-Pétersbourg. Mon père, qui avait été l'un des habitués de ce salon, avait été présenté à Mlle Vassiltchikov lors du succès de ses *Pauvres gens*. Elle ne l'avait jamais oublié, et lorsqu'il arriva à Tver, elle s'empressa de renouer les liens avec lui. Elle l'invita souvent chez elle, et incita son mari à s'intéresser aux affaires de mon père. Le comte Baranov fit tout son possible pour obtenir pour Dostoïevski la permission de vivre à Saint-Pétersbourg. Ayant appris que le ministre de la Police, le prince Dolgorukov, s'y opposait, le comte conseilla à mon père d'écrire une lettre à l'empereur. Comme nombre d'autres enthousiastes, Dostoïevski était, à cette époque, plein d'admiration pour Alexandre II. Il avait composé quelques vers à l'occasion de son couronnement, et espérait de grandes choses de son règne. Il écrivit une lettre simple et digne à l'empereur, relatant les misères de sa vie, et lui demandant la permission de retourner à Saint-Pétersbourg. Cette lettre plut à l'empereur qui accorda la demande de mon père. Heureux à l'idée de pouvoir enfin vivre dans le monde littéraire, près de son frère Mikhaïl, Dostoïevski partit aussitôt pour Saint-Pétersbourg avec sa femme et son beau-fils, qu'il plaça dans une école de cadets. Il obtint rapidement la permission de publier *Souvenirs de la maison des morts*. L'ère de Nicolas Ier était révolue. Ceux au pouvoir ne craignaient plus la lumière, au contraire, ils la convoitaient. Le livre eut un immense succès et plaça Dostoïevski au premier rang des écrivains russes. Il ne perdit jamais cette fière position ; chaque nouvelle œuvre tendant à la confirmer. La vie commençait à sourire à mon père. Mais le destin lui réservait une nouvelle et cruelle épreuve.

Le changement de climat ne réussit pas à Maria Dmitrievna. Le climat humide et marécageux de Saint-Pétersbourg développa la maladie qui la guettait depuis longtemps. Très inquiète, elle retourna à Tver, où le climat était plus sain. Mais il était trop tard, la maladie suivit son cours et en quelques mois, elle était devenue méconnaissable. Cette femme, qui toussait et crachait du sang, ne tarda pas à dégoûter son jeune amant, qui l'avait jusqu'alors suivie partout.

Il fuit Tver sans laisser d'adresse. Cette désertion rendit Maria Dmitrievna furieuse. Mon père était resté à Saint-Pétersbourg, occupé par la publication de son roman, mais il allait souvent rendre visite à sa femme à Tver. Dans l'une des scènes qu'elle le lui fit, elle avoua tout, décrivant de manière très détaillée sa liaison amoureuse avec le jeune précepteur. Avec un raffinement de cruauté, elle raconta à Dostoïevski combien cela les avait amusés de rire du mari trompé, et déclara qu'elle ne l'avait jamais aimé et qu'elle l'avait épousé par intérêt. «Aucune femme qui se respecte», disait cette gourgandine, «ne pourrait aimer un homme qui a travaillé pendant quatre ans dans une prison en compagnie de voleurs et d'assassins.»

Mon pauvre père écouta avec angoisse les effusions de sa femme. C'était donc cela, l'amour et le bonheur auxquels il avait cru pendant tant d'années! C'était cette furie qu'il avait chérie comme une épouse aimante et fidèle! Il se détourna avec horreur de Maria Dmitrievna, la quitta, et s'enfuit à Saint-Pétersbourg, cherchant la consolation auprès de son frère, et parmi ses neveux et nièces. Il était arrivé à l'âge de quarante ans sans n'avoir jamais été aimé. «Aucune femme ne pourrait aimer un bagnard», se dit-il, repensant aux paroles ignobles de sa femme. C'était une pensée digne de la fille d'un esclave, qui ne pouvait trouver écho dans le cœur d'un Européen à l'esprit noble. Mais Dostoïevski connaissait peu les femmes à cette période de sa vie et l'idée qu'il n'aurait jamais d'enfants ou de foyer le rendit très malheureux. Il mit toute son amertume de mari trahi dans le roman *L'Éternel Mari*, qu'il écrivit plus tard. Il est curieux de noter qu'il y dépeignit le héros de l'histoire comme une créature méprisable, vieille, laide, vulgaire et ridicule. Il est possible qu'il se soit lui-même méprisé pour sa crédulité et sa naïveté, n'ayant pas découvert le complot et puni les amants traîtres. En dépit de ses souffrances et de son désespoir, Dostoïevski continua à envoyer de l'argent à Maria Dmitrievna, il envoya des servantes de confiance à son côté, et écrivit à ses sœurs à Moscou, les priant de lui rendre visite à Tver, et y alla lui-même plusieurs fois afin de vérifier qu'elle ne manquait de rien. Leur mariage était brisé, mais son sens du devoir envers celle qui portait son nom demeurait fort dans le cœur lituanien de Dostoïevski. Maria Dmitrievna ne fut pas adoucie par cette générosité. Elle détestait mon père avec la rancœur d'une vraie négresse. Ceux qui la soignaient racontèrent plus tard qu'elle passait de longues heures, immobile dans un fauteuil, perdue dans une méditation douloureuse. Elle se levait et marchait fiévreusement dans ses chambres. Dans le salon, elle se tenait debout devant le portrait de Dostoïevski, le regardant fixement, agitant le poing et s'exclamant: «bagnard, misérable bagnard!» Elle détestait également son premier mari, et parlait de lui avec mépris. Elle détestait son fils, Paul, et refusait de le voir. Elle avait toujours été ambitieuse, et avait ardemment souhaité placer son fils dans l'école la plus aristocratique de Saint-Pétersbourg. Mon père avait fait ce qu'il avait pu, mais avait seulement réussi à lui obtenir une place à l'école des cadets, à laquelle le garçon avait droit en tant que fils d'un officier. Voyant que Paul était oisif et n'allait pas travailler, Maria Dmitrievna fut profondément mortifiée, et cette mortification se changea en haine. Dostoïevski essaya en vain d'intervenir en sa faveur, mais sa mère refusait de le voir, et mon père fut obligé de l'envoyer passer ses vacances dans la famille de mon oncle Mikhaïl.

X

Un épisode passionné

À son retour de Sibérie, mon père trouva son frère Mikhaïl entouré d'un groupe de remarquables jeunes écrivains. Mon oncle s'était distingué dans la littérature russe grâce à ses excellentes traductions de Goethe et de Schiller, et il aimait réunir autour de lui, dans sa maison, les auteurs de l'époque. Voyant cela, mon père lui suggéra d'éditer un journal. Il brûlait d'envie de révéler à nos intellectuels la grande Idée russe qu'il avait découverte en prison, mais à laquelle la société russe était sourde et aveugle. Le journal fut nommé *Vremya* (*Le Temps*), et le travail fut divisé entre les deux frères: mon oncle s'occupant de l'édition et du côté financier et mon père, du côté littéraire. Il publia ses romans et ses articles critiques dans *Vremya*. Le journal eut beaucoup de succès et la nouvelle idée plut aux lecteurs. Les frères invitèrent la collaboration de très bons écrivains, des hommes sérieux qui appréciaient mon père. Au lieu de se moquer de lui, comme ses anciens compagnons littéraires de jeunesse, ces derniers devinrent ses amis et admirateurs. Deux d'entre eux méritent une mention spéciale: le poète Apollon Maïkov (que Dostoïevski avait connu peu avant son emprisonnement), et le philosophe Nicolaï Strakhov. Tous deux restèrent fidèles à Dostoïevski toute sa vie et étaient à ses côtés à sa mort.

Après *Souvenirs de la maison des morts*, mon père publia *Humiliés et offensés*, son premier long roman, qui eut également un grand succès. Dostoïevski était très courtisé et complimenté dans les salons littéraires de Saint-Pétersbourg, qu'il avait recommencé à fréquenter. Il apparaissait également en public. Pendant son séjour en Sibérie, les étudiants de Saint-Pétersbourg, hommes et femmes, commencèrent à jouer un rôle important dans la littérature russe. Afin de venir en aide à leurs camarades plus modestes, ils organisèrent des soirées littéraires durant lesquelles des écrivains célèbres lisaient des extraits de leurs œuvres. Les étudiants les récompensaient d'applaudissements frénétiques, et leur faisaient une publicité énorme, service que les auteurs ambitieux cherchaient à obtenir en flattant les jeunes. Mon père n'était pas de ce nombre ; il ne flattait jamais les étudiants ; au contraire, il n'hésitait pas à leur dire des vérités désagréables à entendre. Mais les étudiants le respectaient pour cela, et l'applaudissaient plus qu'aucun des autres écrivains. La popularité de Dostoïevski fut remarquée par une jeune fille nommée Pauline N. Elle représentait le type curieux de « l'éternel étudiant », qui n'existe qu'en Russie. Pauline N. venait d'une des provinces russes, où elle avait de riches relations ; celles-ci lui laissaient assez d'argent pour vivre confortablement à Saint-Pétersbourg. Chaque automne, elle s'inscrivait régulièrement comme étudiante à l'Université[1], mais elle ne se présentait jamais aux examens et ne suivait aucun cours. Elle fréquentait cependant l'université de manière assidue, flirtant avec les étudiants, leur rendant visite dans leur chambre, les empêchant de travailler, les incitant à se rebeller, les faisant signer protestations et prendre part à toutes les manifestations politiques durant lesquelles elle marchait à la tête du peloton étudiant, portant le drapeau rouge, chantant la Marseillaise, insultant et provoquant les cosaques, et frappant les chevaux de la police. Elle était à son tour battue par la police, et passait la nuit dans une cellule de police. À son retour à l'université, elle était portée en triomphe par les étudiants et acclamée comme la glorieuse victime du « tsarisme ». Pauline assistait à tous les bals et à toutes les soirées littéraires donnés par les étudiants, dansait et applaudissait avec eux et partageait toutes les idées nouvelles qui agitaient les esprits jeunes. L'amour libre était alors à la mode. Jeune et séduisante, Pauline adoptait cette nouvelle mode avec ardeur, passant d'un étudiant à l'autre, et servant Vénus avec la conviction de servir la cause de la civilisation européenne. Voyant le succès de Dostoïevski, elle s'empressa de partager cette nouvelle passion des étudiants. Elle tournait autour de mon père, lui faisant des avances qu'il ne remarquait pas. Elle lui écrivit ensuite une déclaration d'amour. Sa lettre resta préservée parmi les papiers de mon père, elle était simple, naïve et poétique. Elle aurait pu provenir d'une jeune fille timide, éblouie par le génie de ce grand écrivain. Dostoïevski lut la lettre avec émotion. Elle était arrivée au moment où il avait le plus grand besoin d'amour. Son cœur était déchiré par la trahison de sa femme ; il se méprisait comme un ridicule nigaud ; et voilà qu'une jeune fille, fraîche et belle, lui offrait son cœur. Sa femme avait donc eu tort ! Il pouvait encore être aimé, même après avoir travaillé en prison avec des voleurs et des assassins. Dostoïevski s'agrippa à la consolation que lui offrait le destin. Il ne sa-

---

1. À cette époque, il n'y avait pas de cours supérieurs pour les jeunes filles en Russie. Le gouvernement les autorisait provisoirement à étudier à l'université avec les étudiants masculins.

vait rien des mœurs légères de Pauline. Mon père ne connaissait la vie des étudiants que du haut de la tribune depuis laquelle il s'adressait à eux. Ils l'entouraient en une foule respectueuse, parlant de Dieu, de la patrie, de la civilisation. L'idée d'initier cet écrivain distingué, vénéré par tous, aux détails sordides de leur vie privée n'avait jamais été envisagée. Plus tard, s'ils remarquèrent l'amour de Dostoïevski pour Pauline, ils se gardèrent bien de l'éclairer sur son caractère. Il prenait Pauline pour une jeune provinciale, enivrée par les idées exagérées de liberté féminine qui régnaient alors en Russie. Il savait que Maria Dmitrievna avait été abandonnée par ses médecins, et que dans quelques mois il serait libre d'épouser Pauline. Il n'avait pas la force d'attendre, de repousser ce jeune amour, qui s'offrait à lui si librement, sans se soucier du monde et de ses conventions. Il avait quarante ans, et aucune femme ne l'avait jamais aimé…

Les deux amants décidèrent de passer leur lune de miel à l'étranger. Mon père rêvait de faire un voyage en Europe depuis longtemps. Ivan Karamazow, le portrait craché de mon père à ses vingt ans, rêvait aussi de voyages à l'étranger. Selon lui, l'Europe n'était qu'un vaste cimetière, mais il souhaitait se recueillir sur les tombes des grands morts. À présent que Dostoïevski avait enfin assez d'argent, il s'empressa de réaliser ce rêve de longue date. La date du départ approchait, mais, au dernier moment, mon père fut retenu à Saint-Pétersbourg par des affaires liées au journal *Vremya*. Les accès d'alcoolisme de mon oncle Mikhaïl se faisaient de plus en plus fréquents, et Dostoïevski se trouva obligé de s'occuper du journal dans son entièreté. Pauline partit seule, lui promettant de l'attendre à Paris. Quinze jours plus tard, mon père reçut une lettre de sa part dans laquelle elle l'informait être tombée amoureuse d'un Français qu'elle venait de rencontrer à Paris. « Tout est fini entre nous ! » écrivit-elle à mon père. « C'est ta faute, pourquoi m'as-tu laissée seule si longtemps ? » À la suite de cette lettre, Dostoïevski partit, comme un fou, à destination de Paris. Ainsi, lors de ce premier voyage en Europe, il passa par Berlin et Cologne sans les voir. Plus tard, lorsqu'il se rendit à nouveau sur les rives du Rhin, il demanda pardon à la cathédrale de Cologne pour ne pas avoir remarqué sa beauté. Pauline le reçut froidement, elle déclara qu'elle avait trouvé l'homme idéal et qu'elle ne comptait pas rentrer en Russie, que son amant français l'adorait et la rendait éperdument heureuse. Mon père avait toujours respecté la liberté d'autrui, et ne faisait pas de distinction là-dessus entre les hommes et les femmes. Pauline n'était pas sa femme. Elle n'avait prononcé aucun vœu, et s'était donnée librement, elle était donc libre de reprendre son don. Mon père accepta sa décision et ne chercha plus à la voir ou à lui parler. Estimant qu'il n'avait plus rien à faire à Paris, il se rendit à Londres pour rendre visite à Alexandre Herzen. À cette époque, les gens allaient en Angleterre pour voir Herzen, tout comme plus tard ils allaient à Yasnaïa Poliana pour voir Tolstoï. Mon père était loin de partager les idées révolutionnaires de Herzen. Mais l'homme l'intéressait, et il saisit l'occasion de faire sa connaissance. Il trouva Londres beaucoup plus fascinant que Paris. Il y séjourna quelque temps, l'étudiant minutieusement, et se laissant enthousiasmer par la beauté des jeunes Anglaises. Plus tard, dans ses souvenirs de voyage, il dit qu'elles représentaient le type le plus parfait de la beauté féminine. Cette admiration de Dostoïevski pour les jeunes Anglaises est très significative. Les Russes qui visitent l'Europe sont, en règle générale, plus attirés par les Françaises, les Italiennes, les Espagnoles et les Hongroises. Les Anglaises les laissent généralement de marbre, mes compatriotes les considérant comme « trop minces ». Le goût de Dostoïevski était évidemment moins oriental, et la beauté des jeunes Anglaises touchait quelque corde normande dans son cœur lituanien[1].

Mon père retourna finalement à Paris, et ayant entendu que son ami, Nikolaï Strakhov, se rendait lui aussi à l'étranger, il lui donna rendez-vous à Genève, et lui proposa de visiter ensemble l'Italie. Il y avait cette phrase étrange dans sa lettre : « nous nous promènerons ensemble à Rome, et, qui sait, peut-être caresserons-nous de jeunes Vénitiennes sur une gondole ». De telles phrases sont extrêmement rares dans les lettres de mon père. Il est évident qu'à cette période, Dostoïevski aspirait à une sorte de romance avec une femme pour se réhabiliter à ses propres yeux, pour prouver qu'il pouvait lui aussi être aimé. Pourtant, il n'y eut aucune « jeune Vénitienne en gondole » pendant ce voyage des deux amis ; le cœur de Dostoïevski était avec Pauline. Il refusa cependant de retourner à Paris avec Strakhov, où il aurait pu la rencontrer, et rentra seul en Russie. Il décrivit ses impressions de ce premier voyage en Europe dans *Vremya*.

À l'approche du printemps, Pauline lui écrivit depuis Paris, et lui confia ses malheurs. Son amant lui était infidèle, mais elle n'avait pas la force de le quitter. Elle implora mon père de venir la voir à Paris. Voyant l'hésitation de Dostoïevski, Pauline menaça de se suicider, la menace

---

1. Dostoïevski fit une curieuse prédiction quant à l'avenir de l'Angleterre. Il pensait que les Anglais finiraient par abandonner l'île de Grande-Bretagne. « Si nos fils ne sont pas témoins de l'exode des Anglais d'Europe, nos petits-fils le seront », prophétisa-t-il.

préférée des femmes russes. Inquiet, il finit par se rendre à Paris et tenta de faire entendre raison à la belle abandonnée. Trouvant Dostoïevski trop froid, Pauline eut recours à des mesures plus héroïques. Un matin, elle arriva au chevet de mon père à sept heures tapantes, brandissant un énorme couteau qu'elle venait d'acheter, et déclara que son amant français était une crapule, et qu'elle avait l'intention de le punir en lui plantant ce couteau dans le torse, qu'elle se rendait chez lui, mais qu'elle avait d'abord voulu voir mon père, pour le prévenir du crime qu'elle était sur le point de commettre. Je ne sais si mon père tomba pour ce mélodrame vulgaire. En tout cas, il lui conseilla de laisser son grand couteau à Paris et de partir avec lui en Allemagne. Pauline accepta, c'était exactement ce qu'elle voulait. Ils se rendirent en Rhénanie et s'installèrent à Wiesbaden. Là, mon père joua avec passion à la roulette, fut ravi lorsqu'il gagna, et éprouva un désespoir à peine moins délicieux lorsqu'il perdit[1]. Ils allèrent ensuite en Italie, pays qui avait fasciné mon père auparavant, et visitèrent Rome et Naples. Pauline flirta avec tous les hommes qu'ils rencontrèrent, causant beaucoup d'angoisse à son amant. Mon père décrivit ce voyage extraordinaire dans *Le Joueur*. Il modifia le cadre, mais donna à l'héroïne le nom de Pauline.

Considérant cette phase de la vie de Dostoïevski, on se demande avec étonnement comment il se fait qu'un homme qui avait vécu de façon si irréprochable à vingt ans ait pu commettre de telles folies à quarante ans. Cela ne peut s'expliquer que par son développement physique anormal. À vingt ans, mon père était un écolier timide; à quarante ans, il traversa cette phase d'irresponsabilité juvénile dont la plupart des hommes font l'expérience. «Celui qui n'a pas fait de folies à vingt ans les fera à quarante ans», dit le proverbe, ce qui prouve que cette curieuse transposition des âges n'est pas aussi rare qu'on pourrait le supposer. Dans cette escapade de Dostoïevski se trouvait la révolte d'un honnête homme, d'un mari qui avait été fidèle à sa femme, alors qu'elle se moquait de lui avec son amant. Mon père voulait apparemment se prouver à lui-même qu'il pouvait lui aussi être infidèle à sa femme, mener la vie légère des autres hommes, jouer avec l'amour et s'amuser avec de jolies filles. De nombreux signes indiquent que c'était le cas. Dans *Le Joueur*, par exemple, Dostoïevski se dépeint sous les traits d'un précepteur. Rejeté par la jeune fille qu'il aime, ce précepteur part aussitôt à la recherche

---

1. Dostoïevski avait découvert la roulette lors de son premier voyage en Europe, et avait même gagné une somme d'argent considérable. Au début, le jeu ne l'attirait pas beaucoup. Ce n'est que lors de sa deuxième visite, accompagné de Pauline, qu'il développa une passion pour la roulette.

d'une courtisane qu'il méprise, et se rend avec elle à Paris, afin de se venger de la jeune fille, qu'il continue pourtant à aimer.

Outre la vengeance du mari trompé, il y avait une réelle passion dans ce roman de Dostoïevski. Voici ce que le héros du *Joueur* dit de Pauline : « Il y eut des moments où j'aurais donné la moitié de ma vie pour pouvoir l'étrangler. Je jure que si j'avais pu planter un couteau dans sa poitrine, je l'aurais fait avec exaltation. Et pourtant, je le jure également, par tout ce qui m'est sacré, si, au sommet de Schlangenberg, elle m'avait dit : « jette-toi au-dessus de ce précipice », je lui aurais obéi, et cela avec joie ».

Pourtant, tout en se vengeant sur Maria Dmitrievna avec Pauline, Dostoïevski prit toutes les précautions possibles pour que sa femme malade n'entende pas parler de l'affaire. Il voulait rétablir son propre amour-propre, mais il ne voulait pas infliger de peine à la malheureuse qui souffrait. Ses précautions s'avérèrent si efficaces que seuls ses relations et quelques amis intimes eurent connaissance de cet épisode. Mais cela explique le caractère de nombreuses héroïnes capricieuses et fantastiques de Dostoïevski. Aglaé dans *L'Idiot*, Lisa dans *Les Possédés*, Grushenka dans *Les Frères Karamazov* et plusieurs autres sont plus ou moins des Paulines. C'est dans cette histoire d'amour de mon père, je pense, que nous trouverons l'explication de l'étrange haine amoureuse de Rogogine pour Nastassia Philipovna.

Dostoïevski rentra à Saint-Pétersbourg à l'automne et apprit que la maladie de sa femme avait atteint le stade final. Pris de pitié pour la malheureuse[1], mon père oublia sa colère, et se rendit à Tver, il persuada sa femme d'aller avec lui à Moscou où elle pourrait bénéficier des meilleurs soins. L'agonie de Maria Dmitrievna dura tout l'hiver. Mon père resta à ses côtés et s'occupa de ses soins sans relâche. Il sortait rarement, tant il était absorbé par son roman, *Crime et châtiment*, qu'il était en train d'écrire à l'époque. Lorsque Maria Dmitrievna mourut au printemps, Dostoïevski écrivit quelques lettres à ses amis pour leur annoncer sa mort, la mentionnant avec respect. Il admit qu'il n'avait pas été heureux avec elle, mais prétendit qu'elle l'avait aimé malgré leurs désaccords. L'honneur de son nom avait toujours été cher à Dostoïevski, ce qui le mena à dissimuler la trahison de sa femme à ses amis. Seuls quelques proches savaient la vérité sur cette triste histoire. Mon père tenait également à cacher la vérité à cause de son beau-fils, Paul, qu'il

---

1. Tout au long de sa liaison avec Pauline, Dostoïevski n'a cessé de subvenir aux besoins de sa femme malade. Lorsqu'il voyageait en Italie, il écrivait souvent à son frère Mikhaïl, lui demandant de lui envoyer l'argent qui lui était dû pour les articles dans Vremya.

avait élevé dans le respect de ses parents décédés. Je me souviens d'une occasion, lors d'un dîner de famille, où Paul Issaïeff parla avec mépris de son père, déclarant qu'il n'avait été qu'une «guenille mouillée» entre les mains de sa femme. Dostoïevski s'était mis en colère, défendant la mémoire du capitaine Issaïeff, et interdisant à son beau-fils de parler ainsi de ses parents.

Comme je l'ai dit plus tôt, Dostoïevski avait eu l'intention d'épouser Pauline à la mort de sa femme. Mais depuis ses voyages en Europe, ses idées sur sa maîtresse avaient changé. D'ailleurs, Pauline était très peu encline à ce mariage, et souhaitait garder sa liberté de jolie fille. Ce n'était pas de mon père qu'elle se souciait, mais de sa renommée littéraire, et par-dessus tout, de son succès auprès des étudiants. Dès que Dostoïevski cessa d'être à la mode, Pauline l'abandonna. Mon père commença rapidement la publication de *Crime et châtiment*. Tout comme auparavant, les critiques s'abattirent sur les premiers chapitres de ce chef-d'œuvre, et aboyèrent le plus fort possible. L'un d'eux annonça au public que Dostoïevski avait insulté l'étudiant russe en la personne de Raskolnikov[1].

Cette absurdité, tout comme la plupart des absurdités, eut un grand succès à Saint-Pétersbourg. Les étudiants, qui avaient été de fervents admirateurs de Dostoïevski, se retournèrent contre lui. Voyant que mon père n'était plus populaire, Pauline ne souhaitait plus le voir. Elle dit qu'elle ne pouvait pardonner cet outrage envers l'étudiant russe, un être sacré à ses yeux, et le quitta. Mon père ne protesta pas, il n'avait plus d'illusions en ce qui concernait cette coureuse.

---

1. Dans son œuvre célèbre, Dostoïevski fit preuve d'une clairvoyance remarquable. Quelques jours avant la publication du premier chapitre de Crime et châtiment, un meurtre similaire à celui de Raskolnikov avait été commis. Un étudiant avait tué un usurier, croyant que «tout était légal». Les amis de mon père furent frappés par cette coïncidence, mais ses critiques n'y attachèrent aucune importance. Pourtant, la voyance de Dostoïevski aurait dû leur faire comprendre que, bien loin d'insulter nos étudiants, il se contentait de montrer quels ravages les utopies anarchistes, dont l'Europe nous abreuvait, faisaient dans leurs esprits immatures.

XI

Une amitié littéraire

Avec Pauline N., la période dévolue à la passion dans la vie de Dostoïevski toucha à son terme. Elle dura en tout et pour tout dix ans, de l'âge de trente-trois ans à l'âge de quarante-trois. L'amour africain de Maria Dmitrievna et la passion plus orientale de Pauline N. ne lui avaient pas laissé de souvenirs particulièrement plaisants, et, dans sa maturité, mon père en revint aux idéaux lituaniens de ses pères. Il commença à chercher une jeune fille chaste et pure, une femme vertueuse, qui serait une compagne fidèle. Ses deux idylles ultérieures furent des idylles d'affection, et non des sens. Considérons la première.

À l'époque en question, un riche propriétaire terrien, M. Korvin-Kronkovski, vivait au cœur de la Lituanie. Il appartenait à la noblesse lituanienne, et prétendait être un descendant de Corvinus, le roi plus ou moins mythique de la Lituanie païenne. Il était marié et avait deux filles qu'il avait soigneusement éduquées. La plus jeune des deux, Sophie[1], se maria plus tard avec M. Kovalevski, et fut professeur de mathématiques à l'Université de Stockholm, la première femme qui avait été admise à une telle position. L'aînée, Anna, une jolie fille de dix-neuf ans préférait la littérature. Elle était une grande admiratrice de mon père, et avait lu toutes ses œuvres. Le roman *Crime et châtiment* lui avait fait forte impression. Elle écrivit à Dostoïevski une longue lettre qui lui plut beaucoup. Il répondit promptement, et une correspondance qui s'étendit sur plusieurs mois s'ensuivit. Anna supplia ensuite son père de l'emmener à Saint-Pétersbourg afin qu'elle puisse faire la connaissance de son écrivain préféré. La famille entière arriva à Saint-Pétersbourg et prit un appartement richement meublé. Ils invitèrent immédiatement mon père, et se montrèrent charmants avec lui. Dostoïevski fut souvent reçu chez eux, et fit finalement une proposition de mariage à Anna Kronkovski. Il était veuf, et las de vivre seul. Maria Dmitrievna l'avait habitué à une

---

1. À l'époque dont je parle, Sophie avait quatorze ans, et elle ne joua pas le moindre rôle dans la vie de Dostoïevski.

maison bien tenue et au confort matériel que seule une femme peut donner à une maison. Il désirait des enfants, et réalisait avec effroi qu'il laissait derrière lui les années de sa jeunesse. Il n'était pas amoureux d'Anna, mais il l'appréciait comme une fille vive, aimable et bien élevée. Sa famille lituanienne lui plaisait. Mlle Kronkovski n'aimait pas non plus mon père, mais elle avait beaucoup d'admiration pour son talent. Elle consentit à devenir sa femme avec joie, mais leurs fiançailles furent néanmoins très brèves. Leurs opinions politiques différaient largement. Dostoïevski était de plus en plus patriote et monarchiste ; Anna Kron-kovski était cosmopolite et anarchiste. Tout allait bien tant qu'ils parlaient de littérature ; mais dès qu'ils abordaient des questions politiques, ils commençaient à se quereller et à se disputer. Cela arrive souvent en Russie, où les gens n'ont pas appris à parler de politique calmement. Le couple de fiancés s'aperçut éventuellement que leur mariage serait un enfer, et ils décidèrent de rompre leurs fiançailles. Mais ils n'étaient pas si disposés à renoncer à leur amitié. Après être retournée dans son pays, Anna continua d'écrire à mon père, et il lui répondit comme avant. L'hiver suivant, les Kronkovski vinrent à nouveau à Saint-Pétersbourg, et Dostoïevski fut à nouveau fréquemment invité chez eux. L'affection de mon père pour Mlle Kronkovski était au plus bas, mais une amitié littéraire est tout aussi nécessaire à un écrivain que l'amour lui-même. Quand ma mère fut fiancée à Dostoïevski, Anna Kronkovski fut la première à le féliciter chaleureusement. Peu après son mariage, elle se rendit à l'étranger avec ses parents et rencontra en Suisse un Français, M. J—, anarchiste comme elle. Ils passèrent de longues heures ensemble, détruisant le monde entier et le reconstruisant selon des lignes plus harmonieuses. Cette occupation leur était si agréable à tous les deux qu'ils finirent par se marier. Une opportunité de mettre leurs théories anarchistes en pratique se présenta bientôt. La Guerre franco-prussienne éclata, Paris fut assiégé, et la Commune établie.

Les deux J— prirent une part active aux événements.

Après avoir mis le feu à une précieuse collection d'art, qu'il était appa-remment nécessaire de détruire pour le bien de l'humanité, madame J— s'enfuit de Paris. Son époux fut arrêté et emprisonné. Ému par le déses-poir de sa fille, qui adorait son mari, M. Korvin-Kronkovski vendit une part de son domaine et se rendit à Paris, où il parvint à obtenir la libé-ration de son gendre en dépensant 100 000 francs. Pendant longtemps, le couple ne put revenir en France. Ils s'établirent à Saint-Pétersbourg, où madame J— continua d'être l'amie de mon père. Par considération pour celle qui fut sa fiancée, Dostoïevski reçut cordialement son époux communard, bien qu'il n'eût rien en commun avec lui. Madame J—, à son tour, devint une amie de ma mère. Son fils unique, Georges J—, fut l'un de mes compagnons de jeu.

Je pense que mon père fit le portrait de Mlle Kronkovski à travers Katia, la fiancée de Dmitri Karamazov. Katia n'est pas russe; elle est une vraie fille lituanienne, fière, chaste, ayant des idéaux élevés quant à l'honneur de la famille, se sacrifiant pour sauver celui de son père, fidèle à son fiancé et à sa mission de sauver Dmitri Karamazov en corrigeant les fautes de son caractère. Les filles russes sont bien plus simples. La passion orientale ou la pitié slave triomphent de toute autre considération avec elles.

XII

Chef de famille

Les affaires de mon oncle Mikhaïl devinrent particulièrement engagées à peu près au moment de la publication du célèbre roman de mon père, *Crime et châtiment*. La publication du journal *Vremya* fut interdite à cause d'un article politique mal compris par la censure. Quelques mois plus tard, Mikhaïl Dostoïevski obtint la permission de sortir un nouveau journal sous le nom d'*Epoha*, mais, comme cela arrive souvent en Russie, la seconde tentative ne fut pas aussi réussie que la première, bien que mon oncle eût obtenu la collaboration des mêmes journalistes. *Epoha* parut durant quelques mois, et disparut finalement faute de lecteurs. Ce fut un coup terrible pour Mikhaïl Dostoïevski. Sa santé, déjà compromise par l'alcoolisme, céda, et il mourut après une brève maladie. Comme beaucoup de ses compatriotes, mon oncle avait vécu fastueusement, et n'avait rien économisé, espérant laisser à ses enfants un journal qui apporterait des revenus conséquents. Ses fils étaient encore très jeunes, et n'avaient pas terminé leur éducation. Ils ne pouvaient par conséquent pas aider leur mère. Mon oncle laissait des dettes importantes derrière lui. D'après la loi russe, ces dettes étaient annulées par sa mort ; sa famille, n'ayant rien hérité, n'était pas obligée de les payer. Tout le monde fut donc stupéfait quand mon père informa les créanciers de Mikhaïl Dostoïevski qu'il se considérait comme responsable des dettes de son frère, et qu'il allait donc travailler dur pour les solder le plus tôt possible. Il promit en plus à sa belle-sœur de la soutenir financièrement, elle et ses quatre enfants, jusqu'à ce que ses fils puissent gagner leur vie. Les amis de mon père furent particulièrement alarmés quand ils entendirent sa résolution ; ils firent de leur mieux pour le dissuader de payer les dettes de son frère, pour lesquelles il n'était pas légalement responsable. Dostoïevski pensait qu'ils le poussaient à commettre un acte infamant. Ils ne parvinrent pas à se comprendre. Les camarades littéraires de mon père parlaient comme des Russes, Dostoïevski pensait comme un Lituanien. Il avait beau avoir appris à admirer la Russie, il vivait encore d'après la tradition lituanienne. La révérence envers la famille était l'une des idées que ses ancêtres tenaient des chevaliers teutoniques. À leur époque plus chevaleresque, la famille était un concept autrement plus étendu que pour nous. Tous ceux qui portaient le même nom étaient considérés comme des membres, et étaient responsables les uns des autres. L'honneur de la famille était leur idéal suprême; les hommes et les femmes ne vivaient que pour cela. À la mort du père, le fils aîné devenait la tête de la famille et la menait. En cas de mort prématurée, le fils cadet prenait sa place et héritait de toutes ses obligations. Dostoïevski n'admirait pas la beauté gothique de la cathédrale de Cologne pour rien; son âme même était gothique! Il considérait comme évident qu'il dût se sacrifier pour la famille de son frère, et assumer la responsabilité de toutes ses dettes. Quant à eux, les amis de mon père voyaient cette conduite comme fantastique, car dans la civilisation byzantine de la Russie, l'idée de famille est presque inexistante. Les gens se fatiguent plus ou moins pour leurs enfants, mais ils sont généralement indifférents au sort de leurs frères et sœurs. « Je n'ai pas contracté ces dettes, pourquoi devrais-je les payer? », se serait dit n'importe quel Russe à la place de mon père, et tout Russe aurait considéré sa détermination comme romantique à la limite de l'absurdité. Loin de se trouver ridicule en quoi que ce soit, mon père prenait ses devoirs de chef de famille très sérieusement. S'il sacrifiait sa vie en mémoire de son frère Mikhaïl, il s'attendait en retour à ce que ses neveux et nièces le voient comme leur guide et leur protecteur, et suivissent ses conseils. Cette attitude exaspérait les enfants de mon oncle. Ils étaient tout à fait prêts à vivre aux frais de leur oncle, mais ils n'étaient en rien enclins à lui obéir. Ils se moquaient de Dostoïevski derrière son dos, et le trompaient. L'une de ses nièces, sa préférée, avait un amant parmi les étudiants, un jeune homme plus ou moins insignifiant, qui haïssait Dostoïevski, « parce qu'il avait insulté l'étudiant russe en la personne de Raskolnikov. » Un jour, alors qu'ils discutaient de questions politiques, il parla d'une manière particulièrement irrespectueuse à mon père. Dostoïevski fut très en colère, et désirait que sa belle-sœur ne reçût plus à l'avenir l'impertinent jeune homme chez elle. Ils prétendirent obéir, mais ils recevaient secrètement le jeune homme. Dès qu'il finit ses études à l'Université et obtint un poste dans l'un des Ministères, il se dépêcha d'épouser ma cousine. Cette fille ingrate prit un malin plaisir à se marier clandestinement, sans inviter mon père au mariage, à une époque où Dostoïevski travaillait comme un esclave pour soutenir financièrement sa famille. Lorsqu'elle le croisa chez sa mère, la jeune mariée lui rit au visage, et le traita comme un vieil imbécile. Mon père fut profondément blessé par cette ingratitude. Il avait aimé sa nièce Marie comme si elle avait été sa propre fille, la caressant et l'amusant quand elle était petite, et montrant, plus tard, une grande fierté pour son talent musical et ses premiers exploits. L'époux de Marie allait bientôt réaliser l'erreur qu'il avait commise en se querellant avec le distingué écrivain. Six ou sept ans plus tard, quand mes parents revinrent de l'étranger, il essaya de rétablir des relations amicales, et d'intéresser mon père avec ses nombreux enfants. Dostoïevski consentit à revoir sa nièce, mais il ne pouvait lui redonner son affection, qui était morte.

La deuxième fille de la famille chagrina Dostoïevski plus profondément encore. Elle tomba amoureuse d'un scientifique de renom, qui avait été délaissé par sa femme. Cette femme, bien qu'elle aimât un autre homme, n'avait jamais accepté de divorcer, ce qui eût libéré son mari blessé. Ma cousine brava l'opinion publique et devint la maîtresse, ou, d'après le langage d'alors, «la femme civile» du savant, qui ne pouvait l'épouser. Elle vécut avec lui jusqu'à sa mort, pendant plus de vingt ans, et était considérée par tous ses amis comme sa véritable femme. En dépit du caractère sérieux de cette relation, mon père ne put jamais lui pardonner. Elle eut lieu quelques années après le mariage de mes parents, et ma mère me dit plus tard que Dostoïevski sanglotait comme un enfant quand il entendait parler du «déshonneur de sa nièce.» «Comment a-t-elle pu oser déshonorer son nom?» répétait mon père, pleurant amèrement. Il interdit à ma mère d'avoir affaire à la coupable, et je ne vis jamais cette cousine.

Comme on peut le supposer, mon père n'était pas heureux au milieu de gens incapables de le comprendre. Il était l'un de ces hommes, assez rares en ce temps-là, qui mouraient le cœur brisé si leurs fils se déshonoraient, ou si leurs filles tournaient mal. Ce sentiment de l'honneur dominait tous les autres avec lui. Sa conduite était guidée par les idées chevaleresques de ses ancêtres, tandis que ses neveux et nièces avaient oublié la culture européenne de leur famille, et préféraient la morale relâchée de la civilisation russe semi-orientale. Ils avaient, de plus, hérité de leur mère cette dureté du cœur que l'on rencontre si souvent parmi les Allemands des provinces baltiques.

Dostoïevski ne devait pas seulement subvenir aux besoins de la famille de son frère, mais également à ceux d'un frère plus jeune, Nikolaï, un malheureux dipsomane. Mon père avait vraiment pitié de lui, et était toujours bon avec lui, bien qu'il n'eût jamais pour Nikolaï la profonde affection qu'il ressentait pour Mikhaïl. Nikolaï était trop inintéressant; il ne pensait qu'à la bouteille. Dostoïevski aidait également sa sœur Alexandra, la seule de ses trois sœurs qui vivait à Saint-Pétersbourg; son mari invalide n'était pas en mesure de travailler. Elle ne montra aucune gratitude pour sa générosité, et se querellait sans cesse avec lui. En fait, le comportement de la famille tout entière était anormal. Plutôt que d'être fiers d'avoir un génie pour frère, ils le haïssaient parce qu'il avait rendu son nom célèbre. Mon oncle Andreï était le seul à être fier des dons littéraires de son frère ; mais il vivait à la campagne et ne venait que très rarement à Saint-Pétersbourg.

Odieuse comme pouvait l'être la famille de Dostoïevski, il leur pardonnait beaucoup de choses au nom de sa mère, et des souvenirs d'enfance et de jeunesse qu'ils avaient en commun. Il trouvait plus difficile d'endurer la malice et la perversion de son beau-fils, Paul Issaïeff, auquel il n'était rattaché par aucun lien du sang. Oisif et stupide, Paul n'avait jamais fait le moindre effort à l'école militaire où Dostoïevski l'avait placé, et l'école l'avait finalement renvoyé. Ce petit-fils d'esclave fut la victime de la gloire littéraire de son beau-père ; le succès des romans de Dostoïevski lui monta à la tête. Son arrogance et sa suffisance étaient tout aussi marquées que la modestie et la simplicité de mon père. Il traitait tout le monde dédaigneusement, et parlait sans cesse de son « papa », le célèbre romancier, bien qu'il se montrât très insolent envers son beau-père. Il pensait qu'étudier et se fatiguer était inutile ; son « papa » lui donnerait de l'argent, et il n'avait pas la moindre hésitation à en demander. Dostoïevski n'avait pas élevé judicieusement son beau-fils.

Absorbé par ses romans et son travail de journaliste, il n'était pas en mesure de consacrer beaucoup de temps au petit Paul, et, voyant que Maria Dmitrievna était cruelle et injuste avec l'enfant, ressentit beaucoup de pitié pour ce garçon sans père, et le gâta. Il lui donna trop de jouets et de friandises, et, plus tard, beaucoup plus d'argent de poche que ce qui était habituel pour les garçons de son âge. Il l'accoutuma ainsi à l'oisiveté et au luxe, et Paul Issaïeff ne parvint jamais à corriger ses fautes. Dostoïevski reconnaissait désormais qu'il n'avait pas élevé ce garçon intelligemment. « Un autre beau-père se serait montré plus sévère, et aurait fait de Paul un homme capable de servir son pays, » disait-il tristement à ses amis, et il garda le jeune homme bon à rien comme une punition du ciel pour un devoir négligé.

Quand ses parents de Saint-Pétersbourg l'éprouvaient trop sévèrement, Dostoïevski allait à Moscou pour se reposer dans la maison de sa sœur Véra, qui s'était mariée à un natif de Moscou, et avait une famille nombreuse. Ces enfants étaient plus simples et moins arrogants que ses neveux et nièces de Saint-Pétersbourg. Ils ne comprenaient pas le génie de leur oncle, mais ils l'aimaient pour sa gaieté et sa fraîcheur d'esprit. Il a décrit ces jeunes gens sous les traits de la famille Zahlebine dans son roman *L'Éternel mari*. Il y apparaît également, sous les traits de Veltshaninov, un homme de quarante ans, qui aime les enfants et prend plaisir à jouer, danser et chanter avec eux. Dostoïevski s'intéressa tout spécialement à ses nièces. Marie était l'élève préférée de Nicolas Rubinstein, le directeur du Conservatoire de Moscou. « Si elle avait une tête à l'égal de ses doigts, elle pourrait être une grande musicienne! », lui disait-il souvent à son propos. « La tête » semble lui avoir toujours fait défaut, dans la mesure où Marie ne devint jamais célèbre, bien qu'elle fût une pianiste accomplie et que mon père ne se lassât jamais d'écouter son jeu brillant. Il éprouvait plus d'affection encore pour sa nièce Sophie, une fille sérieuse et intelligente. Il croyait, sur quels fondements je l'ignore, qu'elle avait hérité son talent littéraire. Ma cousine Sophie parlait beaucoup du roman qu'elle avait l'intention d'écrire, mais elle ne trouva jamais de sujet à son goût. Quelques années après le mariage de mes parents, Sophie se maria également et abandonna ses ambitions littéraires.

Cet amour somme toute médiéval pour tous les membres de la grande famille de mon père tourmentait considérablement ma mère. Élevée dans la tradition russe, elle pensait que tout l'argent gagné par son époux devait d'autant plus être consacré à sa femme et ses enfants qu'elle faisait tout son possible pour l'aider dans ses travaux littéraires. Elle ne pouvait comprendre pourquoi mon père la privait de nécessités de base pour aider quelques membres de sa famille qui ne l'aimaient pas et étaient jaloux de sa renommée. Ce ne fut qu'après, quand mes frères et moi grandissions, que tout l'amour de Dostoïevski fut enfin concentré sur nous. Mais même là, il aida son frère Nikolaï jusqu'au jour de sa mort, ainsi que le pauvre Paul Issaïeff.

XIII

La famille de ma
mère et ses origines

D ostoïevski apprit bientôt ce que c'était d'avoir des dettes. À peine
avait-il signé les papiers acceptant les dettes de son frère que les
créanciers, qui auraient dû lui être reconnaissants d'accepter des
obligations que la loi déclarait nulles et non avenues, devinrent extrêmement insolents, exigeant une satisfaction immédiate de leurs prétentions,
et menaçant de le faire jeter en prison. Pour satisfaire les plus inexorables
d'entre eux, Dostoïevski s'endetta largement à son tour, entreprit de payer
des intérêts à un taux très élevé, et tomba entre les griffes d'un éditeur peu
scrupuleux, un certain Stellowski, qui acheta les droits pour une édition
complète de ses œuvres pour une somme dérisoire. Stellowski stipula en
outre que mon père devait ajouter à cette édition un nouveau roman d'un
certain nombre de pages. Celui-ci devait être livré le 1er novembre de cette
même année; si jamais il devait ne pas être achevé à cette date, Dostoïevski
perdrait ses droits d'auteur et ses œuvres deviendraient la propriété de Stellowski. Harcelé par les créanciers de son frère Mikhaïl, mon père fut forcé
d'accepter ces conditions outrageantes. Il mit de côté *Crime et châtiment*,
l'épilogue duquel n'était pas terminé, et se mit à travailler frénétiquement à
l'écriture de *Le Joueur*. Il travailla jour et nuit, à tel point que sa vue en fut
affectée. Il se trouva obligé de consulter un ophtalmologue, qui lui interdit
de travailler, lui disant qu'il deviendrait aveugle s'il persistait.

Mon père était désespéré. Octobre avait déjà commencé, et il n'y avait
rien, si ce n'est un brouillon de son roman. Les amis de Dostoïevski
étaient très inquiets à son sujet, et essayèrent de trouver quelque moyen
de lui venir en aide. «Pourquoi n'engagerais-tu pas un sténographe?»
lui dit A. Milinkoff. «Tu aurais pu lui dicter ton roman, et il aurait pu
l'écrire pour toi.» À cette époque en Russie, la sténographie était encore
une nouveauté. Un certain Ohlin l'avait étudiée à l'étranger et avait
juste démarré quelques classes, dans lesquelles il préparait à la hâte les

premiers sténographes russes. Mon père alla le voir, lui expliqua son cas, et demanda à Ohlin de lui envoyer un bon sténographe. «Malheureusement,» dit Ohlin, «Je ne peux vous recommander aucun de mes élèves. Je viens juste de démarrer ma classe au printemps, j'ai dû la fermer pour les vacances d'été, et durant ces trois mois, mes élèves ont oublié le peu qu'ils avaient appris. Je n'ai qu'une seule bonne élève, mais elle ne veut pas d'argent, et a commencé la sténographie plus comme un passe-temps que comme un gagne-pain. C'est encore une jeune fille, et je ne sais pas si sa mère lui permettra d'aller travailler chez un homme. Quoi qu'il en soit, je lui offrirai ce travail demain, et je vous ferai savoir ce qu'elle en dit.»

La jeune fille dont parlait Ohlin allait devenir ma mère. Avant de relater l'idylle de Dostoïevski, j'aimerais dire quelques mots à propos de la famille de sa seconde femme, qui fut son ange gardien pour les quatorze dernières années de sa vie. Mon grand-père maternel, Grigor Ivanovitch Snitkine, était d'origine ukrainienne. Ses ancêtres étaient des cosaques qui s'établirent sur les rives du Dniepr, près de la ville de Krementchoug. Ils s'appelaient Snitko. Quand l'Ukraine fut annexée par la Russie, ils allèrent vivre à Saint-Pétersbourg, et pour montrer leur fidélité à l'empire russe, ils abandonnèrent leur nom ukrainien Snitko en faveur de Snitkine. Ils firent cela en toute sincérité, sans esprit de flatterie ou de servilité. Pour eux, l'Ukraine avait toujours été la petite Russie, la petite sœur de la grande Russie qu'ils admiraient de tout cœur. À Saint-Pétersbourg, mes arrière-grands-parents continuèrent à vivre d'après la tradition ukrainienne. À cette époque, l'Ukraine était sous l'influence des prêtres catholiques, qui étaient réputés pour être les meilleurs éducateurs de tout le pays. Par conséquent, mon arrière-grand-père, bien qu'il appartînt à l'Église orthodoxe, plaça son fils Grigor dans un collège jésuite qui venait juste d'ouvrir à Saint-Pétersbourg.

Mon grand-père reçut là-bas une excellente éducation, comme souvent avec les Jésuites, mais tout le long de sa vie, il fut le moins jésuite des hommes. C'était un vrai Slave: faible, timide, gentil, sentimental et romantique. Dans sa jeunesse, il avait eu une grande passion pour la célèbre Asenkova, la seule authentique tragédienne classique que nous ayons eue en Russie. Il passait toutes ses soirées au théâtre, et connaissait ses monologues par cœur. À cette époque, les directeurs des théâtres impériaux permettaient souvent aux admirateurs des artistes de venir leur rendre visite en coulisse. La passion juvénile, timide et respectueuse de mon grand-père plut à Asenkova, et elle lui accorda diverses petites attentions. C'était à lui qu'elle tendait son bouquet et son châle quand elle montait sur scène pour réciter les magnifiques vers de Racine et de Corneille ; c'était son bras qu'elle prenait pour retourner, tremblante et exténuée, dans sa loge, tandis que le public conquis applaudissait frénétiquement son artiste bien-aimée. D'autres admirateurs suppliaient parfois Asenkova de leur accorder ces privilèges, mais elle déclarait toujours qu'ils revenaient à Grigor Ivanovitch. La pauvre Asenkova était faible et très malade ; elle était tuberculeuse, et mourut très jeune. Le désespoir de mon grand-père fut sans borne ; des années durant, il ne put pénétrer dans ce théâtre, dont il avait été un habitué. Il n'oublia jamais la grande actrice, et se rendit souvent sur sa tombe. Ma mère me dit un jour que quand elle était encore enfant, son père l'emmena elle et sa sœur aînée au cimetière, les fit s'agenouiller devant la tombe d'Asenkova, et leur dit : « Mes enfants, priez Dieu pour le repos de l'âme de la plus grande artiste de notre ère. »

J'avais supposé que cette passion de mon grand-père n'était connue que de notre seule famille. Je fus par conséquent vraiment stupéfait de la découvrir dans un journal historique, relatée par un vieil habitué. Il affirmait que la passion de mon grand-père n'était pas l'amour d'un jeune homme pour une jolie femme, mais de l'admiration pour le talent d'une grande artiste. Nous devons supposer qu'une telle passion est très rare en Russie, ou bien elle n'aurait pas tant impressionné le vieux chroniqueur. Il ajouta un détail qui m'était inconnu. Peu après la mort d'Asenkova, l'une de ses sœurs fit ses débuts de tragédienne. Le soir de la première performance, mon grand-père retourna au théâtre alors qu'il n'y avait pas été depuis la mort de son idole. Il écouta attentivement la jeune débutante, mais son jeu ne lui plut pas et il n'y retourna plus.

Mon grand-père était le genre d'homme à vieillir vite. Quand il avait trente-cinq ans, il avait perdu tous ses cheveux et la plupart de ses dents. Son visage était marqué et ridé, et il ressemblait à un vieillard. Ce fut cependant à cet âge qu'il se maria dans des conditions plutôt étranges.

Ma grand-mère maternelle, Maria Anna Miltopeus, était une Suédoise de Finlande. Elle disait que ses ancêtres étaient anglais, mais qu'ils avaient quitté leur pays au XVIIᵉ siècle à la suite des affrontements religieux. Ils s'établirent en Suède, épousèrent des Suédoises, et émigrèrent ensuite en Finlande, où ils achetèrent de la terre. Leur nom anglais devait être Miltope – ou peut-être Milton ! –, étant donné que la terminaison « us » est typiquement suédoise. En Suède, les hommes appartenant aux professions intellectuelles, écrivains, scientifiques, docteurs et clercs, avaient l'habitude d'ajouter la syllabe à leur nom. Je ne sais pas quelle était la vocation de mon grand-père Miltopeus ; je sais seulement qu'il rendit de tels services à son pays qu'il fut enterré à la cathédrale d'Abo, l'abbaye de Westminster de la Finlande, et qu'une stèle de marbre fut érigée en sa mémoire.

Ma grand-mère perdit ses parents alors qu'elle était encore très jeune, et fut élevée par ses tantes, qui ne la rendirent pas heureuse. En grandissant, elle devint très belle, plutôt dans le style normand. Grande et élancée, avec des traits réguliers d'une beauté classique, un teint lumineux, des yeux bleus, et de magnifiques cheveux dorés, elle suscitait l'admiration de quiconque la voyait. Maria Anna avait une voix ravissante ; ses amis l'appelaient « Christine Nilsson II. » Leurs compliments lui firent tourner la tête, et elle résolut de devenir chanteuse professionnelle. Elle se rendit à Saint-Pétersbourg, où ses frères servaient comme officiers dans l'un des régiments de la Garde impériale, et leur révéla son projet.

« Tu dois être folle ! » s'exclamèrent-ils. « Tu veux que nous soyons renvoyés du régiment ? Nos frères officiers ne nous permettraient pas de rester si tu devenais chanteuse professionnelle. » Il y a toujours eu à ce sujet une étiquette très stricte en Russie : un officier était obligé de démissionner avant d'épouser une artiste. Probablement aucun officier russe du temps de ma grand-mère n'avait de parents sur scène. Maria Anna sacrifia ses ambitions artistiques à la carrière militaire de ses frères. Elle le fit d'autant plus volontiers qu'après son arrivée à Saint-Pétersbourg, elle tomba amoureuse d'un de leurs camarades, un jeune officier suédois. Ils se fiancèrent et étaient sur le point de se marier quand la guerre éclata ; le Suédois fut envoyé au front, et fut l'un des premiers à tomber. Maria Anna était trop fière pour montrer son chagrin, mais elle avait le cœur brisé. Elle alla vivre avec ses frères, mais les hommes la laissaient indifférente ; ils avaient cessé d'exister pour elle. Ses belles-sœurs trouvèrent la présence de cette magnifique jeune fille, qui était extrêmement têtue et autoritaire, très irritante. À cette époque, aucune femme de bonne famille ne pouvait vivre seule ; elle était obligée de vivre avec sa famille. La seule manière de s'en débarrasser était de la marier. Ses belles-sœurs travaillèrent donc en ce sens ; elles organisèrent des fêtes et invitèrent de jeunes hommes. La jeune Suédoise, qui chantait de manière si émouvante, était très courtisée. Plusieurs prétendants se présentèrent. Maria Anna les rejeta l'un après l'autre. « Mon cœur est brisé, » disait-elle à sa famille. « Je ne peux aimer personne. » Les belles-sœurs étaient agacées par de tels discours, qui leur semblaient absurdes, et elles tentèrent de faire entendre raison à leur parente romantique. Un jour, alors qu'elles s'efforçaient de lui faire accepter une offre avantageuse, Maria Anna perdit son calme et s'exclama : « Vraiment, votre protégé me dégoûte tant, que si j'étais obligée d'épouser qui que ce soit, je préférerais épouser ce pauvre vieux Snitkine. Lui au moins est sympathique. » Maria Anna n'attachait aucune importance à ces mots imprudents. Ses belles-sœurs les saisirent immédiatement. Ils envoyèrent des amis dévoués voir mon grand-père, qui lui parla avec éloquence de la passion qu'il avait inspirée dans le cœur de Mlle Miltopeus. Mon grand-père fut particulièrement stupéfait. Il admirait certainement la belle Suédoise, et écoutait ses airs d'opéra avec délice, mais il ne lui était jamais passé par la tête qu'il put avoir une chance avec cette jolie fille. Maria Anna ne l'avait jamais remarqué ; elle souriait distraitement quand elle passait devant lui, mais lui parlait rarement. Cependant, si elle l'aimait vraiment comme ils le disaient, il était tout à fait prêt à l'épouser.

Les belles-sœurs de Maria Anna lui exposèrent la demande de mon grand-père de manière triomphante. La pauvre fille était très alarmée. « Mais je ne vais pas épouser ce vieux gentleman, » dit-elle. « Je ne l'ai mentionné que comme terme de l'alternative, pour vous faire réaliser combien l'autre prétendant m'était odieux. » Cette explication venait trop tard. Les parents de Maria Anna lui dirent sévèrement qu'une fille bien éduquée ne devrait jamais prononcer de paroles imprudentes ; qu'il était acceptable de rejeter un prétendant qui faisait une offre sans savoir comment elle serait prise, mais que refuser une offre après l'avoir invitée revenait à insulter un homme honorable qui ne méritait certainement pas ce genre de traitement ; que Maria Anna avait vingt-sept ans, que ses frères ne pourraient pas s'occuper d'elle indéfiniment, et qu'il était temps de penser sérieusement à son avenir. Ma grand-mère voyait bien que ses belles-sœurs lui avaient tendu un piège, et elle se résigna à accepter l'inévitable. Heureusement, le « pauvre M. Snitkine » ne lui était pas antipathique.

Le mariage de ces deux rêveurs ne tourna pas mal. Mon grand-père n'oublia jamais la célèbre Asenkova, et ma grand-mère chérissait le souvenir de son amant blond qui était tombé au champ d'honneur ; quoi qu'il en soit, ils eurent plusieurs enfants. Leurs personnalités leur convenaient ; ma grand-mère était autoritaire, son mari était timide ; elle ordonnait, il obéissait. Néanmoins, pour les affaires qu'il considérait comme réellement importantes, il réussit à imposer sa volonté. Il souhaitait que sa femme changeât de religion, car il pensait que leurs enfants ne pourraient pas être élevés comme de bons chrétiens si leurs parents professaient des fois différentes. Ma grand-mère devint orthodoxe, mais continua à lire l'Évangile en suédois. Plus tard, quand les enfants commencèrent à parler, mon grand-père défendit à sa femme de leur enseigner sa langue maternelle. «C'est déplaisant pour moi de vous entendre parler suédois ensemble, quand je ne peux vous comprendre,» dit-il. Cet embargo fut très désagréable pour ma grand-mère, qui ne put jamais apprendre à parler russe correctement. Toute sa vie, elle s'exprima dans un idiome imagé qui faisait sourire ses amis. Quand quelque chose d'important devait être dit, elle préférait parler allemand à ses enfants.

Après leur mariage, mes grands-parents vécurent d'abord en pension, comme les gens avaient coutume de le faire à Saint-Pétersbourg. Mais ce mode de vie ne plaisait pas à ma grand-mère, qui avait été habituée à une demeure plus spacieuse en Finlande. Elle persuada son mari d'acheter un bout de terrain qui était en vente de l'autre côté de la Neva, dans un quartier isolé non loin du monastère de Smolny. Là, elle fit bâtir une grande maison, entourée d'un jardin. Au milieu de Saint-Pétersbourg, elle vivait comme si elle était à la campagne. Elle avait ses propres fleurs, ses propres fruits et ses propres légumes. Elle n'aimait pas la famille ukrainienne de son mari, et les recevait seulement durant les fêtes de famille. En revanche, tous les Suédois qui étaient de passage à Saint-Pétersbourg, et qui connaissaient l'un ou l'autre de ses nombreux cousins de Finlande, venaient la voir, déjeuner, dîner et parfois passer la nuit. La maison était grande et contenait plusieurs chambres d'amis. Quand ils retournaient en Suède, les amis de ma grand-mère invoquaient ses bonnes grâces pour leurs enfants, qu'ils avaient placés dans différents établissements impériaux : des fils qui allaient devenir des officiers de l'armée russe. Lors des festivals de Noël et de Pâques, la maison et le jardin faisaient écho aux rires et au bavardage suédois de petites écolières, de pupilles de l'École des cadets et de timides jeunes officiers qui n'étaient pas encore capables de parler russe couramment et étaient contents de trouver un bout de Finlande dans l'étrange capitale. Comme toutes les femmes d'origine germanique, ma grand-mère ne s'intéressait que peu à son nouveau pays, et ne pensait qu'aux intérêts de ceux de sa propre race.

Cette Finlande qui envahissait la maison de ses parents ne rencontra pas la faveur de ma mère. Les femmes suédoises, avec leur profil sévère, raide, leurs manières cérémonieuses et leur langage inconnu, l'effrayaient. La petite Anna trouvait refuge auprès de son père, à qui elle ressemblait, et dont elle était la préférée. Il l'emmenait à l'Église, et visitait les maisons religieuses de Saint-Pétersbourg avec elle. Chaque année, elle l'accompagnait lors d'un pèlerinage au célèbre monastère de Valaam, sur les îles du lac Ladoga. Ma mère eut toute sa vie de tendres souvenirs de cette âme douce, simple et sentimentale. Elle devint religieuse comme lui, et resta fidèle à l'Église orthodoxe. Les nouvelles idées religieuses, que ses amis s'étaient empressés d'adopter, n'eurent pas de prise sur elle ; ma mère avait une meilleure opinion de la sagesse des premiers Pères de l'Église que de celle des écrivains en vogue. Comme son père, elle aimait la Russie passionnément, et ne put jamais pardonner à sa mère l'indifférence, frisant le dédain, qu'elle manifestait envers le pays de son père. Ma mère se considérait comme totalement russe. Et pourtant, elle n'était qu'à moitié slave ; son caractère était beaucoup plus suédois. L'indolence rêveuse de la femme russe lui était inconnue ; elle fut active toute sa vie ; je ne la vis jamais assise les bras croisés. Elle trouvait toujours de nouvelles occupations, qui l'absorbaient et dont elle tirait généralement profit. Elle n'avait rien de l'ouverture d'esprit des femmes russes, que ces dernières entretiennent par des lectures variées ; mais elle avait l'esprit pratique qui manque à la plupart de ses compatriotes. Cette disposition fit forte impression sur ses amies ; plus tard, durant son veuvage, elles la consultaient avec leurs difficultés, et les conseils qu'elle leur donnait étaient généralement bons. Ma mère hérita également de ses ancêtres suédois certains des défauts de leurs qualités. Son estime d'elle-même était toujours excessive, presque maladive ; un rien l'offensait, et elle devenait facilement la victime de ceux qui la flattaient. Elle était plus ou moins mystique, croyait aux rêves et aux pressentiments, et avait jusqu'à un certain point le curieux don de seconde vue possédé par les Normands. Elle faisait toujours des prédictions sur le ton de la plaisanterie, sans attacher aucune importance à ce qu'elle disait, et était toujours la première à être stupéfaite et presque alarmée quand ses prédictions, souvent d'une nature fantastique et improbable, se réalisaient, comme par magie. Cette seconde vue la déserta complètement autour de sa cinquantième année, en même temps que l'hystérie qui avait ravagé son enfance. Sa santé avait toujours été fragile ; elle était anémique, nerveuse et agitée, et avait souvent des crises d'hystérie. Cette névrose était aggravée par l'indécision caractéristique des Ukrainiens, qui les fait hésiter entre douze alternatives possibles, et les conduit à transformer les circonstances les plus triviales en drames, et souvent en mélodrames.

XIV

L'enfance de ma mère

andis que leurs enfants grandissaient, deux camps hostiles se formèrent dans la maison de mes grands-parents, comme cela arrive souvent quand père et mère sont de race différente. Le camp suédois était composé de ma grand-mère et de sa fille aînée, Maria, une jeune personne, particulièrement arrogante ; le camp ukrainien comptait mon grand-père et son enfant préféré, Anna. Les Suédois commandaient et les Ukrainiens obéissaient à contrecœur. Mon oncle Jean servait d'intermédiaire entre les belligérants. Il avait hérité de la beauté normande de sa mère et du caractère ukrainien de son père, et était aimé de l'un comme de l'autre de ses parents.

Ma tante Marie était une magnifique créature, grande et élancée, avec des yeux bleus et de beaux cheveux dorés. Elle eut beaucoup de succès et d'innombrables prétendants. Elle fit un mariage d'amour en épousant le professeur Paul Svatkovski, auquel la grande-duchesse Maria avait confié l'éducation de ses enfants orphelins, les ducs de Lichtenberg. À l'époque du mariage de ma tante, les jeunes princes avaient fini leurs études, mais M. Svatkovski continuait à vivre au palais de la grande-duchesse en tant qu'ami. Ma tante s'installa là-bas ; elle avait des amis aristocrates, de belles robes et de bonnes voitures. Quand elle rendait visite à sa famille, elle adoptait un ton plus hautain que jamais. Elle traitait sa jeune sœur comme une petite écolière, ce qui n'était, peut-être, pas si surprenant, car ma mère était toujours au lycée. Son estime d'elle-même maladive fut blessée par le ton autoritaire de sa sœur aînée. Elle était fière, et n'aimait pas vivre sous tutelle, rêvant d'indépendance. Une grande vague de libéralisme déferlait alors sur la Russie. Les jeunes filles russes, qui avaient jusqu'alors été éduquées plus ou moins à la française, refusaient désormais d'accepter les époux que leurs parents choisissaient pour elles, et de se consacrer à la vie mondaine. Leurs mères avaient dansé à l'excès ; leurs filles méprisaient les bals, et préféraient les cercles littéraires ou les lectures scientifiques. Elles riaient de romans et

étaient pleines d'enthousiasme pour les travaux de Darwin. Elles devenaient insouciantes dans leur tenue, coupaient leurs cheveux pour gagner du temps, mettaient des lunettes, et portaient des robes noires et
des chemises d'homme. C'était leur rêve d'aller étudier à l'université.
Quand leurs parents s'opposaient à leurs souhaits, elles s'enfuyaient avec
des étudiants idéalistes, qui se mariaient avec elles pour les sauver de
« l'odieux despotisme des parents. » Ces mariages étaient généralement
platoniques; le couple vivait séparé et ne se voyait que rarement. Mais
en guise de compensation, la jeune épouse choisissait un amant parmi
les étudiants de l'Université et vivait avec lui dans un « mariage civil. »
L'amour libre semblait être l'amour idéal pour ces jeunes créatures insouciantes. Certains d'entre eux allèrent encore plus loin. Des garçons
et des filles se réunissaient pour louer de grandes demeures et fondaient
des communes dans lesquelles toutes les femmes appartenaient sans
distinction à tous les hommes. Ils étaient très fiers de cette institution
grotesque, dont ils pensaient naïvement qu'elle était le dernier mot en
matière de civilisation humaine. Ils n'étaient pas au courant qu'ils revenaient en fait à la condition des tribus antédiluviennes parmi lesquelles
le mariage était inconnu.

Élevée comme elle l'avait été, ma mère ne pouvait évidemment pas
prendre part à cette folie. Une fille obéissante de l'Église orthodoxe, elle
considérait l'amour libre comme un péché mortel. Les cheveux courts
et les lunettes lui paraissaient affreux. Elle aimait les beaux habits et les
coiffures gracieuses. Elle essaya bien de lire Darwin, mais elle trouvait
cela très fastidieux; elle ne trouvait pas l'idée d'une parenté simiesque
très attrayante. Son imagination était enflammée par les poèmes et les
romans des auteurs russes. Elle n'avait aucun désir de s'enfuir avec un
étudiant; elle préférait quitter la maison de ses parents au bras de son
époux, avec la bénédiction de son père et de sa mère. Dans tout ce
nouveau mouvement vers la liberté, ma mère ne prit que ce qu'il y avait
de vraiment bon, le travail, et l'indépendance qu'il offrait à ceux qui
le prenaient sérieusement. Elle étudia assidûment à l'école, et reçut en
partant une médaille d'argent dont elle était très fière. Elle suivit un
temps des études supérieures, organisées par les parents de ses camarades
d'école. Le comportement des filles à l'Université devenait si scandaleux
que beaucoup de parents alarmés se réunirent pour former des classes
privées, dans lesquelles les professeurs donnaient des leçons à leurs filles,
les incitant ainsi à poursuivre leurs études, tout en les préservant de la
contamination. Ma grand-mère en faisait partie; mais les études supérieures n'avaient pas d'attrait pour ma mère. Elle ne s'intéressait pas à

la science, et ne voyait pas en quoi elle pouvait lui être bénéfique. Les jeunes Russes penchent pour tout ce qui est vague dans leurs aspirations : ils étudient pour développer leur esprit, pour mieux comprendre la vie, pour apprécier plus pleinement la littérature. Ces objectifs abstraits ne présentaient pas d'attrait pour l'esprit pratique de ma mère. Ce qu'elle voulait, c'était apprendre un métier grâce auquel elle pourrait gagner de l'argent pour acheter des livres et des billets d'entrée pour le théâtre, et plus tard pour voyager. Ma grand-mère, qui contrôlait les dépenses, n'aimait pas dépenser de l'argent pour des choses qu'elle considérait comme inutiles ; ma mère, de son côté, n'aimait pas devoir quémander chaque centime ; elle préférait gagner sa vie elle-même. Elle vit dans un journal une annonce de M. Ohlin, dans laquelle il promettait à ceux qui feraient de bons progrès dans ses cours de sténographie des postes au tribunal, aux réunions de sociétés savantes, aux congrès, et, en bref, à tous les endroits où un compte-rendu rapide était désirable. Cette idée plaisait à ma mère. Elle s'inscrivit au nouveau cours et travailla industrieusement. Cette science purement mécanique eût été déplaisante pour une fille à l'imagination fertile, mais ma mère, qui en manquait singulièrement, la trouva très intéressante. À cette époque, son père était gravement malade, et avait été alité depuis des mois. Quand elle revenait de ses leçons, elle allait immédiatement le voir. Il se tenait, soutenu par des oreillers, tournant les pages de ses cahiers avec des doigts tremblants, et lui demandant le sens de ces signes mystérieux. Le pauvre invalide était enchanté que sa préférée eût enfin trouvé une occupation qui lui plaisait. Il mourut quelques semaines plus tard ; ma mère fit son deuil avec passion, et se consacra plus que jamais à sa sténographie pour se changer l'esprit. L'intérêt que son père avait manifesté pour ses études était une motivation supplémentaire. Quand les vacances arrivèrent et que les cours s'arrêtèrent, ma mère craignit d'oublier la sténographie durant l'été. Elle proposa par conséquent à M. Ohlin de transcrire des livres et de les lui envoyer afin qu'il les corrigeât. Ohlin, qui l'avait déjà remarquée parmi les autres élèves, y consentit volontiers. Ma mère travailla beaucoup durant l'été, et à l'automne, elle était la meilleure de sa classe. Elle était donc la seule sténographe qu'Ohlin pouvait recommander à Dostoïevski. Il avait de bonnes raisons de craindre l'opposition de ma grand-mère, qui, comme toutes les Suédoises de son temps, était une gardienne féroce des usages. Cependant, la renommée littéraire de mon père arrangea tout.

Il se trouvait que Dostoïevski était l'auteur préféré de mon grand-père, qui était devenu l'un de ses admirateurs à la sortie de son premier roman, et avait suivi sa carrière littéraire avec grand intérêt. Quand Dostoïevski avait été condamné aux travaux forcés, mon grand-père pensait qu'il avait disparu pour toujours. Il resta fidèle à son souvenir et parlait souvent de lui à ses enfants. « Les auteurs modernes ne valent rien, » disait-il. « Dans ma jeunesse, ils étaient autrement plus sérieux. Le jeune Dostoïevski par exemple ! Quel talent magnifique, quelle âme sublime ! Quel dommage que sa carrière littéraire ait été brisée si jeune ! » Quand Dostoïevski recommença à écrire, cela raviva l'admiration de mon grand-père. Il s'abonna à toutes les revues dans lesquelles les œuvres de mon père apparaissaient, et les lisait avec enthousiasme. Ses enfants, qui n'étaient que des nourrissons à l'époque de ses premiers succès, partageaient maintenant l'admiration de leur père. *Humiliés et offensés* marqua profondément leurs jeunes esprits. Quand le nouveau numéro du périodique sortait, toute la famille guettait frénétiquement l'arrivée du facteur. Mon grand-père s'emparait de la revue le premier, et partait la lire dans son bureau. S'il la posait, ma mère s'y glissait, la cachait sous sa blouse d'écolière et courait la lire dans le jardin, sous l'ombre de son arbre préféré. Ma tante Maria, qui n'était alors pas encore mariée, la prenait parfois en flagrant délit, et lui prenait le livre, invoquant ses droits en tant qu'aînée. Toute la famille de mon grand-père se battait pour *Humiliés et offensés*, pleurant des peines de Natalia et de la petite Nelly, et suivant l'évolution du drame avec angoisse. Seule ma grand-mère ne manifestait aucun intérêt. Elle n'aimait pas les romans et n'en lisait jamais ; la politique l'absorbait totalement. Je me souviens d'elle plus tard, quand elle avait soixante-dix ans, lisant le journal avec ses lunettes. Elle suivait les événements politiques en Europe et en parlait continuellement. Le mariage du prince Ferdinand de Cobourg occupait une bonne part de ses pensées. La princesse Clémentine trouverait-elle un bon parti parmi les princes d'Europe ? Cette question capitale préoccupait beaucoup ma pauvre grand-mère...

Mon grand-père avait toujours parlé de Dostoïevski comme de l'écrivain de sa jeunesse, et ma grand-mère était convaincue que son auteur préféré était un très vieux gentleman. Quand Ohlin proposa à ma mère de travailler pour Dostoïevski, elle fut très flattée et accepta avec joie. Ma grand-mère, voyant le romancier comme un vieil homme distingué, n'eut pas d'objection. Le jour où ils étaient censés commencer à travailler ensemble, ma mère se coiffa discrètement, et regretta pour la première fois de ne pas avoir de lunettes à mettre sur son nez. Sur le chemin de la maison de son employeur, elle essaya d'imaginer ce à quoi allait ressembler la première session. « Nous allons travailler une heure, » pensait-elle,

« et ensuite nous parlerons de littérature. Je lui dirai combien j'admire son génie, et qui sont mes héroïnes favorites... Je ne dois pas oublier de lui demander pourquoi Natalia n'épouse pas Vania, qui l'aimait si profondément... Peut-être ferais-je bien de critiquer certaines scènes, afin de montrer à Dostoïevski que je ne suis pas une petite pimbêche, et que je connais quelque chose à la littérature... » Malheureusement, la rencontre dissipa toutes les rêveries naïves de ma mère. Dostoïevski avait eu une crise d'épilepsie la veille ; il était distrait, nerveux, péremptoire. Il semblait plus ou moins inconscient des charmes de sa jeune sténographe, et la traita comme une sorte de machine à écrire. Il lui dicta le premier chapitre du roman d'une voix rude, se plaignit qu'elle n'écrivait pas assez vite, lui fit lire à voix haute ce qu'il avait dicté, la réprimanda, et déclara qu'elle ne l'avait pas compris. Se sentant fatigué après cette attaque, il la renvoya sans cérémonie, lui disant de revenir le lendemain à la même heure. Ma mère fut très blessée ; elle avait été habituée à un traitement très différent de la part des hommes. Sans être jolie, elle était fraîche, gaie et aimable, et très attirante aux yeux des jeunes hommes qui fréquentaient la maison de ma grand-mère. À dix-neuf ans, elle était en effet toujours une enfant. Elle ne réalisait pas qu'une femme qui travaille pour de l'argent ne serait jamais traitée comme une ingénue flirtant avec les invités dans le salon de sa mère. Elle rentra à la maison, très en colère, et résolut ce soir-là d'écrire une lettre à Dostoïevski le lendemain, lui expliquant que sa santé délicate ne lui permettrait pas de continuer son travail sténographique. Après avoir passé la nuit, elle en vint cependant à la conclusion que, quand quelqu'un entreprenait une tâche, il se devait de l'achever ; que son professeur pourrait être agacé si elle avait refusé par simple caprice le premier poste qu'il lui avait trouvé, et ne la recommanderait peut-être plus ; que *Le Joueur* devait être fini d'ici le 1er novembre, et qu'elle ne serait plus alors sous aucune obligation de continuer à travailler pour cet auteur pinailleur. Elle se leva, recopia soigneusement ce que Dostoïevski lui avait dicté la veille, et se présenta chez lui à l'heure convenue. Elle eût été très alarmée si qui que ce soit lui avait prédit ce jour-là qu'elle transcrirait les romans de Dostoïevski pendant quatorze ans.

XV

Les fiançailles

Ma mère possédait l'un de ces albums aux pages roses, bleues et vertes auquel les jeunes filles confient chaque soir les grands événements de leur vie. Ma mère était d'autant plus prompte à ouvrir le sien qu'elle pouvait sténographier ses impressions, et donc écrire beaucoup de choses en peu de temps. De sa jeunesse, elle avait gardé ce simple journal, et cela lui permit de se rappeler de l'histoire de ses fiançailles et de sa lune de miel presque au jour le jour. Ces souvenirs intéressants étaient sur le point d'être révélés quand la Grande Guerre éclata, et qu'il fut nécessaire de remettre leur publication à une saison plus propice. Je ne priverai pas ma mère du plaisir de décrire cette période importante de son existence. Je me contenterai de retracer approximativement cette phase de la vie de Dostoïevski, et de dépeindre l'idylle de mes parents de mon propre point de vue, et d'après ma propre estimation de leurs caractères.

S'étant remise de sa première blessure à son orgueil, ma mère résolut de travailler vaillamment, et alla tous les jours noter *Le Joueur*, à partir de la dictée de mon père. Dostoïevski devint graduellement conscient que sa machine Remington était une charmante jeune fille, et une ardente admiratrice de son génie. L'émotion avec laquelle elle parlait de ses héros et de ses héroïnes fit plaisir au romancier. Il trouvait sa jeune sténographe très sympathique, et prit l'habitude de lui confier ses problèmes, lui parlant de la manière que les créanciers de son frère avaient de le harceler, et des affaires compliquées de sa grande famille. Ma mère écoutait avec surprise et consternation. Son imagination puérile s'était représentée le distingué écrivain entouré d'admirateurs formant une sorte de garde du corps autour de lui, le préservant de tous les dangers qui pourraient menacer sa santé ou interférer avec la création de ses chefs-d'œuvre. À la place de cet agréable tableau, elle voyait un homme malade, fatigué, mal nourri, mal logé, mal servi, traqué sans merci par des créanciers comme une bête sauvage, et exploité sans pitié par des parents égoïstes. Le grand écrivain n'avait que quelques amis, qui étaient contents de lui donner leurs conseils, mais ne se fatiguaient pas à informer le public russe ou le gouvernement russe de la situation désastreuse à laquelle cet homme de génie était réduit, et de l'abysse qui menaçait d'engloutir ses splendides talents. L'esprit généreux de ma mère fut rempli d'indignation quand elle réalisa la négligence et l'indifférence qui entouraient le grand Russe. Elle conçut l'idée de protéger Dostoïevski, de partager le lourd fardeau qu'il avait endossé, de le sauver de ses parents avides, de l'aider dans son travail, et de le conforter dans son chagrin. Elle n'était pas vraiment amoureuse de cet homme, qui était plus âgé qu'elle de vingt-cinq ans. Mais elle comprit la beauté de l'âme de Dostoïevski aussi soudainement que son père avait compris autrefois la pureté de celle d'Asenkova, et révérait son génie comme son père avait révéré celui de la jeune tragédienne. Tout comme mon grand-père considérait Asenkova comme la plus grande artiste de son siècle, ma mère n'admettait jamais qu'il y eut un romancier qui fut l'égal de Dostoïevski, non seulement en Russie, mais dans le monde entier. Dans ces deux dévotions, qui se ressemblent tant, il y avait quelque chose de cet amour grec de l'art, un sentiment rare en Russie, que les Ukrainiens ont peut-être hérité des colons grecs sur les rives de la mer Noire. Mais ma mère était seulement à moitié ukrainienne ; elle possédait également le sens russe de la compassion, et elle ressentait la pieuse pitié de notre race pour cet homme de génie qui était si doux, si confiant, qui ne pensait jamais à lui, et était toujours prêt à donner tout ce qu'il avait aux autres. Jeune et forte, elle désirait protéger le célèbre écrivain, dont le déclin approchait. Ses dettes et ses nombreuses obligations auraient pu effrayer un esprit timide. Mais le sang normand de ma mère la destinait au conflit ; elle était prête à combattre le monde entier.

Une fille russe à la place de ma mère se serait perdue dans les nuages, et aurait passé son temps à rêver de toutes les circonstances héroïques dans lesquelles elle donnerait sa vie à Dostoïevski. Ma mère, plutôt que de rêver, se mit énergiquement au travail, et commença par le sauver des griffes de son éditeur. Elle supplia Dostoïevski de prolonger leurs dictées, passait la nuit à recopier ce qu'elle avait noté la journée, et travailla avec tant d'ardeur que *Le Joueur* fut prêt à la date fixée par Stellowski, qui était fort chagriné de voir que sa proie s'était échappée du piège qu'il lui avait préparé. Dostoïevski était tout à fait conscient qu'il n'aurait pas pu écrire son roman si vite si ce n'est grâce à l'aide de ma mère, et il lui fut profondément reconnaissant de l'intérêt passionné qu'elle témoignait pour ses affaires. Il ne pouvait supporter l'idée de se séparer d'elle, et lui proposa de travailler ensemble sur les derniers chapitres de *Crime et châtiment*, qui n'étaient pas encore achevés. Ma mère accepta volontiers. Pour célébrer la conclusion heureuse de leur première entreprise, elle invita mon père à prendre le thé, et le présenta à sa mère. Ma grand-mère, qui pouvait lire dans le cœur de sa fille comme dans un livre ouvert, et qui avait prédit depuis longtemps comment allaient se terminer ses activités sténographiques, reçut Dostoïevski comme un futur gendre. Ce petit bout de Suède recréé en Russie ravit mon père ; il lui rappelait probablement le petit bout de Lituanie recréé par son père à Moscou, dans lequel il avait passé son enfance. Dostoïevski vit dans quelle atmosphère austère sa jeune sténographe avait été élevée, et combien elle différait grandement des jeunes filles d'alors, qui menaient des vies de prostituées sous prétexte de liberté. Il commença à envisager d'épouser sa jeune assistante, bien qu'il ne fût, encore une fois, pas plus amoureux d'elle que ma mère ne l'était de lui. Comme beaucoup de gens du nord, il avait un tempérament plutôt froid ; il fallait les artifices africains de Maria Dmitrievna ou l'effronterie de Pauline pour susciter en lui une passion. Une jeune fille bien élevée qui ne dépassait jamais les limites d'une innocente coquetterie ne troublait évidemment pas ses sens. Mais il pensait que cette fille éduquée sévèrement serait une excellente mère de famille, et c'était ce qu'il cherchait depuis longtemps. Il hésita pourtant à faire sa demande. Le fait est que ma mère semblait très enfantine à mon père. Elle avait à peu près le même âge qu'Anna Kronkovski, mais elle était nettement moins mature et sûre d'elle que la jeune anarchiste. Les idées politiques, morales et religieuses de Mlle Korvin-Kronkovski étaient toutes clairement définies. Elle était une critique virulente d'un monde que Dieu avait si mal conçu et exécuté si défectueusement, et était tout à fait prête à corriger les erreurs du Créateur. Ma mère s'inclinait avec révérence en présence de la volonté du seigneur, et ne trouvait rien à redire à son œuvre. Ses idées sur la vie étaient encore très vagues ; elle agissait plutôt par instinct qu'avec réflexion. Quand elle parlait à Dostoïevski, elle riait et plaisantait comme l'enfant qu'elle était. Mon père souriait en l'écoutant, et se disait à lui-même, alarmé : « Que vais-je faire avec pareil bébé à surveiller ? » Cette jeune fille, qui il y a un an à peine portait encore une blouse d'écolière, ne lui semblait pas suffisamment mature pour le mariage. Il est probable que Dostoïevski eût hésité longtemps, si un rêve prophétique n'avait pas hâté sa décision. Il rêva qu'il avait perdu quelque objet de valeur ; il le cherchait partout, retournant des placards, jetant partout et impatiemment des choses inutiles, qui étaient étalées par terre dans sa chambre. Puis soudainement, il vit en bas d'un tiroir un tout petit diamant, d'un éclat si brillant qu'il éclairait toute la pièce.

Il le fixait avec incrédulité : comment la pierre précieuse avait-elle pu arriver dans ce tiroir ? Qui l'avait mise là ? Soudain, comme cela arrive souvent dans les rêves, mon père comprit que le petit diamant qui brillait avec tant de lustre était sa petite sténographe. Il se réveilla de très bonne humeur et profondément ému. « Je vais la demander en mariage aujourd'hui, » se dit-il. Il ne regretta jamais sa décision...

Après ses fiançailles avec ma mère, Dostoïevski allait lui rendre visite tous les jours, mais ne se hâta pas d'annoncer son mariage imminent à sa famille. Il ne savait que trop bien comment ils accueilleraient la nouvelle. Son beau-fils fut le premier à découvrir le secret. La « trahison » de son beau-père le remplissait de consternation ! Ce vaurien indolent avait arrangé sa vie d'une manière si satisfaisante ! Son beau-père allait travailler et lui allait s'amuser ; et il hériterait plus tard des œuvres de Dostoïevski et vivrait des revenus qu'elles généraient. Et maintenant, une jeune fille que son beau-père connaissait à peine perturbait tous ces agréables plans ! Paul Issaïeff était particulièrement indigné. Il mit des lunettes, comme il faisait toujours quand il voulait avoir l'air important, et dit à son beau-père qu'il désirait lui parler sérieusement. Il le mit en garde contre les passions désastreuses des vieillards, lui fit remarquer tout le malheur que ce mariage avec une jeune fille lui apporterait, et l'admonesta sévèrement quant aux devoirs d'un beau-père. « J'envisage moi aussi de me marier un jour, » dit-il ; « J'aurai probablement des enfants ; ce sera ton devoir de travailler pour eux. » Mon père devint enragé, et jeta cet idiot dehors. Ceci était la conclusion habituelle des discussions entre beau-père et beau-fils.

Paul Issaïeff se dépêcha d'avertir la famille du danger qui menaçait leur sécurité parasitique. Les neveux et nièces de Dostoïevski furent grandement alarmés ; eux aussi comptaient vivre toute leur vie aux frais de leur oncle ; eux aussi voulaient devenir ses héritiers. La belle-sœur de Dostoïevski désirait à son tour lui parler sérieusement. « Pourquoi veux-tu te marier à nouveau ? » lui demanda-t-elle. « Tu n'as pas eu d'enfants de ton premier mariage, quand tu étais jeune homme. Comment peux-tu espérer en avoir à ton âge ? » Ce mariage avec une jeune fille de dix-neuf ans semblait une absurdité, presque un vice, à la famille de mon père. Ses amis littéraires furent aussi quelque peu surpris. Ils ne pouvaient comprendre pourquoi Dostoïevski, qui à l'âge de trente-trois ans s'était marié avec une femme de son âge, ou peut-être plus âgée, ne s'intéressait maintenant, passé quarante ans, qu'aux filles plutôt jeunes. Anna Kronkovski et ma mère avaient à peu près le même âge quand il les demanda en mariage. Je pense que cette particularité peut être expliquée par la fourberie de Maria Dmitrievna, qui produit une impression profonde et indélébile sur l'esprit de mon père, et le fit se méfier de toutes les femmes d'âge mûr. Il ne pouvait maintenant croire qu'à l'innocence d'un cœur jeune et d'un esprit pur, qu'un homme de caractère serait toujours capable de modeler à sa guise. Dostoïevski, après avoir épousé ma mère, mena son éducation morale très soigneusement. Il surveillait ses lectures, éloignant d'elle les livres érotiques, l'emmena aux musées, lui montra les belles images et les magnifiques statues, et essaya d'embraser sa jeune âme de l'amour de tout ce qui est grand, pur et noble.

Il fut récompensé par la fidélité absolue de sa femme, tant durant sa vie qu'après sa mort.

Comme la plupart des Lituaniens, Dostoïevski était pure et chaste. « Le Lituanien méprise l'indécence et la débauche, » dit Vidûnas. « Il n'y a pas d'obscénité dans ses chansons populaires, et en Lituanie, on ne trouve pas sur les murs et les barrières ces gribouillages pornographiques si courants dans les autres pays. » Quand il visita Paris, Dostoïevski fréquenta les cafés, et alla voir les spectacles des casinos des Champs Élysées. Les chansons vulgaires qu'il entendit et les danses érotiques dont il fut témoin le remplirent d'indignation ; il en parla avec dégoût à ses amis russes. Ce fut, peut-être, la raison pour laquelle mon père, quand il emmena sa jeune femme en Allemagne, en Suisse, en Italie et en Autriche, ne lui fit pas visiter la France. Néanmoins, le dégoût que Dostoïevski avait ressenti pour la vie parisienne n'affecta pas son admiration pour la littérature française. Il était l'un des rares voyageurs à faire la distinction entre la France qui travaille et la France qui s'amuse.

XVI

Le second mariage
de Dostoïevski

En dépit des avertissements de ses proches, Dostoïevski épousa ma mère le 12 février cet hiver-là, cinq mois après leur première rencontre. Comme il n'avait pas d'argent, il ne pouvait emmener sa femme en voyage de noces. Le couple prit ses quartiers dans une chambre de bonne que ma grand-mère avait louée. Leur choix de passer leur lune de miel à Saint-Pétersbourg était très imprudent, et faillit compromettre leur bonheur.

 N'ayant pas réussi à empêcher ce mariage, les proches de Dostoïevski se mirent en tête de faire naître la discorde entre les jeunes mariés. Ils changèrent de tactique : les ennemis de ma mère devinrent ses amis, feignant d'avoir pour elle une admiration sans limites. Ils passèrent de plus en plus de temps chez le couple, ne lui laissant que très peu d'intimité. Ceux qui avaient jusqu'alors négligé mon père, ne lui rendant que rarement visite, passaient maintenant leurs journées entières avec les jeunes époux, déjeunant et dînant à leur table, s'attardant souvent jusqu'à minuit. Ma mère était très étonnée de ce comportement, mais elle n'était pas de nature à se plaindre ; durant toute son enfance, on lui avait appris à être aimable et polie à l'égard de tous les invités de sa mère, même ceux qu'elle n'appréciait pas. Les proches de mon père, rusés, tiraient profit de sa timidité de jeune fille : ils envahirent son appartement comme s'il leur appartenait. Feignant de lui donner de bons conseils, ils la suppliaient de ne pas déranger son mari trop souvent, et de le laisser travailler en paix. « Vous êtes trop jeune pour lui, pour le moment », répétaient ces conseillers perfides, « vos babillages ne peuvent susciter son intérêt. Votre mari est un homme très sérieux, il pense énormément à ses livres. » Par ailleurs, ils prenaient mon père à part, lui confiant qu'il était bien trop vieux pour sa jeune épouse et qu'il l'ennuyait. « Voyez comme elle discute et rit avec ses jeunes neveux et nièces, c'est charmant », lui murmurait sa belle-sœur. «Votre femme a besoin d'être entourée de gens de son âge. Laissez-la s'amuser avec eux, ou elle finira par vous détester.» Mon père se sentait blessé d'être considéré comme trop vieux pour sa femme, et ma mère indignée que l'on pense que le grand homme qu'elle avait épousé put la trouver idiote et agaçante. Ils se vexèrent, trop fiers pour aborder ensemble leurs griefs. Si mes parents avaient été amoureux, ils auraient fini par se disputer et s'accuser l'un l'autre, dévoilant la funeste machination des fauteurs de trouble; mais leur mariage reposait sur une sympathie solide et mutuelle. Cette sympathie pouvait évoluer vers un amour passionnel en réunissant certaines conditions, mais avait également le potentiel de se transformer en profonde aversion. Ma mère s'alarma de la vitesse à laquelle l'admiration qu'elle avait pour Dostoïevski avant leur mariage s'évanouissait. Elle commença à le voir comme quelqu'un de faible, simplet et naïf. «C'est son devoir de mari de me protéger de tous ces intrigants, et de les chasser de notre maison», pensait la pauvre épouse. «Au lieu de me défendre, il permet à ses amis de me donner des ordres sous mon propre toit, de manger à ma table et de se moquer de mon manque d'expérience en tant que ménagère.» Alors que ma mère pleurait dans sa chambre, son mari était assis seul à son bureau et, au lieu de travailler, il songeait avec mélancolie que ses espoirs d'un mariage heureux étaient loin d'être concrétisés. «Ne peut-elle pas comprendre à quel point je vaux mieux que mon imbécile de neveu?» grommelait-il pour lui-même, formulant à sa femme prétendument frivole des reproches silencieux. Ses proches étaient ravis. Tout se déroulait comme ils l'espéraient…

Le printemps approchait, et tous commencèrent à faire des projets pour les vacances d'été. La belle-sœur de mon père proposa de séjourner dans une grande villa à Pavlovsk, aux environs de Saint-Pétersbourg. «Nous pourrions y aller tous ensemble», dit-elle à Dostoïevski, «nous passerions un été délicieux. Nous ferons des excursions et prendrons votre femme avec nous toute la journée. Vous pourrez rester à la villa et travailler sur votre roman sans jamais être interrompu». Cette proposition n'avait rien d'attrayant pour mon père, et encore moins pour sa femme. Elle dit à son mari qu'elle préférait l'idée d'aller à l'étranger; elle avait toujours voulu visiter l'Allemagne et la Suisse. Mon père était tout aussi enthousiaste à l'idée de revoir l'Europe, dont il gardait un excellent souvenir. Il avait déjà voyagé trois fois hors du pays, la troisième fois dans l'unique but de jouer à la roulette. Il pensait être guéri de cette passion dangereuse, mais il se trompait. Durant ses voyages en Europe avec ma mère, il eut à subir plusieurs rechutes foudroyantes. Cependant, les symptômes disparurent progressivement, pour le quitter complète-ment lorsqu'il approcha la cinquantaine. Tout comme sa passion pour les femmes, sa passion pour la roulette subsista une dizaine d'années tout au plus.

Mon père commença à rassembler ses économies en vue du voyage. Il se refusait à contacter sa tante Kumanim, quelques mois seulement après qu'elle lui avait donné dix mille roubles pour publier le journal *Epoha*. Il préféra s'adresser à M. Katkov, éditeur d'une importante revue moscovite, qui publiait désormais ses romans. Il partit le rencontrer à Moscou, lui décrivit la trame du nouveau roman qu'il s'apprêtait à écrire et demanda une avance de quelques milliers de roubles. Katkov, qui es-timait Dostoïevski et les éloges qu'il recevait des critiques, accéda immé-diatement à sa requête. Mon père annonça alors à sa famille qu'il partait en villégiature à l'étranger avec sa jeune épouse. Les intrigants clamèrent que puisqu'il s'apprêtait à déserter pour des mois, il était de son devoir de leur laisser un peu d'argent. Chacun d'eux lui fournit une liste de be-soins, et une fois que mon père les eut tous satisfaits, il lui restait si peu d'argent qu'il dut se résigner à annuler le séjour prévu.

Ma mère était désespérée. « Ils vont semer la discorde entre moi et mon mari cet été ! » dit-elle, sanglotant, à sa mère. « Je le sens, je vois clair dans leur jeu. » Ma grand-mère était très inquiète ; le mariage de sa benjamine ne promettait rien de bon. Elle-même craignait un séjour à Pavlovsk et souhaitait voir sa fille partir à l'étranger. Malheureusement, elle n'était pas en mesure d'avancer les fonds nécessaires au voyage, ayant investi l'intégralité de l'héritage de mon grand-père dans la construction de deux maisons proches de la sienne, qu'elle gardait. Elle vivait des rentes de ces deux maisons. Elle avait été contrainte d'hypothéquer une partie de sa fortune pour payer le trousseau de sa fille et lui offrir un nouveau toit. Il était donc très difficile pour elle de réunir une importante somme d'argent dans l'instant. Après mûre réflexion, ma grand-mère conseilla à sa fille de vendre ses meubles. « En automne, lorsque vous reviendrez à Saint-Pétersbourg, j'aurai pu réunir l'argent pour les racheter. », dit-elle. « L'essentiel, maintenant, c'est de partir au plus tôt, et d'arracher ton mari à l'emprise néfaste de tous ces intrigants. »

Toute femme mariée est fière de son trousseau. Elle adorait ses jolis meubles, son argenterie, sa porcelaine délicate et ses verres, et même la chaudronnerie rutilante dans sa cuisine. Ces objets étaient les premiers qu'elle eut possédés. Lui demander de s'en séparer après trois mois pas-sés parmi eux comme une ménagère modèle était bien cruel. Mais pour rendre justice à ma mère, elle n'hésita pas un instant, et s'empressa de suivre le conseil de ma grand-mère. Son bonheur conjugal lui tenait bien plus à cœur que toutes les assiettes en argent du monde. Elle pria sa mère de s'occuper de la vente et de lui envoyer l'argent à l'étranger. Grâce à la modique somme que put lui donner ma grand-mère avant le départ, ma mère s'enfuit avec mon père, ravi lui aussi de partir. Leur départ eut lieu trois jours avant Pâques, ce qui allait à l'encontre des mœurs religieuses de ma mère. Elle craignait tant d'avoir à subir une nouvelle manigance de la famille Dostoïevski qu'elle ne se sentit soulagée qu'une fois qu'ils eurent passé la frontière. Ma mère aurait été bien surprise si on lui avait annoncé, ce jour-là, qu'elle ne la traverserait plus avant quatre ans.

XVII

Voyages en Europe : première partie

L e voyage de noces de mes parents est raconté en détail dans le journal de ma mère. Je conseille à mes lecteurs de se référer à ce livre, qui sera publié prochainement, et je ne dirais que très peu de choses sur leur vie à l'étranger.

Après avoir séjourné à Vilnius et Berlin, mes parents se rendirent à Dresde et y restèrent deux mois. Ils quittèrent Saint-Pétersbourg pendant l'une de ces tempêtes de neige qui font rage en Russie au mois d'avril ; à Dresde, le printemps les attendait. Là-bas, les arbres étaient en fleurs, les oiseaux chantaient, le ciel était bleu et toute la nature semblait d'humeur oisive. Ce changement de climat soudain fit grande impression à mes parents. Ils dînèrent en plein air sur la véranda du Bruhl, s'arrêtèrent pour écouter l'orchestre au Grand Jardin, et explorèrent les paysages pittoresques de la Suisse allemande. Leurs cœurs s'ouvrirent. Il n'y avait plus un intrigant pour s'immiscer entre eux, et ils se comprenaient bien mieux. La sympathie qu'ils ressentaient l'un pour l'autre avant leur mariage se mua rapidement en amour, et leur lune de miel commença enfin. Ma mère n'oublia jamais ces merveilleux mois. Plus tard, alors veuve, elle persistait à aller à Karlsbad ou à Wiesbaden pour profiter des thermes, et complétait toujours sa «cure» par un arrêt de quelques semaines à Dresde. Elle se rendait dans tous les lieux qu'elle avait visités avec mon père, allait contempler tous les tableaux qu'ils avaient admirés ensemble dans la fameuse galerie, dînait dans les restaurants où ils s'étaient sustentés, et songeait au passé, en écoutant l'orchestre du Grand Jardin. Elle affirmait que les semaines passées à Dresde étaient les plus heureuses de son voyage en Europe.

Je n'ai jamais compris cet amour que pouvait porter une jeune fille de dix-neuf ans à un homme de quarante-cinq ans, et demandais souvent à ma mère comment elle avait pu aimer un mari qui avait plus du double de son âge. «Mais il était jeune !» répliquait-elle en souriant. «Tu ne peux pas t'imaginer à quel point ton père était resté jeune ! Il plaisantait et riait, trouvant de quoi se divertir dans tout ce qui l'entourait, comme un petit garçon. Il était bien plus joyeux, bien plus intéressant que les jeunes hommes de l'époque, pour qui la mode se résumait à porter des lunettes et à ressembler à de vieux professeurs de zoologie. »

Il est vrai que les Lituaniens gardent un esprit jeune jusqu'au crépuscule de leur vie. Lorsqu'ils atteignent la cinquantaine, ils s'amusent souvent comme des enfants ; en les observant, on peut affirmer que malgré les années qui passent, ils ne vieilliront jamais. C'était le cas de Dostoïevski. Il mourut à cinquante-neuf ans, mais resta jeune jusqu'à la fin. Ses cheveux gardèrent leur ton châtain et ne virèrent jamais au gris. Ma mère avait, pour sa part, hérité du tempérament suédois de ses ancêtres. Il s'avère que les femmes suédoises ont une qualité qui les distingue de toutes les autres femmes d'Europe : elles ne peuvent se résoudre à critiquer leur mari. Elles voient leurs défauts et tentent de les corriger, mais ne les jugent jamais. Il me semble que les femmes suédoises sont, jusqu'ici, les seules à rendre justice à la belle idée de saint Paul, selon laquelle mari et femme ne font qu'un. « Comment peut-on critiquer son propre mari ? » Les Suédoises me répondirent avec indignation lorsque je leur fis part de cette particularité nationale. « Il est trop précieux pour être critiqué. » C'était là le point de vue de ma mère, son mari était trop précieux pour être critiqué. Elle préférait l'aimer, et après tout, c'était le moyen le plus sûr d'être heureuse avec lui. Toute sa vie, elle décrivit Dostoïevski comme un homme idéal, et lorsqu'elle devint veuve, elle éleva ses enfants dans le culte de leur père.

En juillet, alors que le temps devenait très chaud à Dresde, mes parents partirent pour Baden-Baden. C'était une bien mauvaise idée ; il suffit à mon père d'apercevoir les tables de roulette pour que la fièvre du jeu le gagne, comme une maladie. Il joua, perdit, traversa des crises d'excitation et de désespoir. Ma mère était très inquiète. Lorsqu'elle avait retranscrit *Le Joueur*, elle ne s'était pas aperçue que son mari racontait sa propre expérience dans le livre. Elle pleura et le supplia de quitter Baden-Baden, et obtint finalement de lui qu'ils partent pour la Suisse. Lorsqu'ils arrivèrent à Genève, la folie quitta mon père, et il maudit son déplorable emportement. Mes parents se plurent à Genève, et décidèrent d'y passer l'hiver. Ils ne souhaitaient pas rentrer à Saint-Pétersbourg, ils étaient heureux à l'étranger, et ils songeaient avec horreur aux manigances de leurs proches. Ma mère était, qui plus est, incapable de supporter de longs trajets : elle était *enceinte*, et sa première grossesse était loin d'être simple. Elle se mit à détester les hôtels bruyants, et mon père loua un petit appartement qui plaisait beaucoup à ma mère. Elle passait le plus clair de son temps alitée, ne se levant que pour sortir dîner au restaurant. Après le repas, elle rentrait et se recouchait, pendant que mon père restait à table pour lire les journaux russes. Maintenant qu'il vivait en Europe, il se passionnait pour les problématiques européennes.

Mes parents menèrent une vie très solitaire à Genève. Au début de leur séjour en Suisse, ils rencontrèrent un Russe qui devint leur ami, et leur rendait souvent visite. Lorsqu'il partit pour Paris, ils ne cherchèrent plus d'autre divertissement ; ils se préparaient pour un grand événement qui allait changer leurs vies.

Ma petite sœur naquit en février, et fut nommée Sophie, en hommage à la nièce préférée de mon père, la fille de ma tante Véra. Dostoïevski était très heureux : il goûtait enfin aux plaisirs de la paternité dont il avait si longtemps rêvé. « C'est la plus grande joie que puisse connaître un homme sur Terre », écrivit-il à un ami. Il était fasciné par le bébé, observait l'âme qui le regardait à travers les yeux pâles de l'enfant, et affirmait qu'elle le reconnaissait et lui souriait. Hélas, sa joie fut de courte durée.

Le premier accouchement de ma mère lui avait provoqué des douleurs inhabituelles, et avait considérablement aggravé son anémie. Elle était incapable de nourrir le bébé elle-même, et il était impossible de trouver une nourrice allaitant à Genève. Les femmes des campagnes ne voulaient pas quitter leur foyer, et les dames qui voulaient confier leur enfant à une nourrice devaient les envoyer dans les montagnes. Ma mère refusa de se séparer de son trésor, et se mit en tête de nourrir la petite Sophie au biberon. Comme beaucoup de premiers-nés, Sophie était très fragile. Ma mère ne savait que peu de choses sur les besoins d'un nourrisson, et les douces et vieilles servantes qui l'aidaient dans ses tâches en savaient encore moins. Le pauvre bébé survit trois mois, avant de quitter ce monde tourmenté pour un autre.

Le chagrin de mes parents était accablant. Ma grand-mère, qui arrivait tout juste de Saint-Pétersbourg pour faire la connaissance de sa nouvelle petite-fille, fit son possible pour les consoler. En voyant que sa fille passait tout son temps au cimetière, à sangloter sur la petite tombe, ma grand-mère lui suggéra qu'on l'emmène à Vevey. Là-bas, ils passèrent tous les trois un été des plus mélancoliques. Ma mère fuyait constamment la maison, prenant le bateau à vapeur jusqu'à Genève pour déposer des fleurs à sa petite défunte. Elle revenait toujours en pleurs, sa santé se dégradait de jour en jour. Mon père, lui, se sentait mal à l'aise en Suisse.

En tant qu'habitant des plaines, il était habitué aux horizons lointains, et les montagnes entourant le lac Léman l'oppressaient. « Elles m'écrasent, elles compriment mes idées », disait-il ; « Je ne peux rien écrire de bien dans ce pays. »

D'un commun accord, mes parents décidèrent de passer l'hiver en Italie ; ils espéraient que le soleil du sud rendrait à ma mère sa santé. Ils partirent seuls, ma grand-mère étant restée à Genève avec ses petits-enfants Svatkovski, qui passaient l'hiver à Genève sur ordre de leur médecin.

Mes parents traversèrent le Simplon en diligence. Ma mère a toujours évoqué ce voyage comme un bon souvenir. On était au mois d'août, et le temps était magnifique. La diligence montait lentement, les passagers préféraient marcher et prendre des raccourcis. Ma mère marchait au bras de mon père ; elle avait le sentiment d'avoir laissé son chagrin de l'autre côté des Alpes, et qu'en Italie, la vie lui sourirait à nouveau. Elle avait à peine vingt et un ans, et à cet âge, la soif de bonheur est si grande que la perte d'un bébé de trois mois ne peut assombrir les yeux d'une mère trop longtemps.

Mes parents firent une première étape italienne à Milan. Mon père trépignait de voir la fameuse cathédrale qui lui avait fait grande impression lors de son premier séjour en Europe. Il l'examina méticuleusement, éperdu d'admiration devant la façade, et monta même sur le campanile pour profiter de la vue sur la vaste plaine lombarde. Lorsque les pluies d'automne commencèrent à s'abattre, mes parents partirent pour Florence et s'y établirent pour l'hiver. Ils ne connaissaient personne en ville, et passèrent plusieurs mois en tête-à-tête. Dostoïevski n'a jamais accordé d'intérêt aux relations sans lendemain. Lorsque quelqu'un lui plaisait, il lui donnait son cœur, et lui restait fidèle à vie, mais il ne pouvait offrir son amitié au premier venu.

À Florence, mon père était débordé : il y écrivait son roman *L'Idiot*, qu'il avait commencé à Genève. Ma mère l'aidait, retranscrivant en sténographie les scènes qu'il lui dictait. Elle restait, cependant, attentive à ne pas le déranger durant ses heures de méditation, et se mit à explorer Florence en profondeur, étudiant ses belles églises et ses magnifiques collections d'art. Elle avait coutume de s'arranger pour retrouver mon père devant un tableau magnifique ; lorsqu'il avait fini d'écrire, Dostoïevski la rejoignait dans le Palais Pitti. Il n'aimait pas observer les tableaux guide en main ; aussi, lorsqu'il visitait une galerie pour la première fois, il se concentrait sur les quelques tableaux qui lui plaisaient, et revenait souvent pour les admirer, sans regarder les autres. Il restait des heures devant ses tableaux favoris, expliquant à sa jeune épouse les idées qu'ils évoquaient chez lui. Puis ils se promenaient le long de l'Arno. Sur le chemin vers leur appartement, ils faisaient souvent un détour pour contempler la porte du Baptistère, dont la vue enchantait mon père. Lorsque le temps était doux, ils déambulaient dans le parc de la Cascine ou dans les jardins de Boboli. Les roses qui y fleurissaient en plein mois de janvier heurtaient leur imagination de nordistes. À cette saison, ils avaient l'habitude de voir les rivières gelées, les rues pleines de neige et les passants emmitouflés dans des fourrures ; les floraisons en janvier leur paraissaient incroyables. Mon père parle des roses de Boboli dans ses lettres à ses amis ; ma mère les évoque dans ses souvenirs.

Mes parents étaient très heureux à Florence : je pense qu'il s'agit du meilleur moment de leur voyage de noces. Dostoïevski adorait l'Italie : il disait que les Italiens lui rappelaient les Russes. Il y a, en effet, une grande part d'héritage slave dans le nord de l'Italie. Les Vénitiens qui ont construit Venise avaient du sang slave, et appartenaient à la même tribu slave que les Russes, originaires des Carpates. En se mariant avec des Italiens, les Vénitiens transmirent leur sang slave aux habitants du nord de l'Italie. Ce sang coule à travers la plaine du Pô, et descend le long des Apennins. Les Russes qui voyagent en Italie sont souvent surpris de trouver, dans les campagnes les plus profondes de Toscane et d'Ombrie, des femmes qui ressemblent à celles qu'ils connaissent en Russie. Elles ont le même regard doux et patient, la même endurance au travail, le même sens de l'abnégation. Leur costume et leur manière de nouer leur foulard sur leur tête sont semblables. C'est pourquoi les Russes aiment tant l'Italie, et la considèrent, quelque part, comme leur second pays.

XVII

Voyages en Europe : seconde partie

Au printemps, ma mère tomba enceinte une seconde fois. La nouvelle enchanta mon père, la naissance de la petite Sophie l'ayant rendu plus que jamais désireux de connaître la paternité. Comme le climat de Florence convenait à ma mère, mes parents décidèrent tout naturellement de passer une nouvelle année en Italie. Mais alors ma mère approchait du terme de sa grossesse, ils changèrent d'avis. Il s'avérait qu'à l'époque, les hôtels et les appartements meublés à Florence n'étaient pas encore pourvus de ces suivants polyglottes, qui parlent toutes les langues aussi mal les unes que les autres. Les modestes domestiques florentins se contentaient de bien parler l'italien. Ma mère apprit vite à parler cette langue par accoutumance, et servait d'interprète à mon père, trop occupé avec son roman pour étudier l'italien. Alors qu'elle s'apprêtait à entrer en couches, et à tomber, peut-être, gravement malade, elle se demandait si son mari serait capable de diriger les infirmières et les domestiques italiens. Mon père se posait la même question, et annonça à sa femme qu'il préférait passer l'hiver dans un pays dont il maîtrisait la langue. À ce moment-là, Dostoïevski commençait à s'intéresser à la question slave, qui allait finir par l'absorber complètement. Il proposa à ma mère de partir à Prague, où il souhaitait étudier le tchèque. Mes parents quittèrent Florence à la fin de l'été, et firent plusieurs étapes courtes, afin que ma mère ne se fatigue pas, s'arrêtant à Venise, Trieste et Vienne. À Prague, ils eurent une grande désillusion ; il était impossible de trouver un appartement meublé en ville.

Dostoïevski voulut retourner à Vienne, espérant y trouver une confrérie tchèque, un groupe littéraire ou quelque autre association, mais ma mère n'aimait pas la capitale autrichienne. Elle proposa de retourner à Dresde, dont elle gardait de si merveilleux souvenirs. Mon père accepta ; lui aussi se remémorait Dresde avec plaisir.

Mes parents atteignirent Dresde une quinzaine de jours avant ma naissance. Dostoïevski était très heureux d'avoir, une fois encore, une petite fille à aimer. « Je l'ai vue cinq minutes après sa venue au monde », écrivit-il à l'un de ses amis. « C'est une beauté, et elle me ressemble trait pour trait. » Ma mère rit de bon cœur lorsqu'elle entendit cela. « Vous vous flattez », dit-elle à son époux. « Vous vous pensez donc beau ? » Dostoïevski n'avait jamais été beau, et sa fille ne l'était pas davantage, mais elle fut toujours fière de ressembler à son père.

Le propriétaire de l'appartement meublé que mes parents occupaient prévint Dostoïevski que conformément aux lois de la ville de Dresde, il devait se rendre immédiatement au commissariat pour annoncer la naissance de sa fille aux autorités allemandes[1].

Dostoïevski se précipita au bureau de police et déclara aux officiers qu'il était l'heureux père d'une petite fille prénommée Aimée. Cela ne fut pas suffisant pour les Allemands, qui exigèrent que mon père donnât son nom, son âge, sa profession et sa date de naissance. Ayant satisfait leur curiosité au sujet de mon père, ils s'intéressèrent à sa femme, et demandèrent son nom de jeune fille.

Son nom de jeune fille ! Diable ! Dostoïevski était incapable de s'en souvenir. Il fouilla sa mémoire en vain : impossible de s'en souvenir. Il expliqua son problème aux officiers de police, et demanda à partir pour consulter son épouse. Les respectables Saxons le regardèrent, fascinés ; jamais ils n'avaient rencontré de mari si distrait ! Ils l'autorisèrent à partir. Il rentra chez lui, exalté.

« Quel est ton nom ? » demanda-t-il brusquement à sa femme.

« Mon nom ? Anna », répondit ma mère, très étonnée.

« Je sais que tu t'appelles Anna. Je veux ton nom de jeune fille. »

« Pourquoi ? »

« Oh, ce n'est pas moi qui veux le connaître, mais la police de cette ville. Ces Allemands sont trop intrusifs. Ils insistent pour savoir comment tu t'appelais avant ton mariage, et j'ai complètement oublié ! »

Ma mère informa son mari, et lui conseilla d'écrire le nom sur un morceau de papier. « Tu risques de l'oublier à nouveau », dit-elle, moqueuse.

---

1. Mon prénom russe est Lioubov. Comme il est difficile à prononcer pour les étrangers, nous avons coutume de le traduire par Aimée, dont la signification est très proche. Mon père m'appelait Liouba, qui est, en russe, le diminutif de Lioubov, et je figure sous ce nom sur les registres de Dresde. En grandissant, je préférais le surnom de Lila, que ma grand-mère me donnait, et qui était bien plus prononçable pour ma bouche d'enfant. Pour me faire plaisir, mes parents m'appelaient également Lila, et c'est ainsi que mon père me désigne dans toutes ses lettres.

Dostoïevski suivit son conseil, et partit triomphalement montrer le morceau de papier aux autorités saxonnes.

La santé de ma mère s'était grandement améliorée sous le soleil italien, et elle était en mesure de me nourrir elle-même. Elle engagea toutefois une nourrice allemande pour s'occuper de moi, n'ayant pas confiance en son manque d'expérience. Ma grand-mère était venue rejoindre sa fille lors de sa grossesse, et veillait sur moi avec attention, craignant une nouvelle catastrophe familiale. Cependant, je n'étais pas comme ma sœur aînée. J'étais une robuste Slavo-Normande, déterminée à ne pas quitter cette planète avant de l'avoir étudiée en profondeur.

Ma grand-mère n'était pas retournée en Russie depuis la mort de la petite Sophie. Lorsqu'elle avait quitté Saint-Pétersbourg pour quelques mois, elle avait confié sa maison à l'un de ses proches parents. Très occupé par d'autres affaires, il avait laissé l'endroit aux soins d'un locataire pour un long moment, sans prendre la peine de consulter ma grand-mère. Puisqu'elle ne pouvait retourner chez elle à Saint-Pétersbourg, elle choisit de séjourner chez sa fille Anna, d'autant plus que sa fille adorée, Marie, vivait elle aussi ses plus beaux moments en Europe. L'époux de Marie gérait les affaires de l'un de ses anciens élèves, le duc de Lichtenberg, qui vivait à l'étranger. Aussi rendait-il souvent visite au duc à Genève ou à Rome. Ma tante, qui était une amie intime de l'épouse morganatique du duc, accompagnait toujours son mari, emmenant souvent ses enfants avec elle. Ma grand-mère alternait les visites à ses deux filles, et était très heureuse en Europe, qui ravissait bien plus son esprit suédois que la Russie. Mais elle déplorait d'être séparée de son fils, qui étudiait l'agriculture, à l'époque, à l'académie Petrov-skoë, non loin de Moscou. Ma mère adorait son frère Jean, et se languissait, elle aussi, de le revoir après tant d'années de séparation. Elles écrivirent toutes les deux à mon oncle, le priant de venir leur rendre visite. Il prit congé et vint à Dresde, dans l'intention de ne rester que deux mois, mais fut finalement obligé d'y rester plus de deux ans. Une étrange fatalité semblait poursuivre la famille de ma mère dans ses efforts pour garder contact : à chaque fois que l'un de ses membres voyageait en Europe pour quelques mois, il se voyait contraint d'y rester plusieurs années. En effet, ma tante Marie ne retourna jamais en Russie. Elle mourut à Rome deux ans après le temps de ce récit, et fut enterrée là-bas.

Mon oncle Jean s'était fait, à l'académie, un ami pour qui il avait une grande admiration et qu'il aimait énormément, prénommé Ivanov. Il était plus âgé que mon oncle, qu'il protégeait et encourageait comme son petit frère. Lorsqu'Ivanov apprit que ma grand-mère demandait à voir son fils, il convainquit mon oncle d'accepter l'invitation de ses proches. Connaissant le tempérament quelque peu hésitant de son camarade, Ivanov alla lui-même à la rencontre du directeur de l'Académie pour le convaincre d'accorder un congé à mon oncle pour deux mois, prit la situation en main pour régler le problème de son passeport, avant de le retrouver à la gare. Mon oncle fut assez surpris de l'empressement avec lequel on l'aidait à partir, mais n'y accorda pas grande attention. Lorsqu'il arriva à Dresde, il parlait avec enthousiasme de son ami Ivanov, lui écrivait des lettres et attendait ses réponses avec impatience. Quelques semaines plus tard, Ivanov fut retrouvé mort assassiné dans le parc qui entourait l'Académie. La police ouvrit une enquête pour trouver le meurtrier, et finit par découvrir un complot politique, dans lequel la plupart des étudiants étaient impliqués. Ces jeunes fanatiques fomentaient pour renverser le gouvernement, au lieu de se consacrer à l'étude de l'agriculture. Ivanov était l'un des meneurs ; il se ravisa cependant, commençant à avoir des doutes, et informa finalement ses camarades qu'il avait l'intention de quitter la société secrète. Les jeunes révolutionnaires étaient furieux en apprenant sa trahison, et déterminés à le punir de la peine capitale ; une nuit, ils l'attirèrent dans un coin reculé du parc, et l'un de ses camarades, nommé Netchaïev, le tua pendant que les autres l'immobilisaient. Cet assassinat politique, connu sous le nom de « Affaire Netchaïev », fit sensation en Russie, où l'on en parle encore.

Le plus curieux dans cette histoire fut que mon oncle, qui était très proche d'Ivanov, n'a jamais rien su de ce complot. Il est probable qu'Ivanov, qui était très attaché à lui, ait cherché à protéger son compagnon en évitant de l'impliquer dans cette dangereuse conspiration. Pour mon pauvre oncle, la mort de son ami avait un goût amer ; il comprenait pourquoi Ivanov était si impatient de le savoir à l'étranger. Il connaissait, sans le moindre doute, le sort que lui réservaient ses camarades, et souhaitait mettre son jeune ami en lieu sûr. Ma grand-mère fut très émue lorsqu'elle apprit le meurtre d'Ivanov, et interdit à son fils de retourner en Russie, d'autant plus que l'Académie d'agriculture était fermée sur ordre du gouvernement. Pendant la durée du procès, mon oncle s'installa à Dresde avec sa mère. Plus tard, il épousa une jeune fille issue de la diaspora russe de Dresde.

L'Affaire Netchaïev fit grande impression à Dostoïevski, et lui fournit le sujet de son célèbre roman, *Les Démons*. Ses lecteurs reconnurent immédiatement le cas Netchaïev, bien que l'action se déroula dans un autre contexte. Les critiques soutinrent que le fait que mon père, qui vivait à l'étranger au moment de l'affaire, ne l'avait pas compris en profondeur. Personne ne savait qu'il avait eu l'opportunité de s'en faire une idée très claire en questionnant mon oncle Jean, qui était intimement lié à la victime, au meurtrier et à tous les révolutionnaires de l'Académie, et qui était en mesure de restituer leurs conversations et d'expliquer leurs idées politiques[1].

Chatov, Verkovenski, et plusieurs autres personnages dans *Les Démons* sont de véritables portraits. Bien évidemment, Dostoïevski ne pouvait révéler ses sources aux critiques, par peur de nuire à son beau-frère. Les proches de mon oncle étaient véritablement soulagés que la police ait oublié son existence et ne l'ai pas convoqué au tribunal pour témoigner. Il aurait pu, désemparé, laisser échapper un propos imprudent qui l'aurait mis en danger. Il est probable que ses camarades de classe aient suivi l'exemple d'Ivanov, mettant un point d'honneur à ne pas compromettre mon oncle, qui était très apprécié. C'était un être délicieux, un bon chrétien. Il traitait son prochain en frère. Au premier abord, les gens s'en moquaient, puis finissaient par l'adorer. Dostoïevski a toujours beaucoup aimé son beau-frère[2].

Lorsque, au sein de la diaspora russe, il fut dit que le célèbre écrivain Dostoïevski vivait à Dresde avec sa famille, un grand nombre d'individus désirèrent le rencontrer. Ils lui rendaient visite ou l'invitaient chez eux. Ma mère avait une vie bien plus joyeuse à Dresde qu'à Genève ou Florence, mais elle y était très malheureuse. Elle avait le mal du pays, cette curieuse maladie qui s'attaque souvent aux jeunes personnes qui ont été arrachées trop brusquement à leur terre natale. Elle haïssait l'Allemagne, et haïssait les étrangers. Dresde, qu'elle avait trouvée si charmante, lui paraissait alors détestable. Dans ses moments de désespoir,

---

1. Mon oncle était très courageux et très intelligent. Il avait hérité des mœurs religieuses et des idées monarchiques de son père, et n'avait pas peur de les prôner publiquement. C'est sûrement pour cette raison que ses camarades l'ont écarté du complot. Si nos révolutionnaires étaient sans merci au regard de ceux qui désertaient après avoir partagé leurs convictions, ils ne s'attaquaient pas à ceux qui avaient le courage de leurs opinions.
2. Les Démons fut marqué d'une curieuse histoire. Lorsque Dostoïevski en commença l'écriture, il avait choisi Nicolaï Stavrogine comme héros, mais alors qu'il rédigeait les dernières pages, il se rendit compte que Verkovenski était un personnage bien plus intéressant, et décida de le placer au centre de l'intrigue. Il dut réécrire le roman dans sa quasi-totalité, et retirer plusieurs chapitres dans lesquels il développait le personnage de Stavrogine. Ma mère souhaitait publier l'un de ces chapitres dans la dernière édition du livre, au début du siècle. Mais elle demanda conseil à plusieurs amis de mon père qui la dissuadèrent d'y inclure cette partie.

elle pensait qu'elle n'allait peut-être jamais revoir la Russie. Elle souffrait d'autant plus qu'ayant recouvré la santé, sa nature normande s'affirmait, l'invitant à l'action et au conflit. Elle se sentait à l'étroit dans son appartement meublé, entre son mari et sa fille. Elle était convaincue qu'à Saint-Pétersbourg, elle trouverait un moyen de régler les dettes qui détruisaient sa vie. Qui plus est, ses histoires de famille la rendaient très anxieuse. L'une des maisons qui appartenaient à mes grands-parents devait revenir à ma mère, selon la volonté de son père. La Loi russe ne lui permettait pas de la vendre avant que son frère ne soit en âge de l'acheter. Jean approchait tout juste de la majorité, et ma mère espérait vendre la maison pour payer les dettes de son mari. L'agent immobilier qui avait fait louer toutes les propriétés de ma grand-mère la payait régulièrement les premiers mois, puis avait cessé de lui verser l'argent, et ne répondait plus à aucune des lettres qu'elle lui adressait. Ma mère écrivit à des amis à Saint-Pétersbourg pour leur demander de lui rendre visite et de se renseigner sur la question. C'est ce qu'ils firent, mais ils ne le trouvèrent pas chez lui ; en interrogeant les voisins, ils apprirent que son entreprise avait fait faillite, et que la police lui avait rendu visite à plusieurs reprises. Cette situation inquiétait ma mère, et elle supplia mon père de retourner en Russie. Elle ne craignait plus les conspirations de la famille Dostoïevski ; elle savait qu'elle avait maintenant l'entière confiance de son mari. Son tempérament s'était, de plus, grandement assombri ; ses anciennes camarades de classe eurent peine à reconnaître leur joyeuse compagne. Les privations, l'exil, l'influence de l'Europe où la vie était plus sérieuse et plus difficile que son enfance passée en Russie l'avaient fait mûrir prématurément.

Dostoïevski n'avait pas le mal du pays, et appréciait beaucoup sa vie à l'étranger : sa santé s'était améliorée, ses crises d'épilepsie s'étaient espacées et ne survenaient que rarement. Il souhaitait pourtant retourner, lui aussi, à Saint-Pétersbourg : il craignait de ne plus parvenir à comprendre les Russes s'il restait à Dresde plus longtemps. Tout au long de sa vie, cette peur le poursuivit, en Allemagne comme en Sibérie. Il était probablement conscient de la part insignifiante que représentait la Russie au fond de lui. Tourgueniev et le comte Alexis Tolstoï passèrent toute leur vie à l'étranger, ce qui ne les empêcha pas de décrire à leurs lecteurs de formidables tableaux de la Grande Russie. Ils parlaient presque toujours français, mais écrivaient un excellent russe. Ces écrivains avaient la Russie dans le sang, et restèrent éternellement russes, bien qu'ils se considérassent naïvement comme de parfaits Européens. Mon père qui, d'autre part, s'enorgueillit d'être russe était bien plus européen qu'eux. Il était capable de se fondre dans la masse en Europe ; il était donc effectivement plus périlleux pour lui de quitter la Russie. Sa maîtrise de la langue russe était également en danger. On avait souvent reproché à mon père son style lourd, incohérent et distrait, cela s'expliquait par le fait qu'il était obligé d'écrire quotidiennement pour nourrir sa famille, et n'avait pas le temps de corriger ses manuscrits. Mais les auteurs dont le style est apprécié savent qu'il est possible de bien écrire un premier jet. Je pense que le manque de style de Dostoïevski est davantage dû à ce simple fait : il écrivait mal le russe, car ce n'était pas sa langue natale.

Lors de leur second séjour à Dresde, ma mère tomba enceinte pour la troisième fois. Elle proposa tout d'abord de rester à Dresde le temps de sa grossesse, puis, craignant que sa santé ne la contraigne à passer une année de plus en Allemagne, elle changea d'avis, et demanda à son mari de leur trouver un logement sans délai. Nous arrivâmes à Saint-Pétersbourg quelques jours avant la naissance de mon frère Fiodor.

XIX

Le retour en Russie

C'était le début du mois de juillet, et mes parents trouvèrent la ville déserte; tous leurs amis étaient partis à la campagne. Le premier à revenir fut le beau-fils de mon père, Paul Issaïeff, qui venait tout juste d'épouser une jolie fille de prolétaire. Ma mère étant encore affaiblie par sa grossesse récente, et ne pouvant parcourir la ville pour visiter des appartements, il offrit ses services. En soirée, il venait montrer à ma mère des croquis des plans des différents logements qu'il avait visités durant la journée.

«Mais pourquoi cherchez-vous de si grands appartements?» lui demanda-t-elle. «Jusqu'à ce que nos dettes soient réglées, nous devons nous contenter de quatre ou cinq pièces tout au plus.»

«Quatre ou cinq pièces! Mais où dormirons-nous, ma femme et moi?»

«Vous pensiez vivre avec nous?» demanda ma mère, très surprise.

«Bien entendu. Vous sépareriez un père et son fils?»

Ma mère était exaspérée. «Vous n'êtes pas le fils de mon mari», répliqua-t-elle sévèrement. «Vous n'êtes même pas liés par le sang, à vrai dire. Mon mari s'est occupé de vous lorsque vous étiez enfant, mais son devoir, à présent, est de prendre soin de ses propres enfants. Vous êtes suffisamment grand maintenant pour travailler et subvenir à vos propres besoins.»

Paul Issaïeff fut bouleversé par ce franc-parler. On ne lui donnait pas le droit de se considérer comme le fils du célèbre Dostoïevski! D'autres en demandaient plus que lui à son «papa»! Quel complot infâme avait été monté contre lui! Il était furieux, tout comme sa jeune épouse.

«Il m'avait promis», dit-elle à ma mère d'un ton ingénu, «que nous allions tous vivre ensemble, que vous vous chargeriez de la maison, et que je n'aurais à m'occuper de rien. Si j'avais su qu'il me mentait, je ne l'aurais certainement pas épousé.»

Cette petite créature égoïste devint, à force de discipline et au fil des

chagrins qu'apportent les années, une excellente épouse et mère, respec-
tée de tous ceux qui la connaissaient. Pauvre femme! Son mariage fut
un long calvaire.

Comprenant que rien ne pouvait ébranler la détermination de ma
mère, et que Dostoïevski faisait corps avec sa femme sur ce sujet, Paul
Issaïeff se prit de sympathie pour les proches de mon père, se plaignant
amèrement des manigances de sa «belle-mère», et de ses efforts pour
séparer «un père et son fils». La famille de Dostoïevski avait plus de
compassion que lui. Ils se rendirent compte que le tempérament de
ma mère s'était affirmé, que la timide jeune mariée était devenue une
épouse énergique, capable de protéger son foyer des intrus. Ils firent
de la nécessité une vertu, et cessèrent de la harceler. Qui plus est, leur
situation s'était grandement améliorée durant ces quatre années passées.
Les fils avaient grandi et subvenaient à leurs propres besoins, les filles
étaient mariées, et les maris aidaient leurs femmes. Ma tante Alexandra,
devenue veuve, avait épousé un homme riche. Les seuls membres de la
famille qui dépendaient encore de mon père étaient mon pauvre oncle
Nicolaï et le puéril Paul Issaïeff.

Aussitôt que ma mère recouvra la santé, elle loua un petit appartement
et le meubla chichement. Son propre mobilier de valeur avait été vendu.
Paul Issaïeff, qui avait omis de payer les intérêts du prêt pour son mobilier lorsque ma grand-mère était absente, avait dépensé l'argent que mes
parents lui avaient donné dans ce but. Une autre déception, de nature
plus sérieuse, attendait ma mère à son retour à Saint-Pétersbourg. La
maison de ma grand-mère avait été vendue aux enchères sur ordre de
la police, et avait changé plusieurs fois de propriétaire. Un défaut de
rédaction dans le bail avait permis à un agent immobilier de se faire
passer pour le bailleur. Leur seul espoir était une action en justice, extrêmement chère en Russie. Ma mère préféra abandonner sa part d'héritage, ma grand-mère suivit son exemple, bien qu'elle fût complètement
ruinée à la suite de son malencontreux séjour en Europe. Fort heureusement, son fils fit à Dresde un mariage fructueux. Grâce à la fortune de
sa femme, il acquit un domaine viticole dans la juridiction de Koursk,
et entreprit d'y appliquer les notions qu'il avait apprises à l'Académie
agricole. Ma grand-mère partit vivre avec lui et sa famille, et se passionna bientôt pour les expérimentations agraires. Depuis que sa fille favo-
rite était morte, elle ne revenait que rarement à Saint-Pétersbourg. Ses
relations avec Dostoïevski étaient toujours cordiales, mais elle ne jouait
qu'un rôle minime dans sa vie.

Lorsque les créanciers de mon oncle Mikhaïl apprirent que Dostoïevski était revenu à Saint-Pétersbourg, ils le contactèrent immédiatement, le menaçant à nouveau d'une peine emprisonnement. Ma mère se mêla à l'affaire qui lui causait tant d'inquiétude à Dresde. Elle les sermonna et négocia avec eux, et emprunta à des prêteurs pour payer les plus coriaces. Dostoïevski était subjuguée par la facilité avec laquelle sa femme manipulait les chiffres et maîtrisait le jargon des notaires. Dès lors, lorsque les éditeurs vinrent lui proposer des contrats, il les écoutait calmement, et disait : «Je ne peux rien décider pour le moment. Je dois consulter ma femme.» Les gens commencèrent à comprendre qui d'entre eux deux gérait les affaires de la maison Dostoïevski, et s'adressèrent à elle directement. Ainsi, mon père était délivré de quelques détails pesants, et en mesure de se consacrer entièrement à ses livres.

Afin d'accélérer le règlement des dettes, ma mère mit en place une gestion économique rigide dans son foyer. Pendant plusieurs années, nous dûmes vivre dans des logements très modestes ; nous avions deux domestiques seulement, et nos repas étaient extrêmement frugaux. Ma mère cousait ses propres robes et les layettes de ses enfants. Elle ne participait à aucune mondanité, et allait très rarement au théâtre, sortie qu'elle adorait. Une vie si austère n'avait rien de naturel à son âge, et la rendait malheureuse. Elle pleurait souvent ; sa nature mélancolique, qui teintait l'avenir de sombres couleurs, lui inspirait les visions d'un mari vieux et infirme, d'enfants malades et d'un foyer miséreux[1]. Elle ne comprenait pas la sérénité dont mon père faisait preuve. «Nous ne serons jamais sans le sou,» avait-il l'habitude de dire avec conviction. «Mais d'où viendra cet argent ?» répliquait ma mère, vexée par cet aplomb. Ma mère était encore jeune. Certaines vérités ne peuvent être comprises que passé la quarantaine. Mon père savait que nous sommes tous les ouvriers de Dieu, et que si nous effectuons religieusement nos tâches, le Tout-Puissant ne nous oublierait pas. La foi de Dostoïevski en Dieu était entière, et il n'avait jamais eu peur pour l'avenir de sa famille. Il avait raison, car après sa mort, nous n'avons manqué de rien.

Pour apaiser sa femme et alléger son lourd fardeau, mon père accepta le poste de rédacteur pour le journal *Le Citoyen*, édité par le Prince Mechtcherski, un personnage grotesque qui était la risée de tous les autres journalistes. Mechtcherski, qui avait été élevé par des nourrices anglaises

---

1. La tante Kumanin de mon père ne pouvait plus l'aider. Elle mourut lorsque nous étions en Europe, laissant derrière elle ses affaires en désordre. Ses héritiers se disputèrent ses biens des années durant. Nous ne reçûmes notre part qu'après la mort de mon père.

et des tuteurs français, ne savait même pas parler le russe correctement : mon père devait toujours rester sur ses gardes afin de l'empêcher de publier quelque chose de ridicule dans son journal. Son travail journalistique l'épuisait, et dès que la part la plus urgente de ses dettes fut payée, mon père se hâta d'abandonner *Le Citoyen* et son rédacteur en chef fanatique à leur sort.

Ma mère, de son côté, ne passait pas tout son temps à sangloter. Elle préparait les romans de mon père, qui paraissaient en feuilletons dans la presse, pour les publier sous forme de livre, ce qui rapportait un peu d'argent. De plus, elle gagnait de l'expérience ; en quelque temps, elle devint une excellente éditrice, et après la mort de mon père, elle publia plusieurs éditions complètes de ses œuvres. Elle était la première femme russe à assumer de telles tâches. Elle servit d'exemple à la comtesse Tolstoï, qui vint à Saint-Pétersbourg pour faire la connaissance de ma mère et lui demander conseil. Elle lui donna toutes les informations nécessaires, à la suite desquelles tous les romans de Tolstoï furent publiés par sa femme. Bien plus tard, à Moscou, ma mère présenta à la comtesse le musée qu'elle avait créé à la mémoire de mon père dans l'une des tours du Musée historique de Moscou. L'idée plut beaucoup à la comtesse Tolstoï, qui demanda directement aux directeurs du musée de consacrer une autre de leurs tours pour un Musée Tolstoï. Ces deux Européennes[1] ne se contentaient pas d'être à la fois des mères et des épouses ; elles aspiraient à aider leur mari à diffuser leurs idées, et elles s'inquiétaient de conserver les reliques de leur grand homme en lieu sûr. Une autre amie de ma mère, madame Chestakov, sollicita son aide pour organiser un musée en mémoire de son frère, le célèbre compositeur Glinka. Ma mère l'aida considérablement, et devint ainsi fondatrice d'un, et inspiratrice de deux autres musées.

Mon père vécut une vie très reculée durant les premières années qui suivirent son retour en Russie. Il sortait très peu, et ne recevait que quelques amis intimes. Il ne fit que peu d'apparitions publiques : les étudiants de Saint-Pétersbourg gardaient contre lui quelque rancune, et ne l'invitaient que rarement à leurs réunions littéraires. Ils commençaient à peine à oublier que Dostoïevski les avait insultés à travers le personnage de Raskolnikov, lorsqu'il les blessa encore plus profondément. Dans son roman *Les Démons*, il exposait complètement la démence et la folie de la propagande révolutionnaire. Nos jeunes hommes étaient stupéfaits, eux qui avaient toujours considéré les anarchistes comme des héros plutar-

---

1. La comtesse Tolstoï était la fille du docteur Bers, originaire des provinces baltiques.

quiens. Cette admiration russe pour les agitateurs, invraisemblable aux yeux des Européens, s'explique facilement par la paresse orientale de mes compatriotes. Il est bien plus aisé de lancer une bombe et de s'enfuir à l'étranger que de consacrer sa vie au service de la mère partie, à l'image du patriotisme dans d'autres contrées.

Dostoïevski n'attachait aucune importance au dédain des étudiants, et ne regrettait en rien d'avoir perdu sa popularité auprès d'eux. Il les considérait comme des garçons malavisés, et un homme de cette trempe n'avait nul besoin d'être adulé par la jeunesse. La joie qu'il ressentait en créant ses chefs-d'œuvre était sa plus belle récompense, et les applaudissements du peuple n'y ajoutaient rien. Je pense que mon père était plus heureux dans les premières années suivant son retour en Russie qu'il ne le fut plus tard, durant la période agitée de ses plus grands succès. Sa femme l'aimait, ses enfants l'amusaient avec leurs babillages et leurs rires, ses vieux amis lui rendaient souvent visite, et il pouvait échanger avec eux. Sa santé s'était améliorée, ses crises d'épilepsie s'étaient espacées et la maladie mortelle qui allait mettre fin à sa carrière ne s'était pas encore déclarée.

XX

Le petit Alexeï

Nous avions pour habitude de passer nos mois d'été à Staraïa Roussa, une petite station balnéaire dans la juridiction de Novgorod, non loin du grand lac Ilmen. Les médecins conseillèrent à mes parents de m'emmener là pour raison de santé les premières années après notre retour en Russie. Les bains de Staraïa Roussa me firent énormément de bien, et mes parents y retournèrent tous les ans. La ville calme et somnolente plut à Dostoïevski ; il pouvait y travailler en paix. Nous louions une villa qui appartenait au colonel Gribbe, un officier de l'armée russe originaire des provinces baltiques. Avec les économies amassées durant sa carrière militaire, le vieil officier avait fait construire une petite maison de style allemand, comme dans les provinces baltiques. C'était une maison pleine de surprises : des armoires cachées dans les murs, des planches de parquet qui, lorsqu'on les soulevait, découvraient des escaliers en colimaçon, sombres et poussiéreux. Tout dans cette maison était à échelle réduite : les pièces, au plafond bas, étaient décorées de vieux meubles de style Empire ; les miroirs verts déformaient les visages de ceux qui avaient le courage de les regarder. Des estampes, collées sur des tentures en lin accrochées aux murs, offraient à nos yeux d'enfants le spectacle de monstrueuses femmes chinoises avec des ongles longs comme des griffes, et les pieds comprimés dans des chaussures trop petites. Une véranda couverte de panneaux en verre coloré faisait notre bonheur, et la table de billard chinois, avec ses boules en verre et ses petites cloches, nous distrayait durant les longues journées pluvieuses qui étaient si fréquentes lors de nos étés au nord. Derrière la maison, il y avait un jardin avec de drôles de petits parterres de fleurs. Toutes sortes de fruits poussaient dans le jardin, qui était quadrillé par de petits canaux. Le colonel les avait creusés lui-même pour protéger ses framboises et ses groseilles des inondations printanières de l'imprévisible rivière Pereritza, au bord de laquelle sa villa était construite. En été, le colonel se retirait dans deux des pièces du rez-de-chaussée, et laissait le reste de sa maison à ses visiteurs. C'était la coutume à Staraïa Roussa, en ces temps où il était impossible de trouver une villa à louer pour la saison estivale. Plus tard, après la mort du colonel, mes parents achetèrent la petite maison à ses héritiers pour une bouchée de pain[1]. Mon père passa tous ses étés là, excepté celui de 1877, lorsque nous rendîmes visite à mon oncle Jean dans la juridiction de Koursk. L'intrigue des *Frères Karamazov* se déroule dans cette petite ville ; lorsque je lus l'ouvrage des années plus tard, je reconnus la topographie de Staraïa Roussa. La vieille maison des Karamazov est en réalité la villa, quelque peu modifiée : la belle Grouchenka est une jeune provinciale que mes parents rencontrèrent à Staraïa Roussa, et le magasin des Plotnikov est le magasin préféré de mon père. Les chauffeurs de la *troïka*, Andreï et Timofeï, étaient nos chauffeurs préférés, qui nous conduisaient chaque été sur les rives du lac Ilmen, là où tous les bateaux à vapeur jetaient l'ancre. Parfois, nous devions attendre plusieurs jours et séjourner dans un grand village au bord du lac, qui est décrit par Dostoïevski dans le dernier chapitre de *Les Démons*.

Mon père menait une vie très solitaire à Staraïa Roussa. Il allait rarement au parc et au casino, l'hôtel et point de rendez-vous des visiteurs. Il préférait se promener le long de la rivière, dans les endroits les plus reculés. Il prenait systématiquement le même chemin, et le suivait en arborant un air abattu, perdu dans ses pensées. Comme il sortait toujours à la même heure, les mendiants attendaient son passage, conscients qu'il ne refusait jamais l'aumône. Absorbé par ses propres médiations, il distribuait des pièces machinalement, sans remarquer qu'il donnait plusieurs fois aux mêmes personnes. Ma mère, elle, voyait bien clair dans le jeu des mendiants, et s'amusait beaucoup de l'étourderie de son mari. Elle était jeune et aimait plaisanter. Un soir, le voyant revenir de sa promenade, elle entoura sa tête d'un foulard, me prit par la main, et nous allâmes l'attendre au bord de la route. Alors qu'il approchait, elle commença à gémir : « Mon bon monsieur, ayez pitié de moi. Mon mari est malade et j'ai deux enfants à nourrir. » Dostoïevski s'arrêta, jeta un coup d'œil à ma mère, et lui tendit quelques pièces. Il fut très en colère lorsqu'elle se mit à rire. « Comment peux-tu me jouer un tour pareil, et devant notre fille ? » dit-il d'un ton plein d'amertume.

---

1. Le colonel Gribbe possédait quatre figurines qu'il avait achetées à un soldat de son régiment, qui les avait sans doute pillées dans un palais polonais lors d'une des nombreuses révoltes polonaises. Elles représentaient quatre princes et quatre princesses de la dynastie lituanienne des Jagellons. Mon père admirait beaucoup ces figurines ; il les racheta aux héritiers du vieux colonel et les exposa dans sa chambre. Il disait que la jeune princesse lui rappelait sa mère.

Cet éternel air rêveur, si caractéristique des écrivains et des hommes de science, embarrassait beaucoup mon père, qui le considérait comme humiliant et ridicule. Il souhaitait ardemment être comme les autres. Mais les grands esprits ne peuvent s'exprimer selon les normes de tout un chacun. Dostoïevski ne pouvait pas vivre comme ses congénères. Toute sa vie, comme à l'école d'ingénieur, il se tint à l'écart dans l'embrasure d'une fenêtre, rêvant, lisant et admirant la nature, pendant que le reste de l'humanité riait, pleurait, courait et s'amusait dans un brouhaha. Un grand écrivain peine à vivre dans ce monde; il passe le plus clair de son temps dans le monde imaginaire de ses personnages. Il mange mécaniquement, sans s'apercevoir de quoi se compose le dîner. Il est ébahi lorsque le soir tombe : il pensait que midi n'était pas passé. Il n'entend pas les remarques triviales prononcées près de lui, il marche dans la rue, se parlant à lui-même, riant et gesticulant, jusqu'à faire sourire les passants qui le prennent pour un fou. Soudain, il s'arrête, frappé par le regard d'un inconnu, qui ne quitte plus ses pensées. Un mot, une phrase entendue au hasard lui ouvre la porte sur toute une vie, un idéal qui s'exprimera un jour dans ses œuvres.

La petite villa de Staraïa Roussa n'existe plus. Faite d'un bois médiocre acheté à bas prix par le colonel, elle ne pouvait résister aux crues annuelles de la Pereritza, et finit par s'écrouler, en dépit de tous les efforts fournis pour la sauver. Aussi longtemps qu'elle tint debout, elle attira de nombreux visiteurs. Tous ceux qui venaient à Staraïa Roussa faisaient un pèlerinage jusqu'à la maison où Dostoïevski passa les derniers étés de sa vie. Ils observaient la table sur laquelle il avait écrit *Les Frères Karamazov*, le vieux fauteuil où il s'asseyait pour lire, les nombreux souvenirs que nous avions gardés de lui. Parmi ces pieux pèlerins, on comptait le Grand-Duc Vladimir, qui vint à la villa un jour qu'il était dans les parages pour faire passer un examen à de jeunes soldats. Il dit à ma mère à quel point il admirait Dostoïevski. « Ce n'est pas le premier de ses domiciles que je visite », ajouta-t-il. « En traversant la Sibérie, je me suis arrêté à Omsk pour voir la prison où il a tant souffert. Elle est complètement différente, à présent. Les *Souvenirs de la maison des morts* ont bouleversé l'organisation de toutes les prisons sibériennes. Quel génie était votre mari ! Comme il savait nous toucher en plein cœur ! » Le Grand-Duc Vladimir était le petit-fils de Nicolas 1er, qui avait condamné mon père aux travaux forcés. Les idées changent vite en Russie, et les petits-enfants sont disposés à reconnaître les erreurs de leurs grands-parents.

Mon père aimait tant Staraïa Roussa que ma mère lui proposa de passer un hiver là-bas, afin d'économiser un loyer et de régler leurs dettes plus rapidement.

Ils louèrent une autre villa au centre de la ville, une maison plus grande et plus chaude, et nous y passâmes plusieurs mois. Au cours de cet hiver naquit mon frère Alexeï. Ils débattirent longtemps au sujet de son prénom. Ma mère souhaitait appeler son fils Jean, en hommage à son frère chéri. Dostoïevski suggéra Stéphane, en l'honneur de l'évêque Stéphane qui, selon lui, avait fondé notre famille orthodoxe. Ma mère en fut quelque peu surprise, mon père n'évoquant que rarement ses ancêtres. J'imagine que Dostoïevski, qui se sentait un intérêt grandissant pour l'Église orthodoxe, voulait montrer sa gratitude au premier de nos ancêtres lituaniens à s'être converti. Cependant, ma mère n'aimait pas le prénom de Stéphane, et mes parents finirent par s'accorder autour du prénom Alexeï. La santé de ma mère s'était tellement améliorée que la naissance de cet enfant ne lui causa que peu de tracas. Le petit Alexeï semblait fort et vigoureux, mais son front était curieux. Il était ovale, presque angulaire. Sa petite tête ressemblait à un œuf. Cela ne faisait pas de lui un bébé laid, mais lui donnait seulement une étrange expression d'étonnement. En grandissant, Alexeï devint le protégé de mon père. Mon frère Fiodor et moi-même n'avions pas le droit de pénétrer dans le bureau de mon père sans y être invités, mais cette règle ne s'appliquait pas à Alexeï. Sitôt que sa nourrice avait le dos tourné, il s'échappait de la nursery et courait vers son père, s'exclamant : « Papa, zizi[1] ! »

Dostoïevski mettait son travail de côté, prenait son fils sur ses genoux et plaçait sa montre contre l'oreille du bébé, et Aliocha applaudissait de ses petites mains, fasciné par le cliquetis. Il était très intelligent et adorable, et la famille fut profondément affectée par sa mort, à l'âge de deux ans et demi, à Saint-Pétersbourg, au mois de mai, juste avant notre séjour annuel à Staraïa Roussa. Nos bagages étaient prêts, les derniers achats avaient été faits, lorsqu'Aliocha fut soudain pris de convulsions. Les médecins rassurèrent ma mère, lui disant qu'elles étaient fréquentes chez les enfants de cet âge. Aliocha dormit bien, se réveilla en forme et guilleret, et demanda à ce qu'on lui apporte de quoi jouer dans son petit lit. Soudain, il fut pris d'une nouvelle crise de convulsions, et une heure plus tard, il était mort. Tout s'enchaîna si rapidement que mon frère et moi étions encore dans la chambre. En voyant mes parents sangloter sur le petit corps sans vie, je fus prise d'une crise d'hystérie. Je fus recueillie par des amis qui me gardèrent chez eux pendant deux jours. Je revins à la maison pour l'enterrement. Ma mère souhaitait enterrer son fils

1. Traduction : « Papa, montre ! »

adoré près de son père, dans le cimetière d'Ochta, de l'autre côté de la Neva. Comme le pont qui relie aujourd'hui les deux rives n'existait pas, il fallut faire un long détour. Nous partîmes en calèche, le petit cercueil avec nous. Nous pleurions tous, caressant le pauvre petit cercueil blanc recouvert de fleurs, et nous rappelant les plus douces paroles du bébé. Après une courte cérémonie à l'église, nous passâmes à la mise en terre. Comme je me souviens de ce jour de mai radieux! Toutes les plantes étaient en fleurs, les oiseaux chantaient sur les branches des vieux arbres, et les litanies du prêtre et du chœur s'accordaient mélodieusement à l'atmosphère poétique. Les larmes coulaient sur les joues de mon père; il tenait le bras de sa femme en pleurs, les yeux rivés sur le petit cercueil qui disparaissait progressivement sous la terre.

Les médecins expliquèrent à mes parents que la mort d'Alexeï avait été causée par une malformation de son squelette, qui empêchait son cerveau de grandir. Pour ma part, j'ai toujours pensé qu'Aliocha, qui ressemblait beaucoup à mon père, avait hérité de son épilepsie. Mais Dieu fut miséricordieux et le rappela à lui à la première crise.

Durant l'hiver précédant la mort d'Alexeï, une célèbre diseuse de bonne aventure parisienne était venue à Saint-Pétersbourg, et on disait beaucoup de bien de ses prédictions et de sa clairvoyance. Mon père, qui s'intéressait aux sciences occultes, lui rendit visite avec un ami, et fut surpris de la pertinence avec laquelle elle évoqua des événements survenus dans son passé. À propos de l'avenir, elle dit: «Un grand malheur surviendra au printemps.» Frappé par ces mots, Dostoïevski les répéta à son épouse. Ma mère, qui était superstitieuse, y songea beaucoup en mars et en avril, mais absorbée par les préparatifs de notre départ, oublia complètement dans le courant du mois de mai. Combien de fois mes parents se rappelèrent-ils cette prédiction durant le sombre été qui suivit la mort d'Alexeï!

XXI

Journal d'un écrivain

Les dettes furent finalement remboursées. Mon père était dorénavant libre de se dédier à son art, son maître, et non son esclave! Il ne pouvait pas offrir de divertissement à ses enfants, ni s'autoriser quelques présents à sa pauvre femme, qui avait sacrifié sa jeunesse pour lui permettre de se décharger de ses obligations. Les premiers diamants que Dostoïevski offrit à ma mère étaient petits, mais sa joie à l'idée de les lui offrir était immense.

Pourtant, l'idée ne vint pas à mon père de profiter du reste de cet argent si durement gagné. Il était tout juste sorti d'affaire lorsqu'il se jeta sur le devant de la scène, en commençant à publier le *Journal d'un écrivain*[1], dont il avait tant rêvé. Les romanciers russes ne peuvent se dédier exclusivement à l'art, à la manière de leurs confrères européens; l'inspiration leur vient toujours lorsqu'ils doivent se faire prêtres, confesseurs et éducateurs. Notre pauvre église paralysée et nos horribles écoles ne peuvent fonctionner normalement, et tout écrivain réellement patriote se doit d'assumer sa part de responsabilité. Après son retour d'Allemagne, Dostoïevski s'alarma de la vitesse à laquelle la Russie, malheureuse, glissait vers l'abysse au fond de laquelle elle gît aujourd'hui, trente-cinq ans après la mort de l'auteur. Il venait de passer trois ans en Italie et en Allemagne, au moment où le patriotisme y fleurissait. À Saint-Pétersbourg, il ne rencontra que des gens mécontents qui haïssaient leur pays natal. Les tristes intellectuels russes, éduqués dans nos écoles cosmopolites, n'avaient qu'un seul idéal: transformer notre Russie, intéressante et authentique, un pays débordant de génie et de promesses, en une grotesque caricature de l'Europe. Cette mentalité était la plus dangereuse qui soit, parce que nos masses continuaient d'admirer fougueusement leur propre pays, fières de leur nationalité et dédaigneuses de l'Europe. Dostoïevski, qui connaissait les deux mondes, celui de nos intellectuels et celui de nos paysans, admettait la force de l'un et la faiblesse de l'autre.

1. Il publia également ses articles sous ce nom pour Le Citoyen.

Il avait conscience que les intellectuels n'existaient que grâce aux Tsars ; et que le jour où, dans leur aveuglement, ils renverseraient le trône, le peuple saisirait l'opportunité de se venger du *baré[1]*, qu'il méprisait et détestait pour son athéisme et son cosmopolitisme. L'esprit prophétique de Dostoïevski prédit toutes les horreurs de la Révolution russe.

Lorsqu'il publia le *Journal d'un écrivain,* Dostoïevski espérait réunir cette poignée d'intellectuels mal avisés et les grandes masses populaires en réveillant leur sensibilité patriotique et religieuse[2]. Sa voix pleine d'ardeur n'était pas seule à s'élever dans cette cohue sauvage ; la plupart des Russes virent le danger que représentait cet abysse moral qui séparait nos paysans de nos intellectuels, et essayèrent de le combler. Les pères furent les premiers à répondre à l'appel de Dostoïevski. Ils vinrent le voir, sollicitèrent son avis quant à l'éducation de leurs enfants, et lui écrivirent des provinces les plus reculées pour lui demander des conseils. Ces pères consciencieux étaient issus de toutes les classes sociales russes. Certains d'entre eux étaient d'humbles paysans de la classe moyenne basse, qui se privaient pour offrir une bonne éducation à leurs enfants et qui étaient terrifiés de les voir devenir des athées et des ennemis de la Russie. À l'autre extrémité de l'échelle sociale, le grand-duc Constantin Nikolaïevitch avait demandé à mon père d'aiguiller ses jeunes fils, Constantin et Dimitri. C'était un homme intelligent, ouvert à la culture européenne ; il voulait voir ses fils devenir des patriotes et des chrétiens. Mon père se prit d'une affection pour les jeunes princes qui dura jusqu'à sa mort ; il les adorait tous les deux, mais particulièrement le grand-duc Constantin, en qui il devinait un futur poète[3]. Après les pères vinrent les fils. À peine Dostoïevski avait-il commencé à parler de patriotisme et de religion que les étudiants de Saint-Pétersbourg, garçons et filles, débarquèrent en troupeau, oubliant tous les griefs qu'ils avaient contre lui. Pauvre jeunesse russe ! En existe-t-il une autre dans ce monde qui soit si inadaptée, si asphyxiée ? Alors qu'en Europe, les parents tentent de réveiller le patriote qui sommeille en leurs enfants, d'en faire de bons Français, de bons Anglais, de bons Italiens, les parents russes élèvent de petits ennemis de leur mère patrie. Dès le plus jeune âge, nos petits

1. Nom que le peuple russe donne aux nobles et aux intellectuels.
2. Dans son Journal d'un écrivain de 1876, Dostoïevski écrit : « Le remède à notre maladie intellectuelle réside dans notre union avec le peuple. » J'ai commencé mon Journal d'un écrivain dans le but de parler de ce traitement le plus souvent possible. Ainsi, mon père continuait à propager la même idée qu'il avait autrefois prônée dans Vremya avec l'aide de mon oncle Mikhaïl.
3. Bien plus tard, le grand-duc Constantin publia de charmants poèmes et des drames sous le pseudonyme de K.R. (Konstantin Romanov).

Russes entendent leurs pères insulter le tsar, colporter les scandales qui entourent sa famille, se moquer des prêtres et de la religion, et parler de notre Russie bien-aimée comme d'une offense à l'humanité. Lorsque, plus tard, nos enfants vont à l'école, ils rencontrent des professeurs qui transmettent la même haine de leur propre pays ; pendant que dans les autres pays, les maîtres d'école s'efforçaient de cultiver le patriotisme dans le cœur des jeunes citoyens, les enseignants russes apprenaient à nos étudiants qu'il fallait haïr notre Église orthodoxe, la monarchie, notre drapeau national, et toutes nos lois et institutions. Ils inculquaient l'admiration à l'international, qui selon eux allait un jour ramener la justice en Russie. Ils parlaient à leurs élèves, les larmes aux yeux, de cette nation idéale qui n'a ni mère patrie ni religion, qui parle toutes les langues aussi mal les unes que les autres, et dont les leaders, les futurs grands hommes de Russie, ont été éduqués dans les cafés de Paris, de Genève ou de Zurich ! Hélas ! Nos étudiants russes ont brandi le drapeau rouge dans les rues de Saint-Pétersbourg et de Moscou, et entonné les chants guerriers de l'international en vain ! Leur cœur était empli de désespoir ; la mort glaçait leur âme et les poussait au suicide. Le bonheur existe-t-il pour ceux qui haïssent leur patrie ? Ces pauvres jeunes hommes et femmes vinrent voir mon père en pleurant, sanglotant et en lui ouvrant leur cœur. Dostoïevski les reçut comme s'il s'agissait de ses fils et filles, compatit à leur chagrin, répondit patiemment à leurs questions naïves sur la vie après la mort. Nos étudiants ne sont rien de plus que des « enfants de la croissance », et lorsqu'ils rencontrent un homme qui leur impose le respect, ils l'écoutent comme un maître, et suivent ses instructions à la lettre. Mon père sacrifia son art pour publier le *Journal d'un écrivain*, mais ces années furent loin d'être perdues pour la Russie.

Les étudiantes russes, tout particulièrement, étaient de ferventes admiratrices de Dostoïevski, car il les avait toujours traitées avec respect, et ne leur avait jamais donné ce genre de conseils orientaux que beaucoup de nos auteurs prodiguent aux jeunes filles : « Quel est l'avantage de lire et d'étudier ? Il faut se marier tôt, et avoir autant d'enfants que possible. » Dostoïevski ne les poussa jamais vers le célibat, mais leur dit qu'elles devaient se marier par amour, et ce sans cesser d'étudier, de lire, et de penser, afin de pouvoir devenir plus tard des mères éclairées, capables de donner à leurs enfants une éducation européenne. Dans son *Journal d'un écrivain*, il répète souvent : « J'attends beaucoup des femmes russes ». Il prit conscience que les femmes slaves étaient dotées d'un caractère plus fort que leurs homologues masculins, qu'elles étaient capables de travailler plus dur et de mieux supporter la misère. Il espérait que dans l'avenir, lorsque la femme russe se serait véritablement émancipée (jusqu'alors, elle avait poussé les portes de son harem, mais n'en était pas encore sortie), elle jouerait un rôle majeur dans son pays. On peut dire de Dostoïevski qu'il fut le premier féministe russe.

Les étudiants invitaient alors régulièrement mon père pour qu'il leur lise son travail lors de réunions littéraires. Mais à ce moment-là, la maladie mortelle à laquelle il a fini par succomber s'était déjà déclarée. Il souffrait d'un catarrhe des voies respiratoires, et lire à voix haute le fatiguait énormément. Mais il ne refusa jamais de participer à ces réunions : il savait quelle influence une littérature bien choisie pouvait avoir sur de jeunes esprits. Il aimait particulièrement leur lire le monologue de Marmeladov, un pauvre ivrogne qui, des tréfonds où il avait plongé, s'en remettait toujours à Dieu, espérant humblement son pardon. Cette misérable créature rêve que Dieu, lors du jugement dernier, après avoir récompensé les bons et les fidèles, se souvienne de lui. Humble et contrit, se cachant derrière les autres, il attend d'un air abattu que le seigneur ait pour lui une parole de pitié. Toute la philosophie religieuse de notre peuple naïf est décrite dans ce chapitre de *Crime et châtiment*.

Dostoïevski devint rapidement un lecteur en vogue. Il lisait admirablement bien, et parvenait toujours à toucher le cœur de ses auditeurs. Le public l'applaudissait avec enthousiasme et lui en demandait toujours plus. Mon père le remerciait en souriant, mais ne se faisait guère d'illusions au sujet de son audience. «Ils m'applaudissent, mais ne me comprennent pas», disait-il tristement à ses confrères lors de ces soirées littéraires. Il avait raison. Nos intellectuels sentaient instinctivement qu'il connaissait la vérité, mais étaient incapables de changer leur propre état d'esprit. Le peuple russe avait été si fort qu'il avait pu endurer trois siècles de tyrannie sans perdre sa dignité. Nos intellectuels étaient si faibles qu'ils continuaient à reproduire le modèle de la tyrannie, longtemps après l'émancipation des paysans. Leur fierté mesquine les empêchait de partager les idées et les traditions du peuple. Incapables d'oublier que leurs pères avaient régné en seigneurs sur les serfs, ils continuaient de traiter les paysans libres en esclaves, essayant de leur imposer l'utopie qu'ils trouvaient dans la littérature européenne. De la même manière que mon grand-père avait échoué à comprendre le peuple russe, qui l'avait tué, notre intelligentsia vivait hors du temps et de l'espace, suspendue entre l'Europe et la Russie, et fut cruellement punie par la Révolution.

Le fait que Dostoïevski jouisse à nouveau des faveurs des étudiants provoqua un incident absurde, mais pas moins prévisible. Un jour où ma mère était absente, la gouvernante annonça qu'une femme avait appelé, mais refusa de donner son nom. Dostoïevski avait l'habitude de recevoir des inconnus qui venaient se confier à lui, et dit à la gouvernante d'inviter la dame à entrer. Une femme vêtue de noir et soigneusement voilée entra, et s'assit sans dire un mot. Mon père la regarda avec étonnement.

«Que me vaut l'honneur de votre visite?» demanda-t-il.

La dame répondit en soulevant son voile et en lui lançant un regard intense et tragique. Mon père fronça les sourcils. Il n'aimait pas les tragédies.

«Allez-vous me dire votre nom, madame?» dit-il sèchement.

«Quoi? Vous ne me connaissez pas?» s'exclama la visiteuse, offusquée comme une reine aurait pu l'être.

«Non, je ne vous connais pas. Pourquoi ne voulez-vous pas me donner votre nom?»

«Il ne me connaît pas!» soupira la dame. Mon père perdit patience.

«Pourquoi faire tant de mystère?» aboya-t-il.

«Donnez-moi, s'il vous plaît, la raison de votre visite. Je suis très occupé présentement, et je n'ai pas de temps à perdre.» La belle inconnue retira son voile et quitta la pièce. Dostoïevski la suivit, perplexe. Elle ouvrit la porte d'entrée, et descendit les escaliers en courant. Mon père s'arrêta dans le vestibule, pensif. Un vague souvenir commençait à poindre dans son esprit. Où avait-il déjà rencontré cet air tragique? Où avait-il déjà entendu cette voix mélodramatique? «Bon sang,», finit-il par dire «c'était elle – c'était Pauline!»

C'est alors que ma mère revint, et Dostoïevski lui raconta tristement la visite de son ancienne maîtresse.

«Qu'ai-je fait!» répétait-il. «Je l'ai offensé pour la vie. Elle est trop imbue d'elle-même. Elle ne me pardonnera jamais de ne pas l'avoir reconnue. Pauline doit savoir à quel point je chéris les enfants. Elle est capable de les tuer. Ne les laissez pas sortir de la maison!»

«Mais comment se fait-il que vous ne l'ayez pas reconnue?» demanda ma mère. «Elle a tant changé?»

«Non. Maintenant que j'y pense, je me rends compte qu'elle n'a que très peu changé. Mais voyez-vous, Pauline a disparu de mon esprit; elle a cessé d'exister pour moi.»

Le cerveau d'un épileptique est singulier. Il ne retient que les événements qui l'ont marqué d'une certaine manière. Pauline N. était probablement l'une de ces jolies femmes dont les hommes s'amourachent lorsqu'ils passent du temps avec elles, mais qu'ils oublient aussitôt qu'elles disparaissent de leur champs de vision[1].

---

1. Lorsqu'elle eut passé la cinquantaine, Pauline N. épousa un étudiant de vingt ans, grand admirateur de mon père. Le jeune passionné, qui devint plus tard un grand auteur et journaliste, était inconsolable de n'avoir jamais pu rencontrer Dostoïevski, et il décida d'au moins épouser une femme que son auteur favori avait aimée. Il est facile d'imaginer comment ce mariage s'est terminé.

XXII

Dostoïevski dans son foyer

Les étudiants russes ne sont pas très assidus dans leurs habitudes. Ils empêchaient mon père de travailler, venant lui rendre visite à toute heure du jour, et Dostoïevski, qui ne refusait jamais de les recevoir, se voyait contraint de passer ses nuits à écrire. Même avant cela, il préférait travailler sur ses chapitres les plus importants lorsque tout le monde dormait à la maison. Ces travaux nocturnes étaient devenus une habitude bien ancrée. Il écrivait jusqu'à quatre ou cinq heures du matin, et ne se levait pas avant onze heures pile. Il dormait sur le canapé de son bureau. Cette pratique fut bientôt en vogue en Russie, et nos marchands de meubles prirent l'habitude de proposer des divans turcs avec un large tiroir, dans lequel les oreillers, les draps et les couvertures étaient rangés durant la journée. Ainsi, la chambre à coucher pouvait se transformer en bureau ou en atelier de peintre en quelques minutes. Sur le mur derrière le divan était accrochée une large et belle photographie de la Madone Sixtine, qu'un ami de mon père, qui savait que ce tableau lui plaisait, lui avait offerte. Son premier regard au réveil se posait sur le doux visage de cette Madone, qu'il considérait comme l'idéal de la féminité.

Au levé, mon père effectuait quelques exercices de gymnastique, puis il allait se laver dans le vestiaire. Il faisait des ablutions très minutieuses, utilisant une grande quantité d'eau, de savon et d'eau de Cologne. Il avait une passion pour la propreté, bien que ce ne soit pas une vertu caractéristique des Russes. Elle n'apparut pas comme telle en Russie avant la seconde moitié du XIXe siècle[1]. Même de nos jours, il n'est pas surprenant de rencontrer une authentique vieille princesse avec les ongles noirs. Les ongles de Dostoïevski n'étaient jamais noirs. Quelle que soit sa charge de travail, il trouvait toujours le temps de soigner consciencieusement sa manucure. Il avait l'habitude de chanter en se lavant. Son

---

1. Nos grand-mères nous racontaient souvent comment, dans leur jeunesse, les jeunes filles qui allaient au bal envoyaient leurs serviteurs demander à leur mère si elles devaient se laver le cou pour un décolleté profond, ou seulement léger.

vestiaire était juste à côté de notre nursery, et chaque matin, je l'entendais chanter la même petite chanson d'une voix douce :

« Ne la réveillez pas à l'aube !

Elle dort doucement près de sa mère !

Le souffle du matin soulève sa poitrine,

Touche ses joues avec une rose. »

Puis mon père retournait dans son bureau et finissait de s'habiller. Je ne l'ai jamais vu en pyjama ou en pantoufles, que les Russes aiment porter durant la majeure partie de la journée. Très tôt le matin, il était toujours tiré à quatre épingles, vêtu d'une chemise blanche en lin et d'un col montant blanc[1]. Il portait toujours de beaux vêtements ; même lorsqu'il était pauvre, il les faisait faire par le meilleur tailleur de la ville. Il prenait grand soin de ses vêtements, les brossant toujours lui-même, et savait les garder comme neufs un très long moment. S'il lui arrivait de faire couler une goutte de cire sur l'un d'eux en déplaçant un chandelier, il enlevait aussitôt son veston et demandait à la domestique d'enlever la souillure. « Les taches me révoltent », disait-il. « Je ne peux pas travailler lorsque je sais que j'en ai une. J'y pense tout le temps, au lieu de me concentrer sur ce que j'écris. » Lorsqu'il avait fini de s'habiller et de dire ses prières, Dostoïevski allait dans la salle à manger pour boire son thé. C'est à ce moment-là que je m'approchais de lui pour lui dire bonjour, et discuter avec lui de mes histoires d'enfant. Il aimait préparer son thé lui-même, et le buvait toujours très fort. Il en buvait deux tasses, et en emportait une troisième dans son bureau, qu'il sirotait en écrivant. Pendant qu'il déjeunait, la servante nettoyait et aérait sa chambre. Il n'y avait que très peu de meubles dans cette pièce, et ceux qu'il y avait étaient toujours rangés le long des murs et devaient rester en place. Lorsque plusieurs de ses amis lui rendaient visite en même temps et déplaçaient ses chaises, il les remettait toujours en place lui-même après que les visiteurs furent partis. Son écritoire était également très propre. Les journaux, la boîte à cigarettes, les lettres qu'il recevait, les livres qu'il consultait, tout devait être à sa place. Le moindre désordre l'irritait. Connaissant l'importance qu'il attachait à son rangement méticuleux, ma mère venait vérifier tous les matins que l'écritoire de son mari était bien en ordre. Elle s'installait ensuite à son poste, à côté de l'écritoire, et disposait ses stylos et ses carnets sur une petite table ronde. Une fois son petit-déjeuner terminé, mon père retournait dans son bureau, et commençait aussitôt à lui dicter les chapitres qu'il avait écrits la nuit précédente. Ma mère prenait

---

1. À cette époque, seuls les ouvriers portaient des chemises de couleur.

des notes et les retranscrivait. Dostoïevski corrigeait ces transcriptions, ajoutant souvent des détails ; ma mère les copiait une dernière fois et les envoyait à l'imprimeur. De cette manière, elle épargnait à mon père une montagne de travail. Il n'aurait sans doute pas pu écrire tant de romans si sa femme n'avait jamais appris la sténographie. Ma mère avait une très belle écriture ; celle de mon père était moins régulière, mais plus élégante. J'appelais cela « l'écriture gothique », car tous ses manuscrits étaient ornés d'enluminures gothiques, délicatement dessinées à la plume et à l'encre. Dostoïevski les traçait machinalement lorsqu'il réfléchissait à son œuvre ; c'est comme si son âme avait besoin de ces lignes gothiques, qu'il avait tant admirées sur les cathédrales de Milan et Cologne. Parfois, il dessinait des visages et des profils sur ses manuscrits, tous très intéressants et singuliers[1].

En dictant ses textes à ma mère, Dostoïevski s'arrêtait parfois pour lui demander son avis. Ma mère faisait attention à ne pas se montrer trop critique. Les critiques malveillantes des journaux perturbaient suffisamment son mari, et elle s'inquiétait de ne pas le peiner davantage. Néanmoins, de peur que ses éloges ne finissent par avoir l'air monotones, elle s'aventurait à émettre de légères objections. Si l'héroïne était vêtue de bleu, ma mère la voyait en rose ; si une armoire était disposée à gauche, elle la voulait à droite ; elle allait jusqu'à changer la forme du chapeau du héros, et parfois lui rasait la barbe. Dostoïevski s'empressait toujours de suivre ses suggestions, dans l'espoir naïf que cela plairait à sa femme. Il ne devinait pas mieux ses intentions qu'il n'avait vu clair dans celles des condamnés russes en Sibérie lorsque, pour le distraire, ils lui parlaient de politique et le questionnaient sur sa vie dans les capitales européennes. Dostoïevski était tellement honnête qu'il ne lui vint jamais à l'esprit que quelqu'un puisse souhaiter lui mentir. Lui-même ne disait jamais rien d'inexact, mis à part un jour dans l'année, au premier avril. Les « poissons d'avril » étaient une tradition, et mon père adorait les traditions. Un matin de printemps, il sortit de sa chambre l'air consterné. « Savez-vous ce qu'il m'est arrivé dans la nuit ? » dit-il à ma mère en entrant dans la salle à manger. « Un rat est monté dans mon lit. Je l'ai étranglé. Demandez à la domestique de s'en débarrasser. Je ne peux pas retourner dans ma chambre tant qu'il s'y trouve encore. Cela m'horrifie ! », et il cacha son visage dans ses mains. Ma mère appela la domestique et se rendit avec elle dans la chambre à coucher. Mon frère et moi les suivîmes : nous n'avions jamais vu de rat, et nous nous demandions à quoi cela pouvait ressembler. La domestique secoua les draps, les oreillers et les couver-

1. En école d'ingénieurs, on apprenait aux étudiants à dessiner minutieusement.

tures, puis souleva le tapis. Rien! Le cadavre du rat avait disparu. «Mais où diable l'avez-vous jeté?» demanda ma mère, en retournant dans la salle à manger, où mon père buvait tranquillement son thé. Il éclata de rire. «Poisson d'avril!» s'écria-t-il, ravi que sa plaisanterie se soit déroulée avec succès.

Lorsqu'il avait terminé de dicter ses textes à ma mère, Dostoïevski envoyait quelqu'un nous chercher, pour nous donner quelques fruits secs pour le déjeuner. Il adorait ce genre de friandises, et dans un tiroir de sa bibliothèque, il rangeait des boîtes de figues sèches, de dattes, de noix, de raisins et de ces pâtes de fruits dont les Russes sont friands. Il aimait grignoter ce genre de choses dans la journée, et même pendant la nuit. Ce «dastarhan[1]» était, je pense, la seule habitude orientale que mon père avait hérité de ses ancêtres russes; peut-être sa constitution délicate avait-elle besoin de toutes ces sucreries. Lorsque nous venions dans son bureau, il nous donnait de grandes poignées de fruits secs, les partageant entre mon frère et moi. Alors que nous grandissions, il devint plus sévère, mais il était très tendre avec nous quand nous étions petits. J'étais une enfant très nerveuse et pleurais beaucoup. Pour me réconforter, mon père me proposait de danser avec lui. Il écartait les meubles du salon, ma mère prenait son fils pour partenaire, et nous dansions une danse folklorique. Puisqu'aucun d'entre nous ne savait jouer du piano, nous chantions tous une sorte de refrain pour accompagner nos pas. Ma mère complimentait son mari pour la précision avec laquelle il exécutait les pas complexes de cette danse folklorique. «Ah!» répondait-il, en essuyant son front «Vous auriez dû me voir danser la mazurka[2] dans ma jeunesse.»

Vers quatre heures de l'après-midi, mon père sortait faire sa promenade quotidienne. Il prenait toujours le même chemin, absorbé par ses pensées, sans jamais saluer ceux de ses connaissances qu'il rencontrait en chemin. Parfois, il allait rendre visite à un ami pour discuter de littérature ou d'un sujet politique qui l'intéressait. Lorsqu'il avait de la monnaie, il achetait une boîte de bonbon chez Ballet (le meilleur confiseur de Saint-Pétersbourg), ou des poires et du raisin chez l'un des meilleurs maraîchers. Il choisissait toujours les meilleurs produits, et avait une aversion profonde pour les produits bon marché, de mauvaise qualité. Il ramenait lui-même ses achats à la maison, et les faisait servir pour le dessert. À cette époque, il était coutume de dîner à six heures, et de prendre le thé à neuf heures du soir. Dostoïevski consacrait ce temps à

1. Le « dastarhan » se réfère à la collation offerte aux invités en Orient.
2. La mazurka est la danse nationale en Pologne et en Lituanie.

la lecture, et ne commençait à travailler qu'après le thé, lorsque tout le monde était parti se coucher. Il avait l'habitude d'entrer dans la nursery pour nous souhaiter une bonne nuit, nous donner sa bénédiction, et répéter avec nous une courte prière à la Vierge que ses propres parents lui avaient apprise lorsqu'il était enfant. Puis il nous embrassait, retournait dans son bureau et se mettait au travail. Il n'aimait pas les lampes, et écrivait à la lumière de chandelles. Il fumait beaucoup en travaillant, et buvait un thé très fort. Je pense qu'il n'aurait pas pu veiller si tard sans ces stimulants.

La même routine monotone se poursuivait à Staraïa Roussa. Mon père ne pouvait plus passer tout l'été avec nous : il devait partir à Bad Ems chaque année, en cure médicale. Les eaux de cette ville lui faisaient beaucoup de bien, mais il n'aimait pas séjourner en Allemagne. Il comptait les jours jusqu'à son retour en Russie, et attendait impatiemment le moment où il serait assez riche pour emmener toute sa famille en voyage. Il pensait à nous avec mélancolie lorsqu'il voyait les petits Allemands profiter des promenades à dos d'âne, et rêvait d'offrir les mêmes loisirs à ses enfants. À son retour à Staraïa Roussa, il nous parlait souvent des petits ânes allemands. Il n'y a pas d'ânes en Russie, et cet animal inconnu, qui semblait adorer les enfants, exerçait une mystérieuse attraction sur mon frère et moi. Nous ne nous lassions pas de questionner mon père à propos des caractéristiques physiques et mentales de ces petites bêtes à grandes oreilles.

Mon père nous rapportait de jolis cadeaux de ses voyages. Il s'agissait généralement d'objets pratiques et onéreux, choisis avec beaucoup de goût. Il rapporta à ma mère de jolies lunettes de théâtre en porcelaine peinte, un éventail en ivoire délicatement sculpté, de la dentelle de Chantilly, une robe en soie noire, des draps en lin délicatement brodés ; pour moi, il rapportait des robes blanches en surpiqûre pour l'été, et des petites redingotes en soie ornées de dentelle pour l'hiver. Contrairement à la plupart des parents, qui habillaient leurs petites filles en bleu ou en rose, mon père choisissait des robes vert pâle : il adorait cette couleur, et en parait souvent les héroïnes de ses romans.

Dostoïevski aimait beaucoup recevoir, et pour nos fêtes de famille, il adorait réunir sa famille et celle de ma mère autour de sa table. Il était toujours charmant avec eux, discutant de leurs centres d'intérêt, riant, plaisantant, et jouant même aux cartes, loisir qu'il n'appréciait guère. Malgré ses efforts et l'amabilité de ma mère, ces réunions se terminaient généralement mal, à cause de ce mouton noir de Paul Issaïeff, qui attendait toujours une invitation pour de telles distractions. Il n'avait aucune idée de comment se comporter en société. Bien qu'il soit le fils d'un officier de bonne famille, membre de la noblesse de cour, qu'il ait été éduqué dans le Corps des Cadets avec des garçons bien élevés, et ait passé ses vacances dans la maison de mon oncle Mikhaïl, qui recevait les écrivains les plus distingués de son temps, Paul Issaïeff se conduisait comme ses ancêtres maternels l'auraient fait dans une des oasis du Sahara ; je n'ai jamais rencontré de cas d'atavisme si pathologique.

Insolent et perfide, il offensait chacun de nous par ses impertinences. Nos proches étaient indignés et se plaignaient à mon père. Dostoïevski s'énervait et conseillait à son beau-fils de prendre la porte, mais métaphoriquement, il revenait toujours par la fenêtre. Il s'accrochait, toujours plus proche de son « papa », et continuait à vivre oisivement, dépendant de lui financièrement. Les amis de Dostoïevski détestaient son beau-fils, et ne l'invitaient jamais chez eux. Dans l'espoir de débarrasser mon père de ce parasite, ils lui obtenaient d'excellents postes dans des banques privées[1]. Tout homme sensé aurait saisi de telles opportunités et ainsi assuré son avenir, mais Paul Issaïeff ne restait jamais longtemps nulle part. Il méprisait ses collègues comme ses supérieurs, évoquant sans cesse son beau-père, le célèbre écrivain, ami de grands-ducs et de ministres, et menaçant ceux qui lui tenaient tête d'une vengeance toute-puissante. Au premier abord, les gens riaient de sa mégalomanie, mais ils s'en lassaient et finissaient par licencier Paul Issaïeff, qui revenait vers Dostoïevski comme un pauvre bougre. Il était maintenant père d'une famille nombreuse. Conformément à la tradition mamelouke, il participait chaque année à l'accroissement naturel de la population. Il donnait nos noms à ses enfants : Fiodor, Alexeï, et Aimée, dans le but de renforcer cette relation imaginaire et de donner l'impression qu'ils étaient les petits-enfants de Dostoïevski. En bon parasite, il essaya de les transformer en parasites à leur tour, mais échoua fort heureusement dans cette tâche. Ses enfants, très bien élevés par leur mère, devinrent de bien meilleurs individus que leur père. La Russie les intégra, et les purgea progressivement de leurs tendances mameloukes. Le sang africain, si fatal à Paul Issaïeff et à sa mère, fut peut-être un don précieux pour quelques-uns de ses descendants, leur permettant de devenir des hommes distingués. De tels retournements de situation sont courants en Russie.

Ma mère contesta toujours ardemment cette relation fallacieuse. Elle protégeait nos têtes blondes slavo-normandes et n'aurait jamais permis

---

1. Puisqu'il n'avait jamais été diplômé par une école du gouvernement, il ne pouvait prétendre à un poste dans une institution publique.

que nous partagions quoi que ce soit avec ce malheureux mulâtre à la peau jaune. Elle était dans son droit, car la Russie ne reconnaît aucune relation, quelle qu'elle soit entre un beau-père et son beau-fils. D'autre part, l'Église orthodoxe admet une relation spirituelle, et il est possible que Dostoïevski, qui a toujours été un fervent serviteur de notre église, accepte ses règles sur ce point[1]. Mais dans tous les cas, il considérait que cette relation disparaîtrait avec lui, et il ne nous exhorta jamais à traiter Paul Issaïeff comme un frère. Il nous était interdit de l'appeler par son surnom ou de le tutoyer. Mais mon frère et moi étions étrangement attirés par cet homme. Il n'était jamais gentil ni aimable avec nous, mais il nous amusait beaucoup. Lorsqu'il venait voir son beau-père, nous nous faufilions dans le bureau et, cachés derrière le fauteuil, nous observions avec fascination sa gestuelle atypique et ses mimiques étranges, et buvions ses paroles extravagantes. Pour nous, il était comparable à Guignol, jouant la comédie grotesque qui plaît tant aux enfants d'un certain âge.

Mais alors que nous nous moquions de Paul Issaïeff, Dostoïevski n'humilia jamais son malheureux beau-fils. À chaque fois que ses amis ou sa famille traitaient Paul avec dédain, mon père le prenait en pitié et faisait son possible pour le consoler. Il lui rendait visite chez lui, s'occupait de ses enfants, discutait de leur éducation avec madame Issaïeff, et lui prodiguait de bons conseils dont elle profiterait plus tard.

Paul Issaïeff est mort il y a des années. Parce qu'il fut un poison pour Dostoïevski pendant si longtemps, les intellectuels russes ne feront jamais rien pour ses enfants. Je pense, pour ma part, qu'ils auraient pu montrer leur admiration pour mon père en faisant un petit geste pour cette famille qui lui était chère. Après tout, les enfants de Paul Issaïeff, qui étaient tous très jeunes lorsque Dostoïevski mourut, ne lui firent jamais de mal. Au contraire, ils souffraient eux aussi des vices de leur père, et méritaient donc, au même titre que les victimes de cette situation malheureuse, un élan d'aide ou de sympathie.

---

1. Mon père se sentait particulièrement responsable du comportement de son beau-fils. Après l'un de nos plus longs séjours à l'étranger, il suspecta Paul Issaïeff d'avoir vendu de la contrefaçon. Dans une lettre à Maïkov, il explique à quel point cette idée l'a horrifié, et combien de prières il adressa à Dieu pour que cela n'arrive pas. Il eut la joie immense de constater qu'il s'agissait d'une erreur. Je ne pense pas, en effet, que Paul Issaïeff ait eu quelconque ambition criminelle. S'il avait été un escroc, il serait facilement parvenu à faire signer à mon père, toujours si étourdi et confus, un document qu'il lui aurait présenté sans qu'il comprenne à quoi il s'engageait. Bien d'autres ont tiré parti de cette situation, mais Paul Issaïeff n'était pas de ceux-là. Il demeura paresseux toute sa vie, mais honnête à sa manière.

XXIII

Dostoïevski en tant que père

Il est probable que le spectacle grotesque de son beau-fils poussa Dostoïevski à assurer son rôle de père auprès de mon frère et moi. Ayant échoué une fois, il était inquiet de réussir avec ses autres enfants. Il commença notre éducation très tôt, à un âge où la plupart des enfants sont encore en nursery. Peut-être savait-il que sa maladie était mortelle, et qu'il lui restait peu de temps pour transmettre ses valeurs et ses connaissances. Afin d'y parvenir, il adopta la même méthode que celle que son père avait choisie pour lui: lire les œuvres de grands auteurs. Dans la maison de mon grand-père, on apprenait aux enfants à lire à voix haute tour à tour, mais Dostoïevski devait nous lire lui-même les livres, car nous étions à peine capables de le faire lors de nos premières séances littéraires. La première d'entre elles reste gravée dans ma mémoire. Un soir d'automne, à Staraïa Roussa, alors qu'il pleuvait à torrents et que les feuilles jaunies formaient un épais tapis sur le sol, mon père nous annonça qu'il allait nous lire *Les Brigands* de Schiller. J'avais sept ans et mon frère tout juste six. Ma mère vint pour assister à cette première séance de lecture. Dostoïevski lisait avec enthousiasme, s'arrêtant çà et là pour expliquer les expressions difficiles. Nous écoutions, bouche bée: ce drame allemand paraissait très étrange pour nos esprits d'enfants. Penser à cette Allemagne fantastique, cette contrée lointaine où mon père se rendait à contrecœur chaque année sur ordre du médecin, et où les enfants sages se promenaient sur de petits ânes avec de longues, longues oreilles? Hélas! Il n'y a pas d'ânes dans *Les Brigands*, mais un père désagréable qui se querelle sans cesse avec ses fils, ainsi qu'une jeune fille qui tente de les réconcilier et qui pleure constamment. «Ne t'inquiète pas, pauvre petite», pensais-je, en écoutant les tirades passionnées de mon père. «Ce doit être terrible de vivre avec des gens qui se disputent tous les jours. Et ils avaient de quoi être heureux en Allemagne, où il y a tant de petits ânes. Pourquoi étaient-ils donc si tristes, et pourquoi se querellaient-ils tout le temps? Les Allemands ont sûrement mauvais caractère…»

Si je n'étais pas encore capable de comprendre l'œuvre de Schiller à sept ans, je comprenais parfaitement que ce drame fantastique intéressait beaucoup mon père, et que je devais avoir l'air intéressée moi aussi, si je voulais lui plaire. Maligne comme le sont la plupart des petites filles, je prenais de grands airs, hochant la tête d'un air approbateur, paraissant apprécier sensiblement le génie de Schiller. En sentant le sommeil m'étreindre alors que les frères Moor s'apprêtaient à commettre un nouveau crime, je tentais coûte que coûte de garder les yeux ouverts ; mon frère Fiodor s'était endormi sans même s'en rendre compte. En voyant l'état dans lequel se trouvait son public, mon père arrêta sa lecture, rit, et commença à se faire des reproches : «Ils ne peuvent pas comprendre, ils sont trop jeunes», dit-il tristement à sa femme. Pauvre père ! Il espérait nous faire découvrir l'émotion intense que les drames de Schiller avaient provoquée en lui ; sans prendre en considération le fait qu'il avait au moins le double de notre âge lorsqu'il en vit un pour la première fois.

Dostoïevski attendit quelques mois avant de reprendre ces soirées littéraires. Cette fois, il choisit de vieilles légendes russes que nos bardes rustiques chantaient dans les villages lors de banquets. Ces Homères analphabètes avaient une mémoire extraordinaire, et étaient capables de réciter des milliers de vers sans hésiter. Ils les répétaient en rythme, de manière théâtrale et très expressive ; ils étaient de véritables poètes, et ajoutaient souvent quelques passages aux chants qu'ils récitaient. Le sujet principal abordé dans ces légendes était la vie des chevaliers du prince Vladimir, ce roi Arthur russe, qui aimait rassembler ses guerriers autour d'une table ronde. Notre peuple, qui n'avait aucune notion d'Histoire, entremêlait ces légendes des IXe et Xe siècles avec des mythes païens bien plus anciens, amenant les chevaliers de la cour slavo-normande de Vladimir à rencontrer des géants et des nains, etc. Ces légendes étaient retranscrites en partie en russe, et en partie en langue slave ancienne, ce qui les rendait d'autant plus poétiques[1]. Elles convenaient mieux à notre imagination que les tragédies de Schiller. Nous écoutions, envoûtés, larmoyant au récit des infortunes des chevaliers errants, et nous réjouissant de leurs victoires. Dostoïevski souriait de nous voir émus, lui-même passionné par les poètes populaires de notre pays. Après les légendes, il se mit à nous lire les histoires de Pouchkine, écrites dans un russe

---

1. Dans la liturgie orthodoxe, les évangiles et les prières sont récités en slave ancien dans nos églises, de manière qu'en Russie, chacun ait quelques notions de la langue ancienne, même les enfants, qui commencent à assister à la messe avec leurs parents à l'âge de deux ans.

admirable, les contes caucasiens de Lermontov, et *Tarass Boulba* de Gogol, une magnifique romance de la vie cosaque dans l'Ukraine de jadis. Façonnant ainsi quelque peu nos goûts littéraires, il commença à nous réciter les poèmes de Pouchkine et d'Alexis Tolstoï, deux de ses poètes préférés. Dostoïevski récitait admirablement leurs vers. Un poème en particulier l'émouvait toujours aux larmes : *Le Chevalier de bronze* de Pouchkine, une légende médiévale. C'est l'histoire d'un rêveur, un Don Quichotte très dévot, qui parcourt toute sa vie durant l'Europe et l'Orient, défendant l'idéologie des évangiles. Durant son exil, il a une vision : dans un épisode de transe, il voit la Sainte Vierge au pied de la croix. Il laisse tomber « un rideau d'acier » sur son visage, et, fidèle à la vierge, se promet de ne plus jamais regarder une femme. Dans *L'Idiot*, Dostoïevski décrit comment l'une de ses héroïnes récite ce poème : « Un frisson de joie parcourut son visage. » C'est exactement ce qui arrivait à mon père lorsqu'il le lisait : son visage s'illuminait, sa voix tremblait, ses yeux se remplissaient de larmes. C'était l'histoire de sa propre âme. Lui aussi était un pauvre chevalier, sans peur et sans reproche, qui combattit toute sa vie pour ses idées. Lui aussi avait eu une vision béatifique : ce ne fut pas une vierge médiévale qui lui apparut, mais le Christ, qui vint à lui en prison, l'appelant à le suivre.

Dostoïevski attachait certes une grande importance à la lecture, mais ne négligeait pas pour autant le théâtre. En Russie, les parents emmènent très souvent leurs enfants voir des ballets. Les ballets n'intéressaient pas Dostoïevski, qui leur préférait l'opéra. Chose étrange, il choisissait toujours le même, *Rouslan et Ludmila*, que Glinka composa sur un poème de Pouchkine. Mon père semblait vouloir graver cette légende dans nos cœurs d'enfants. Elle est, en effet, très particulière : c'est une allégorie politique, préfigurant le destin des nations slaves. Ludmila, la fille du Prince Vladimir, représente les pays slaves de l'ouest. Tchornomor, un magicien d'orient, nain hideux avec une longue barbe, personnification de la Turquie, arrive à Kiev lors d'une grande fête, plonge tout le monde dans un profond sommeil et emmène l'innocente Ludmila dans son château. Durant deux nuits, Rouslan (la Russie) et Pharlaf (l'Autriche) poursuivent le nain, et après de nombreuses péripéties, ils arrivent au château de Tchornomor. Rouslan le provoque en duel : Tchornomor accepte, mais avant le combat, il plonge à nouveau Ludmila dans un sommeil profond. Alors qu'ils combattent, le sournois Pharlaf attrape la jeune fille endormie et la ramène à Kiev, au prince Vladimir, qui avait promis sa main au chevalier qui la sauverait. Pharlaf essaie en vain de réveiller Ludmila ; elle ne répond pas à ses avances. Après avoir vaincu Tchornomor, Rouslan s'empare de sa bague magique. De retour à Kiev, il passe la bague au doigt de Ludmila, qui s'éveille aussitôt, se jette dans ses bras, le désigne comme son bien-aimé et se détourne de Pharlaf avec dédain. Voyant que Ludmila ne ressent rien pour lui, Pharlaf quitte Kiev, déshonoré.

Ce bel opéra, magnifiquement mis en scène, ravit les enfants. Mon frère et moi l'admirions beaucoup, bien que nous lui fussions infidèles à quelques occasions. Un soir, alors que nous arrivions au théâtre, nous apprîmes que l'un des chanteurs était malade, et que *Rouslan et Ludmila* ne serait pas joué. *Le Cheval de bronze*, un opéra-comique très populaire, le remplaçait dans la programmation. Mon père était vexé et proposa de rentrer. Nous protestâmes, et nous mîmes à pleurer ; il eut pitié de notre déception, et nous autorisa à rester pour voir ce spectacle chinois ou japonais. Nous étions enchantés. Il y avait énormément de bruit, de clochettes qui sonnaient, et le grand cheval de bronze qui figurait dans chacun des actes marqua nos esprits. Dostoïevski ne voyait pas notre admiration d'un très bon œil. Il ne souhaitait vraisemblablement pas nous voir époustouflés par les merveilles de l'Extrême-Orient. Il nous voulait fidèles à sa Ludmila bien-aimée.

Lorsque Dostoïevski allait à Ems, ou qu'il était trop occupé pour nous faire lui-même la lecture, ma mère nous lisait, à sa demande, les œuvres de Walter Scott et Dickens, « ce bon chrétien », comme l'appelait mon père dans *Journal d'un écrivain*. Pendant les repas, il nous demandait de lui donner nos impressions, et évoquait certains épisodes des romans. Lui qui oubliait le nom de sa femme et le visage de sa maîtresse, était capable de se souvenir de tous les noms anglais des personnages de Dickens et de Scott qui avaient embrasé son imagination de jeune homme, et parlait d'eux comme s'ils étaient ses amis intimes.

Mon père était très fier de mon goût pour la lecture. J'ai appris à lire en quelques semaines, et dévoré tous les livres que j'avais sous la main. Ma mère était contre ce rapport obsessionnel à la lecture, qui était, évidemment, très mauvais pour une petite fille agitée. Dostoïevski, cependant, était indulgent avec moi, voyant dans ce comportement le reflet de sa propre passion pour les livres. Dans ses étagères, il choisissait pour moi des romans historiques et les contes romantiques de Karamzine, me les présentant et m'expliquant les choses que je n'avais pas comprises. Je pris l'habitude de lui tenir compagnie lorsqu'il déjeunait, ce qui devint l'heure la plus heureuse de ma journée. C'est ainsi que commencèrent nos débats littéraires, lesquels, hélas, ne continuèrent pas longtemps.

Le premier livre que me donna mon père fut *Histoire de l'empire de Russie* de Karamzine, joliment illustré. Il expliquait les images qui représentaient l'arrivée de Riourik à Kiev, les combats de son fils Igor contre les tribus nomades qui entouraient ce qui était alors la petite nation slave, Vladimir introduisant le christianisme dans sa principauté, Jaroslav promulguant les premières lois européennes, et les autres descendants de Riourik, fondateurs de la Moscovie, défendant la nouvelle grande Russie de l'invasion des Tartares. Les princes slavo-normands devinrent mes héros favoris. Dans mes rêves, je pouvais entendre leurs chants et leurs cris de guerre. Mon héroïne préférée était Rogneda, fille du prince normand Rogvolod ; j'aimais jouer son rôle lors de nos jeux d'enfants. Plus tard, lorsque je commençai à voyager en Europe, je cherchai partout les traces de mes chers Normands. Je fus surprise de constater que les Européens parlaient de cultures latines et germaniques, en oubliant celle des Normands. À l'époque où l'Europe était plongée dans la barbarie moyenâgeuse, les Normands protégeaient déjà la liberté de conscience et permettaient la pratique de toutes les religions sur leurs domaines. Au lieu de célébrer le pouvoir et les richesses, ils rendaient hommage aux poètes et aux hommes de lettres et de sciences, les invitant à leur cour, et travaillant même pour eux. Ainsi, en Sicile, le prince Normand Roger II permit à l'érudit arabe Edrizy d'écrire le premier manuel de géographie sous le titre candide de *La Joie de celui qui aime voyager*. Le peuple des Normands était si avancé pour son époque qu'il ne pouvait se mêler aux peuples barbares d'Europe ; il put uniquement subsister dans de petites contrées reculées comme la Lituanie ou la Sicile. Aujourd'hui, cette civilisation n'est pas morte : elle vit dans les âmes des descendants normands, et se manifeste de temps en temps à travers quelques grand poète ou écrivain.

Un élément me frappa un peu plus tard, lorsque je commençai à analyser cette période de ma vie : mon père ne me donna jamais de livres pour enfants. *Robinson Crusoé* fut le seul livre de ce genre que je lus, et il me fut donné par ma mère. Je suppose que Dostoïevski ne connaissait rien des livres pour enfants. Dans sa jeunesse, ils n'existaient pas encore en Russie, et il dut commencer par lire les œuvres de grands auteurs à l'âge de huit ou neuf ans. Un autre détail, plus curieux encore, m'interpelle lorsque je me remémore nos conversations. Dostoïevski, qui me parlait volontiers de littérature, ne me dit jamais un seul mot sur son enfance. Ma mère me parlait des plus petits détails de sa vie de petite fille, me décrivait ses premières impressions et son affection pour son frère, mais je ne parviens pas à me souvenir du moindre élément de l'enfance de mon père. Il était tout aussi discret que son père avant lui, qui ne dit jamais mot à ses fils à propos de leur grand-père ou de leurs oncles ukrainiens.

Dostoïevski supervisait notre éducation religieuse, et aimait louer Dieu en compagnie de sa famille. En Russie, nous le louons une fois par an, et nous préparons cet événement solennel par une semaine de prière. Mon père honorait humblement ses devoirs religieux, jeûnant, allant à l'église deux fois par jour, et laissant de côté tout travail littéraire. Il aimait notre belle messe de la Semaine sainte, particulièrement la messe de résurrection et ses hymnes joyeux. Les enfants n'assistent pas à cette messe, qui commence à minuit, et prend fin entre deux et trois heures du matin. Mais mon père souhaita ma présence à cette merveilleuse cérémonie dès que j'eus atteint les neuf ans. Il m'assit sur une chaise afin que je puisse suivre le déroulé de la messe, et m'entourant de ses bras, il m'expliqua la signification des rituels sacrés.

XXIV
Dostoïevski et Tourgueniev

vant d'évoquer les dernières années de mon père, je voudrais dire quelques mots à propos de ses relations avec Tourgueniev et Tolstoï. En discutant avec les admirateurs de Dostoïevski en Europe, j'ai toujours remarqué qu'ils accordaient un intérêt particulier à ces relations.

Lorsque mon père a connu Tourgueniev, ils étaient tous deux jeunes et pleins d'ambition, comme le sont généralement les jeunes personnes qui commencent à construire leur vie. À ce moment-là, ils étaient inconnus du public russe : leur talent se développait à peine. Ils fréquentaient les mêmes salons littéraires, écoutaient les mêmes critiques, et vénéraient les mêmes maîtres, leurs poètes et romanciers préférés. Tourgueniev exerçait une grande attraction sur mon père ; Dostoïevski l'admirait comme un étudiant admire un de ses camarades, plus beau et plus distingué que lui, ayant plus de succès auprès des femmes, et lui semblant être un homme idéal. Cependant, en apprenant à le connaître, son admiration se mua peu à peu en aversion. Plus tard, il surnommait Tourgueniev « cet acteur ». L'avis de Dostoïevski était partagé par la plupart de ses collègues auteurs. Lorsque j'entrepris moi-même de questionner les vieux écrivains russes sur leurs relations avec Tourgueniev, je remarquai toujours qu'ils adoptaient un ton dédaigneux pour parler de lui, ton qui disparaissait lorsqu'il se mettaient à parler de Tolstoï. Tourgueniev avait, dans une certaine mesure, mérité leur mépris. Il faisait partie de ces hommes qui ne peuvent être naturels, qui tentent toujours de se faire passer pour quelque chose qu'ils ne sont pas. Dans sa jeunesse, il feignait être un aristocrate, rôle qu'il s'attribuait sans la moindre justification. L'aristocratie russe est un monde très restreint ; c'est davantage un clan qu'une classe sociale. Elle est composée des quelques descendants des anciens boyards russes et ukrainiens, de quelques chefs tartares reconnus par les Russes, quelques barons des provinces baltiques et quelques princes et comtes polonais. Tous ces individus sont élevés de la même manière, ils se connaissent les uns les autres, ont tous des liens de parenté, et ont conclu des mariages avec l'aristocratie européenne. Ils offrent un divertissement magnifique aux ambassadeurs étrangers et renforcent le prestige de la cour russe. Ils n'ont que très peu d'influence dans les affaires politiques de leur pays, qui, depuis la seconde moitié du XIXᵉ siècle, est progressivement passé aux mains de notre noblesse héréditaire. Celle-ci est tout à fait différente de l'aristocratie, et n'a rien en commun avec la noblesse féodale d'Europe. J'ai déjà expliqué ses origines en décrivant le « Schliata » lituanien. Cette forme d'union, au départ martiale en Pologne et en Lituanie, fut transformée en Russie en union agraire de propriétaires ruraux. Catherine II les protégeait, désirant créer une sorte de tiers état en Russie. Les propriétaires terriens de chaque province s'associaient et choisissaient un maréchal noble pour superviser leurs affaires. Il s'en occupait gratuitement, se ruinant parfois en organisant des bals et des banquets pour les nobles qui l'avaient élu. Néanmoins, le poste de maréchal de la noblesse était toujours très couru, car il offrait de nombreux privilèges. L'empereur conférait toujours le rang de gentleman ou de chambellan au maréchal élu, et l'invitait aux festivités de la cour. Le maréchal de la noblesse était quasiment indépendant des ministres, et pouvait demander une audience avec l'empereur à tout moment pour parler des affaires des nobles de sa province. Nos tsars côtoyèrent toujours ces unions, et essayèrent même de se faire passer pour des nobles héréditaires. Ainsi, Nicolas 1er déclara qu'il était « le premier noble de tout l'empire. » Les Grands-ducs achetèrent des terres dans les provinces, fraternisèrent avec les membres de l'union, et signèrent des télégrammes adressés au maréchal où le pseudonyme de « Noble héréditaire » remplaçait celui de « Grand-duc ». Le tsar acceptait volontiers les invitations des nobles, et lorsqu'avec sa famille, il déjeunait, dînait ou prenait le thé dans l'une des assemblées provinciales, il essayait de faire oublier le protocole impérial et de jouer le rôle d'un Romanov, membre de la noblesse. J'ai assisté à quelques-unes de ces visites impériales, et je fus surprise de l'absence de protocole et de la simplicité patriarcale dans laquelle elles se déroulaient. Les aristocrates russes, à leur tour, firent en sorte de s'inscrire sur les registres de noblesse, et tentèrent d'être élus au poste de maréchal. Ils ne furent jamais élus. Très souvent, à ces élections, les princes étaient rejetés et un noble, d'origine moins illustre, mais plus estimé par ces pairs, était choisi. Les assemblées se déroulaient toujours dans la plus grande égalité, la noblesse russe n'était pas divisée en castes, et les membres récemment anoblis avaient les mêmes droits que ceux qui appartenaient aux familles les plus renommées. Les unions s'enrichirent rapidement, car les membres célibataires ou sans enfants léguaient bien souvent leur fortune, leurs domaines et leurs maisons à la noblesse de leur province. Après l'affranchissement des serfs, la plupart des propriétaires terriens furent ruinés et dans l'obligation de vendre leurs propriétés. Les unions de nobles avaient la sagesse de ne pas y renoncer ; leur richesse leur permettait de verser des pensions aux veuves et des allocations pour l'éducation des enfants. Les parents russes sont très dépensiers et ne pensent pas assez à l'avenir de leur enfant, si bien que si ce dernier ne contracte pas d'union, n'ayant pas les moyens de s'offrir une éducation, il sombre progressivement dans la classe des paysans illettrés, appelés « moujiks ». En leur venant en aide, les unions perpétuent une culture héréditaire, la seule culture qui permette à un homme de se civiliser. En tant que nobles héréditaires, nous étions très fiers de notre union, qui avait dépensé des millions de roubles pour diffuser la culture européenne en Russie. Mieux encore, en se popularisant, cette culture ne fut jamais dissociée de l'Église orthodoxe, et toujours reconnue pour son patriotisme. C'est pour cette raison que la noblesse russe gagna tant en force et en influence, et devint rapidement toute-puissante.

Tourgueniev appartenait à cette noblesse héréditaire[1], tout comme Dostoïevski et Tolstoï et la plupart des écrivains de cette époque. À l'exception de Gontcharov, qui était fils de marchand, et de Belinski qui appartenait à la classe moyenne pauvre, tous les hommes de lettres contemporains de mon père (Grigorovitch, Pleshéev, Nekrassov, Saltykov, Danilevski…) étaient tous des nobles héréditaires. Parmi eux, certains appartenaient à une noblesse plus ancienne que Tougueniev : le poète Maïkov, par exemple. Cet ami proche de mon père avait des origines si anciennes qu'il avait l'honneur de compter un saint parmi ses ancêtres : le célèbre Nil de Sorsk, canonisé par l'Église orthodoxe[2]. Les aspirations de Tourgueniev à un plus haut degré de noblesse irritaient bien évidemment ses confrères, qui les jugeaient ridicules. D'un autre côté, les aristocrates russes riaient de ses élucubrations, et refusaient de

1. Le terme distinctif « héréditaire » est généralement utilisé pour parler de ces connexions, car il existe dans notre pays une autre noblesse, qualifiée de « personnelle ». Elle fut introduite en Russie à l'époque où les personnes n'appartenant pas à la noblesse héréditaire pouvaient être condamnées à des châtiments corporels. Le titre de « noblesse personnelle » était conféré aux citoyens qui avaient reçu la plus haute éducation dans les universités, afin de les préserver de ce genre de châtiments. Les nobles « personnels » ne pouvaient être enregistrés au même titre que les nobles héréditaires, et ne jouissaient d'aucun de leurs privilèges. Après l'abolition du châtiment corporel, cette distinction perdit tout son sens.
2. L'Église orthodoxe ne canonise les saints que trois ou quatre cents ans après leur mort.

le traiter comme un personnage illustre lorsqu'il fréquentait leurs salons. Il était mortifié, et prit sa revanche sur l'aristocratie russe en dépeignant, dans son roman *Fumée*, des aventuriers bien nés comme on en trouve dans tous les pays, mais qu'il représente sous les traits typiques des grands nobles russes.

La mégalomanie de Tourgueniev, qui était assez commune en Russie, n'aurait pas empêché mon père de le garder parmi ses amis. Le snobisme est une maladie plus sournoise que la grippe. Si nous décidions d'ostraciser tous les snobs de notre entourage, nous vivrions dans une relative solitude. Dostoïevski aurait pardonné la faiblesse de Tourgueniev comme on pardonne les erreurs de ceux qu'on aime ; pourtant, mon père coupa tout contact avec lui, et cessa de fréquenter les salons littéraires quelque temps avant qu'il apprenne qu'il était condamné. Pour comprendre la situation entre Dostoïevski et ses amis, de plus jeunes écrivains, il nous faut revenir peu de temps en arrière.

Saint-Pétersbourg n'a jamais été une ville prisée des Russes. Cette capitale artificielle que Pierre le Grand construisit sur des marécages, froide, humide, exposée à tous les vents du nord et plongée dans l'obscurité les trois quarts de l'année paraissait détestable aux yeux de mes compatriotes, qui préféraient les villes paisibles et ensoleillées du sud de la Russie. Constatant que les Russes ne s'installeraient pas à Saint-Pétersbourg, nos empereurs se virent contraints de peupler la nouvelle capitale avec des Suédois et des Allemands des provinces baltiques. Au XVIII⁰ siècle, Saint-Pétersbourg était aux trois quarts allemande, et la société allemande y dictait ses normes. Au début du XIX⁰ siècle, la mode schillérienne régnait en Allemagne, et s'étendit en Russie. Tout le monde fut pris d'aspirations lyriques : les hommes se juraient les uns aux autres une amitié éternelle, les femmes tombaient en pâmoison au moindre noble sentiment qu'on leur exprimait, les jeunes filles s'embrassaient passionnément et s'écrivaient de longues lettres emplies d'une tendresse grandiose. La politesse devint si protocolaire que lorsque les dames recevaient des visiteurs, elles devaient sourire à chaque instant, et rire à chaque mot qu'elles entendaient. Cette mode de l'exaltation des sentiments se retrouve dans les romans de l'époque.

Lorsque Moscou fut incendiée en 1812, beaucoup de Moscovites migrèrent à Saint-Pétersbourg et s'y installèrent. D'autres familles suivirent leur exemple, et la capitale bien-aimée de Pierre le Grand ne tarda pas à devenir Russe. Alors que mon père entrait en école d'ingénieur, la vie mondaine russe battait son plein à Saint-Pétersbourg. Mes compatriotes, qui sont humbles et sincères, trouvaient la mode schillérienne ridicule, et ils n'avaient pas tout à fait tort. Mais malheureusement, en réaction à cette attitude larmoyante, ils basculèrent dans une brutalité qui en était l'extrême opposé. Ils considérèrent qu'un homme respectable devait toujours dire la vérité, et sous couvert de franchise, ils devinrent grossiers. Ma grand-mère, suédoise, éleva ses enfants dans la tradition schillérienne, et ma mère me disait souvent combien sa vie devint difficile lorsqu'en grandissant, elle commença à fréquenter des familles russes. « Il était inutile d'être polie et aimable », disait-elle. « On me critiquait de tous côtés. Je ne pouvais même pas me défendre, sous peine d'avoir l'air ridicule. Je pouvais seulement répondre avec la même impertinence. » Progressivement, mes compatriotes se mirent à s'habituer à ces incivilités, et les rixes insolentes devinrent monnaie courante. Dans les salons, les réceptions, les dîners mondains, deux hommes et deux femmes commençaient à s'alpaguer avec grossièreté, et alors qu'ils faisaient étalage de cet échange vulgaire, les spectateurs les écoutaient avec intérêt, prenant parti pour l'un, puis pour l'autre. En arrière-garde de ces combats de coqs se trouvait la rudesse mongole qui habite le cœur de tous les Russes, et apparaît lorsqu'ils sont en colère, surpris, ou malades. « Grattez le Russe en surface et vous trouverez le Tartare », disent les Français, qui ont sans doute souvent remarqué à quel point un Russe éduqué à l'européenne et aux manières distinguées peut devenir rustre et brutal comme un moujik, dans un moment d'emportement.

Dostoïevski, élevé par un père à moitié ukrainien et à moitié lituanien, ne connaissait rien de la brutalité tartare. À en juger par les lettres lyriques qu'il écrivait à son frère Mikhaïl, ainsi que par les épîtres extrêmement respectueuses qu'il adressa à son père, la mode schillérienne devait régir les mœurs dans la famille de mon grand-père. La grossièreté russe fascina Dostoïevski lorsqu'il s'y heurta pour la première fois en école d'ingénieur, et fut, probablement, la principale raison de son mépris pour ses camarades de classe. Il fut encore plus stupéfait lorsqu'il fit face à ce genre de situation dans les salons littéraires de l'époque. Tant qu'il restait dans l'ombre, il n'avait pas à en souffrir. Il profitait du calme, et observait les autres : Grigorovicth, avec qui il partageait une chambre, avait été éduqué à la française, et avait toujours de très bonnes manières[1]. Mais lorsque le succès inattendu de son premier roman attisa la jalousie des écrivains plus jeunes, ils se vengèrent en proférant des calomnies et

---

1. Le baron Wrangel, avec qui mon père vivait en Sibérie, avait reçu une éducation allemande, et donc à la mode schillérienne, qu'il conserva tout au long de sa vie.

des insultes. Mon père ne pouvait se défendre efficacement, car il était incapable d'être insolent. Il était nerveux et irritable, comme le sont généralement les enfants d'ivrognes. Lorsqu'il perdait son sang-froid, Dostoïevski disait des choses absurdes qui lui attiraient les moqueries de ses compagnons insensibles. Tourgueniev aimait particulièrement le tourmenter. Il était d'origine tartare et savait se montrer plus cruel et vicieux que les autres. Belinski, qui était compatissant, tenta en vain de défendre mon père, réprimandant ses rivaux et essayant de leur faire entendre raison. Tourgueniev semblait éprouver un plaisir particulier à faire souffrir son confrère sensible et nerveux. Un soir, chez Panaév, Tourgueniev raconta à mon père qu'il venait de faire la connaissance d'un provincial arrogant qui se considérait comme un génie, et décrivit une caricature de Dostoïevski. Leurs comparses écoutaient avec amusement, s'attendant à l'un de ces combats de coqs qui, comme je le disais, étaient très fréquents à cette période. Ils applaudirent Tourgueniev, attendant impatiemment la réponse de Dostoïevski. Mon père n'était pas un oiseau de combat, mais un gentleman ; son sens de l'honneur était bien plus développé que celui des Russes qui l'entouraient. Se sentant grossièrement insulté, il pâlit, rougit et quitta la maison sans dire un mot[1]. Les jeunes écrivains étaient abasourdis. Ils harcelèrent mon père, l'invitant, lui écrivant, mais tous ces efforts furent vains. Dostoïevski refusait de mettre les pieds dans les salons littéraires. Les jeunes auteurs s'inquiétaient. Ils commençaient à peine leurs carrières littéraires et n'avaient encore aucune situation. Dostoïevski était le préféré du lectorat et ses jeunes confrères craignaient que le public ne prenne son parti et les accuse de jalousie et de malveillance. Ils n'hésitaient pas à le calomnier, stratagème de prédilection des Russes, ou plutôt des nations qui sont encore au stade de leur genèse. Ils allaient jusqu'à affirmer à grands cris que Dostoïevski était un arriviste prétentieux qui se sentait supérieur à tout le monde, et un monstre d'égoïsme et de mauvaise humeur. Mon père les laissait dire ce que bon leur semblait. Il n'avait que faire de l'opinion publique, et toute sa vie, il ne daigna réfuter les calomnies. Lorsqu'il coupa tout contact avec Belinski et ses conseils, et mit fin à toutes les conversations avec d'autres écrivains qui lui étaient pourtant précieuses, il se consola en pensant que l'honneur et la dignité sont les meilleurs alliés d'un homme, et peuvent remplacer tous les autres. Mais il est très difficile pour un jeune homme de devenir un ermite ; les jeunes

---

1. « Très discrets, il est coutume de dire que les Lituaniens sont modestes. Mais lorsqu'ils font face à de l'insolence, ils deviennent extrêmement arrogants », dit Vidûnas.

âmes ont besoin d'échanger des idées pour se développer. Ayant renoncé à la communauté littéraire, Dostoïevski chercha à rencontrer d'autres intellectuels, et fit malheureusement la connaissance de Pétrachevski.

Le ton agressif des joutes verbales que j'ai décrites n'a plus cours à présent, du moins dans la haute société. Mes compatriotes voyagèrent beaucoup en Europe dans la seconde moitié du XIXe siècle, y ont observé la place qu'y occupe la politesse dans les interactions, et l'ont introduite en Russie. En 1878, dans le *Journal d'un écrivain*, mon père confessa à ses lecteurs que lorsqu'il partait en voyage, il emportait toujours une multitude de livres et de journaux afin d'éviter d'avoir à converser avec ses compagnons de route. Il affirmait que ces conversations se terminaient toujours en insultes gratuites, proférées dans l'unique but de blesser l'interlocuteur.

Le caractère entier de mon père faisait grande impression aux écrivains russes. Ils prirent conscience que son sens de l'honneur était plus développé que celui de ses contemporains, et qu'ils ne pouvaient donc pas se permettre de parler de lui avec le même irrespect que se témoignaient les écrivains entre eux à cette période. Lorsqu'il revint de Sibérie, ses nouveaux amis, les collaborateurs de *Vremya*, l'estimaient beaucoup. Mon père, qui ne demandait rien de plus que de vivre en bons termes avec ses collègues, mais n'aurait pas sacrifié sa dignité sur l'autel de l'amitié, devint pour eux un ami sincère, et leur resta fidèle jusqu'à sa mort. Tourgueniev, imitant les autres écrivains, était poli, et même aimable avec mon père[1]. Ils ne se voyaient que très rarement. Alors que mon père purgeait sa peine en Sibérie, Tourgueniev eut le malheur de tomber amoureux d'une célèbre chanteuse européenne. Il la rejoignit à l'étranger, la suivant comme son ombre toute sa vie. Il s'installa à Paris, et ne revint en Russie que pour la saison sportive. Son histoire d'amour malheureuse l'empêcha de se marier et d'avoir une famille. Dans ses romans, il aime décrire un genre d'homme slave faible d'esprit qui devient l'esclave d'une femme malveillante et qui souffre, incapable de se soustraire à son emprise. Tourgueniev se laissa gagner par l'amertume : ses mésaventures accentuèrent ses défauts au lieu de les corriger. Constatant que l'aristocratie russe ne le reconnaîtrait pas comme le noble person-

---

1. Tourgueniev était particulièrement sympathique avec mon père à l'époque où les frères Dostoïevski publiaient leur journal. Pendant son séjour à Saint-Pétersbourg, il organisa un grand dîner auquel il convia toute l'équipe de Vremya. Tourgueniev gérait toujours très bien son argent, se liant d'amitié avec de riches éditeurs et négociant les meilleurs droits sur ses œuvres, tandis que Dostoïevski, qui était toujours contraint de demander des avances à ses éditeurs, se contenta toute sa vie des sommes qu'ils acceptaient de lui verser.

nage qu'il s'imaginait être, il changea de stratégie et adopta le rôle de l'Européen. Il exagérait la mode parisienne, s'appropriant les mimiques des vieux beaux Français, et devint plus ridicule que jamais. Il parlait de la Russie avec dédain, et déclarait que s'il elle venait à disparaître, la civilisation ne s'en porterait que mieux. Sa nouvelle attitude dégoûtait mon père ; s'il avait trouvé la première ridicule, la seconde lui paraissait dangereuse. En adoptant cette position, Tourgueniev devint le leader des occidentalistes (zapadniki), dont les rangs étaient jusqu'alors peuplés d'individus médiocres, et à qui son incontestable talent conférait un certain prestige. À chaque fois que mon père rencontrait Tourgueniev à l'étranger, il essayait de lui faire prendre conscience du tort qu'il causait à la Russie par ses agissements. Tourgueniev ne voulait pas entendre raison, et leurs discussions se transformaient généralement en disputes. Lorsque Dostoïevski retourna en Russie après avoir passé quatre ans en Europe, il devint l'un des meneurs du mouvement slavophile, les opposants aux occidentalistes. En voyant l'influence désastreuse que les occidentalistes exerçaient sur la jeune société russe, Dostoïevski leur déclara la guerre dans son roman *Les Possédés*. Pour les discréditer aux yeux du lectorat russe, il caricatura leur chef dans sa description du célèbre écrivain Karmazinov séjournant dans une petite ville russe. Les occidentalistes, indignés, s'insurgèrent. Ils estimaient normal de voir Tourgueniev ridiculiser mon père et exagérer les traits des héros de ses romans, mais crièrent au scandale lorsque Dostoïevski rendit la pareille à Tourgueniev. Ainsi s'applique la justice, telle que la conçoivent les intellectuels russes.

Bien qu'opposé à Tourgueniev et à ses idées politiques, mon père fut toute sa vie un grand admirateur du travail de son confrère. Lorsqu'il parle de lui dans le *Journal d'un écrivain*, c'est toujours dans les termes les plus chaleureux. Tourgueniev, de son côté, n'admit jamais que Dostoïevski avait du talent, et continua à le tourner en dérision dans toutes ses œuvres. Il agissait comme un véritable Mongol, sournois et vindicatif.

XXV

Dostoïevski et Tolstoï

La relation qu'entretenait Dostoïevski avec Tolstoï était très différente. Ces deux grands écrivains russes avaient une réelle sympathie et une véritable admiration mutuelles. Ils avaient un ami commun, le philosophe Nikolaï Strakhov, qui vivait à Saint-Pétersbourg en hiver et passait les mois d'été en Crimée avec son camarade Danilevski, s'arrêtant à Moscou ou à Iasnaïa Poliana[1] pour voir Tolstoï. Mon père adorait Strakhov, et son avis avait une grande importance pour lui. Tolstoï l'appréciait également et entretenait une correspondance avec lui. «Je viens de relire *Souvenirs de la maison des morts,*» lui écrivit-il. «Quel livre magnifique!» «Quand vous verrez Dostoïevski, dites-lui que je l'adore.» Strakhov fit très plaisir à mon père en lui montrant cette lettre. Plus tard, lorsque Tolstoï publia un nouveau livre, Dostoïevski dit à son tour à Strakhov: «Dites à Tolstoï que son roman m'enchante.» Ces deux grands auteurs s'adressaient des compliments à travers Strakhov, et ces compliments étaient sincères. Tolstoï admirait les œuvres de Dostoïevski autant que mon père admirait les siennes. Ils ne s'étaient pourtant jamais rencontrés, et n'avaient jamais formulé le désir de le faire. Pourquoi donc? Je crois qu'ils craignaient d'en venir aux mains s'ils se rencontraient. Ils avaient tous deux une profonde admiration pour le talent de l'autre, mais leurs idées respectives et leur vision de la vie s'opposaient littéralement.

Dostoïevski aimait passionnément la Russie, mais il ne se laissait pas aveugler par cette passion. Il voyait clairement les défauts de ses compatriotes et ne partageait pas leur conception de la vie. Des siècles de culture européenne séparaient mon père des Russes. En tant que Lituanien, il les aimait comme un homme aime ses plus jeunes frères, mais se rend compte à quel point ils sont encore jeunes, et combien il leur reste de choses à apprendre. Les critiques européens commettent souvent l'er-

---

1. Nom d'un domaine appartenant à Tolstoï, situé dans la juridiction de Tula.

reur de rapprocher Dostoïevski des héros de ses romans[1]. Mon père était un grand écrivain qui dépeignait ses compatriotes tels qu'ils étaient. Un chaos moral règne dans ses romans, car le même chaos régnait dans notre Russie, un État encore jeune et anarchique ; mais ce chaos n'a pas son pendant dans la vie privée de Dostoïevski. Ses héroïnes délaissent leurs maris et poursuivent leurs amants, mais lui pleurait comme un enfant en apprenant le déshonneur de sa nièce, et refusait de la recevoir. Ses héros mènent des vies de débauche et jettent leur argent par les fenêtres ; lui travaillait comme un forcené pour payer les dettes de son frère, qu'il considérait comme ses propres dettes d'honneur. Ses héros sont de mauvais maris et de mauvais pères ; lui était un mari fidèle, assurant consciencieusement ses devoirs de père, et supervisant l'éducation de ses enfants contrairement à la plupart des parents russes. Ses héros n'accordent pas d'importance à leurs devoirs civiques ; lui était un fervent patriote, un fidèle paroissien de notre Église, un slave dévoué au service des membres de sa communauté. Dostoïevski vivait comme un Européen, considérant l'Europe comme sa seconde patrie, et conseillant à tous ceux qui le consultaient d'étudier et d'acquérir la culture qui manque à la majeure partie de mes compatriotes.

L'attitude de Tolstoï était tout à fait différente. Tout comme Dostoïevski, il adorait la Russie, mais il ne la critiquait pas. Bien au contraire ! Il méprisait la culture européenne et considérait l'ignorance des moujiks comme l'ultime sagesse. Il conseillait à tous les intellectuels qui lui rendaient visite d'arrêter leurs études, la science et les arts, et de retourner à une vie de paysan. Il donnait le même conseil à ses propres enfants. « Je répète à mes enfants qu'ils doivent étudier, apprendre des langues étrangères, et devenir des hommes distingués, et leur père leur dit de quitter l'école et d'aller travailler dans les champs avec les moujiks, » disait la comtesse Tolstoï à ma mère. Le prophète d'Iasnaïa Poliana contemplait les défauts de ses compatriotes et partageait leur absurde frivolité, leurs rêves puérils d'un communisme primitif. Son idéal était l'idéal oriental du peuple russe : ne rien faire, croiser les bras et s'allonger sur le dos, bâillant et rêvant. En apôtre du pacifisme, il conseillait à ses disciples de baisser leurs armes devant l'ennemi et de ne pas lutter contre le mal, mais de le laisser envahir le monde en s'en remettant à Dieu. Il préparait le triomphe des bolchéviques, et affirmait innocemment qu'il prêchait la parole chrétienne. Il oubliait que Jésus ne vivait pas à Iasnaïa Poliana, mais qu'il allait de ville en ville, mangeant en chemin, dormant peu, s'adressant à tous les cœurs, éveillant les consciences, semant les graines

1. Les critiques russes ne commettent jamais cette erreur.

de la vérité dans chacune des villes qu'il traversait, formant ses disciples et les envoyant prêcher son dogme dans d'autres contrées, combattant le mal jusqu'à son dernier souffle.

La différence entre les idées de mon père et celles de Tolstoï fut mise en exergue durant la guerre russo-turque. Dans son *Journal d'un écrivain*, Dostoïevski demande la libération des nations slaves, leur indépendance et le libre développement de leur idéal national. Il fut indigné lorsqu'il apprit comment les Turcs torturaient les malheureux Serbes et Bulgares, et il incita les Russes à délivrer ces peuples persécutés en prenant les armes. Il scanda passionnément que c'était le devoir de la Russie, qu'elle ne pouvait pas abandonner des citoyens issus de la même souche et ayant la même religion que les siens. Tolstoï, de son côté, pensait que la Russie n'avait rien à voir avec les problèmes des Balkans, et qu'elle se devait d'abandonner les Slaves à leur sort. Il affirmait même que l'indignation des Russes face aux atrocités des Turcs n'était rien de plus qu'une façade, et qu'un Russe n'était et ne pouvait pas être ému par la description de ces exactions. Il confessa que lui-même ne ressentait aucune pitié. « Comment peut-il ne ressentir aucune pitié ? Cela me dépasse ! » écrivit Dostoïevski dans le *Journal d'un écrivain*. L'attitude hostile de Tolstoï au milieu de l'émotion générale que provoquait la cause slave sembla si scandaleuse à son éditeur, Katkov, qu'il refusa de publier l'épilogue d'*Anna Karénine*, dans lequel Tolstoï expose ses idées anti-slaves. L'épilogue parut dans un pamphlet indépendant. En tant que meneur slavophile, Dostoïevski considérait qu'il était de son devoir de dénoncer dans son propre journal l'attitude étrange de Tolstoï envers les malheureuses victimes des Turcs. Pour combattre Tolstoï, il n'adopta pas la même méthode que durant son conflit avec Tourgueniev. Il méprisait son ancien camarade de classe et ne l'avait pas épargné. Mais il aimait Tolstoï et ne voulait pas lui causer de peine. Pour démanteler ses arguments, il plaçait Tolstoï sur un piédestal vertigineux, clamant qu'il était le plus grand écrivain russe, et déclarant que tous les autres, lui compris, n'étaient rien de plus que ses élèves[1].

Des critiques si élogieuses ne pouvaient offenser Tolstoï et n'entamaient

1. Dostoïevski admirait particulièrement le pouvoir descriptif de Tolstoï et son style, mais ne le considéra jamais comme un prophète. En effet, il pensait que Tolstoï ne comprenait pas notre peuple. Souvent, lors de discussions avec ses amis, mon père disait que la vie de la noblesse héréditaire était la seule que Tolstoï et Tourgueniev parvenaient à décrire fidèlement, laquelle, selon lui, était en phase de déclin et sur le point de disparaître. Cela surprit énormément ses amis, mais Dostoïevski avait raison, et la révolution changea les conditions de vie de tous les Russes. Il considérait Tolstoï et Tourgueniev comme des romanciers historiques de talent.

pas son admiration pour Dostoïevski. Lorsque mon père mourut, il écrivit à Strakhov : « Lorsque j'ai appris la mort de Dostoïevski, j'ai eu l'impression de perdre un parent, le plus proche et le plus cher, et celui dont j'avais le plus besoin. »

Les biographes européens de Tolstoï le décrivent généralement comme un grand aristocrate, contrairement à Dostoïevski, qui, j'ignore pourquoi, est considéré comme un plébéien. Les biographes russes les mieux renseignés savent que les deux hommes appartenaient à la même union de nobles héréditaires. Je suppose que le titre de comte de Tolstoï induisait les auteurs européens en erreur. En Russie, le titre ne signifiait rien ; il était possible d'y rencontrer des personnes titrées, portant des noms historiques et appartenant aux classes moyennes, et d'autres, sans titres, faisant partie de l'aristocratie. Les biographes européens de Tolstoï qui souhaitent comprendre sa position en Russie devraient lire l'histoire du comte Rostov dans *Guerre et Paix*. Tolstoï raconte ici celle de son grand-père paternel. Le comte Ilia Rostov vit à Moscou et y reçoit tout le monde ; mais lorsqu'il se rend à Saint-Pétersbourg avec sa famille, il ne connaît personne, excepté une vieille dame de la cour, qui n'est capable que de leur procurer une unique invitation à un bal dans le grand monde, et qui, même dans ce cas-là, ne pourra présenter aucun beau parti à la charmante Natalia, car elle-même ne connaît personne. Le comte Rostov est très populaire auprès des nobles de sa province qui l'ont élu maréchal ; mais lorsqu'il invite à dîner le prince Volkonski, aristocrate en voyage, le prince lui répond avec dédain et refuse son invitation. Lorsque la comtesse Bezuhov insiste en invitant Natalia à sa fête, toute la famille Rostov est flattée par la courtoisie de la jeune femme. Pourtant, la comtesse ne l'invite que pour contenter son frère, le prince Kouragine, qui est amoureux de la belle Natasha et souhaite la conquérir. Il est déjà secrètement marié, et ne peut donc l'épouser ; mais il n'hésite pas à compromettre l'honneur de la jeune fille, un méfait qu'il n'aurait jamais commis si elle avait appartenu au même monde que lui, car cela aurait ruiné sa carrière. Évidemment, aux yeux d'un aristocrate russe, les Rostov étaient des nobles héréditaires sans importance, que l'on pouvait traiter sans égard. À notre époque, les relations entre les aristocrates russes et les nobles héréditaires ne sont plus les mêmes, mais en 1812, elles étaient très cruelles. Dans *Guerre et Paix*, Tolstoï explique consciencieusement la position qu'occupent son grand-père et son père en Russie. Mais sa mère était une princesse Volkonski, une vieille femme très laide qui, incapable de trouver un mari dans son monde, avait épousé le comte Nicolaï Tolstoï par amour. Elle était de province, mais devait avoir des relations à Saint-Pétersbourg grâce auxquelles Tolstoï pourrait se faire admettre dans le cercle du beau monde de la capitale bien plus facilement que Tourgueniev. Mais il ne cherchait pas ce genre de reconnaissance. Il n'était pas snob et avait cet honneur et cette indépendance d'esprit caractéristiques de la noblesse moscovite. Il conclut un mariage peu ambitieux avec la fille du docteur Bers, et passa toute sa vie à Moscou, recevant quiconque se montrait sympathique avec lui, sans savoir à quelle classe sociale ses visiteurs appartenaient. Tolstoï n'aimait pas les aristocrates. Il leur témoigne une antipathie ostensible dans *Guerre et Paix*, *Anna Karénine* et *Résurrection*. Il oppose leur existence opulente, luxueuse et artificielle avec la vie simple et accueillante de la noblesse moscovite. Tolstoï avait raison, car ces derniers étaient en effet très sympathiques. Leurs foyers n'étaient pas luxueux, mais toujours ouverts à leurs amis. Les chambres étaient petites et sombres, mais il y avait toujours un coin pour un parent ou un ami dans le besoin ; ils avaient beaucoup d'enfants, mais se débrouillaient toujours pour faire une place pour un pauvre orphelin, qui recevait la même éducation et le même traitement que les enfants de la maison. C'était dans cette atmosphère accueillante, joyeuse, bienveillante et simple que Tolstoï avait été élevé, et c'est ce monde qu'il décrit dans ses romans. « Tolstoï est l'historien et le poète de l'humble noblesse moscovite, » écrivit Dostoïevski dans son *Journal d'un écrivain*.

Les biographes européens de Tolstoï, qui l'ont blâmé pour ses manières aristocratiques, sont étrangement mal informés ; ils n'ont jamais pu se rendre et à Moscou et à Iasnaïa Poliana. Je me souviens d'un jour où ma mère et moi étions à Moscou pour aller chercher la comtesse Tolstoï. Je fus frappée par le dénuement de sa maison ; il n'y avait non seulement aucun meuble de bonne facture, aucun objet d'art tel qu'on peut en voir dans les foyers de Saint-Pétersbourg, mais il n'y avait surtout absolument aucun objet de valeur. Les Tolstoï vivaient dans l'une de ces petites maisons entre cour et jardin comme il y en a tant à Moscou. Les gens riches les construisent en pierre, les pauvres se contentent de bois. Celle des Tolstoï était en bois, et sans aucune prétention architecturale. Les pièces de ces petites maisons sont généralement exiguës, basses de plafonds et peu lumineuses. Les meubles proviennent de magasins bon marché, comme c'était le cas dans le foyer des Tolstoï, ou bien sont construits par de vieux ouvriers étant d'anciens serfs, comme j'ai pu le voir dans d'autres maisons moscovites. Les lampes étaient faiblardes, les tapis élimés, les murs couverts de portraits de famille peints par un artiste sans le sou à qui on avait offert une avance pour qu'il ne meure pas de faim.

Le seul luxe dans ces maisons était la présence d'une équipe de serviteurs vieux, sales et maussades, qui prouvaient leur loyauté à la famille en se mêlant des affaires de leurs maîtres et en faisant preuve d'insolence, ainsi que celle de deux chevaux boiteux et mal assortis, ramenés de la campagne à l'automne, et harnachés à une calèche vieillotte. Le «luxe» de Tolstoï était, en effet, loin d'être éblouissant ; tous les bourgeois européens propriétaires d'une jolie villa et d'une belle voiture à moteur avaient une vie plus faste que lui. J'ignore même s'il aurait été possible pour Tolstoï de s'entourer de richesses. Il possédait un grand nombre de terrains, mais les terres du centre de la Russie ne valent presque rien. Elles rapportent un faible revenu et sont coûteuses à l'entretien. Il ne pouvait les vendre, car la Loi russe stipule qu'un terrain hérité d'un père doit être transmis à un fils. Tolstoï avait cinq fils, et lorsqu'ils grandirent et se marièrent, il fut obligé de scinder ce patrimoine en cinq parties, et durant les dernières années de sa vie, il vécut probablement des droits de ses œuvres littéraires. Lorsque la comtesse Tolstoï vint demander conseil à ma mère pour l'édition et la publication des livres de son mari, ce n'était pas dans une démarche cupide. Elle avait probablement un besoin urgent d'argent, et l'honnête femme qu'elle était souhaitait travailler pour gagner son propre salaire.

Les Tolstoï ne furent non seulement jamais de grands aristocrates russes, mais ils n'étaient pas non plus d'origine russe. Le patriarche de la famille Tolstoï était un marchand allemand nommé Dick, qui arriva en Russie au XVIIe siècle et ouvrit un magasin à Moscou. Son affaire prospéra et il décida de s'installer en Russie. Lorsqu'il devint un citoyen russe, il changea son nom de Dick, qui en allemand signifie «gros», pour l'équivalent en russe, «Tolstoï». À cette époque, ce changement était une obligation, car les habitants de Moscou se méfiaient des étrangers ; ce ne fut qu'à partir du temps de Pierre le Grand que les immigrés eurent la possibilité de conserver leur nom européen lorsqu'ils s'installaient en Russie. Grâce à leur connaissance de la langue allemande, les descendants de Dick-Tolstoï trouvèrent un poste dans notre bureau des affaires étrangères. L'un d'eux obtint les faveurs de Pierre le Grand, qui aimait s'entourer d'étrangers ; il nomma Pierre Tolstoï à la tête de sa police secrète. Plus tard, l'empereur, pour le récompenser de ses services, lui accorda le titre de comte, un titre que Pierre le Grand venait d'introduire en Russie, mais que les boyards russes rechignaient à accepter, pensant qu'il ne valait rien[1].

1. En Russie, le titre de comte a la même valeur que le titre de marquis ou de vicomte au Japon.

Comme tous les Allemands, les descendants de Dick-Tolstoï étaient très prolifiques, et deux siècles après leur arrivée à Moscou, il y avait des Tolstoï dans tous les bureaux du gouvernement, dans l'armée et dans la marine. Ils épousaient des jeunes filles de la noblesse héréditaire, généralement bien dotées. Ils ne dilapidaient pas la fortune de leurs épouses, et la plupart du temps, la faisaient fructifier. Ils étaient de bons maris et de bons pères, dotés d'une certaine faiblesse de caractère qui les poussait souvent à vivre sous le commandement de leurs femmes ou de leurs mères. Ils étaient travailleurs et efficaces dans leurs différents domaines, et obtenaient souvent des postes à responsabilités. J'ai connu plusieurs familles Tolstoï qui ne s'étaient jamais rencontrées, et qui affirmaient que leurs relations étaient si distantes qu'elles étaient quasiment inexistantes. Néanmoins, je reconnus dans toutes ces familles les mêmes traits caractéristiques : cela montre que les Dick-Tolstoï ont été très peu influencés par le sang russe apporté par leurs mariages. À l'exception du comte Fiodor Tolstoï, un peintre talentueux, ils ne sont jamais sortis de la classe moyenne, et Léon Tolstoï fut la première star de la famille[1]. Les origines germaniques de Tolstoï peuvent expliquer beaucoup de ses étranges traits de caractère qui demeurent incompréhensibles autrement ; ses réflexions protestantes à propos du Christ orthodoxe, son amour pour une vie de labeur simple qui est très inhabituel pour un Russe de ce rang, et son extraordinaire manque d'empathie envers les souffrances des Slaves infligées par les Turcs, qui avait tant surpris mon père[2]. Ces origines allemandes expliquent également la curieuse incapacité de Tolstoï à se plier à un idéal accepté pas l'ensemble du monde civilisé. Il reniait la science, toute la culture et toute la littérature d'Europe. Dans *Ma Confession*, il exprime ses rodomontades religieuses, dans l'espoir évident de créer une culture distincte, une « Iasnaïa Poliana Kultur ». Lorsqu'il évoque l'Allemagne, Dostoïevski parle toujours d'« Allemagne protestante », et déclare qu'il n'a jamais protesté contre cette culture latine que nous ont légué les Romains, et qui est admise par le monde entier.

Les origines germaniques de Tolstoï peuvent expliquer d'autres particularités de son caractère, communes à tous les descendants des nom-

---

1. Le poète Alexis Tolstoï n'était, comme je le disais, un Tolstoï que par le nom.
2. Les écrivains américains qui ont vécu en Allemagne au début de la guerre évoquent à quel point les Allemands se montraient insensibles, non seulement face aux souffrances des Belges et des Français, mais également face à celles de leurs compatriotes. Ils décrivent la cruauté avec laquelle on opérait les blessés allemands, et l'insensibilité avec laquelle ces derniers enduraient les opérations. Il est possible que la célèbre brutalité des Allemands, dont on parlait beaucoup pendant la guerre, résulte d'un mépris pour les douleurs dues au régime disciplinaire extrêmement sévère imposé en Allemagne durant des siècles.

breuses familles allemandes installées en Russie. Ces familles font partie de notre pays depuis des siècles, deviennent orthodoxes, parlent russe et oublient même parfois la langue allemande ; et parallèlement, elles gardent toujours leur âme allemande, âmes incapables de comprendre et de partager nos idées russes. Tolstoï est un exemple typique de cette étrange incapacité. Orthodoxe, il attaque et méprise notre Église. Slave, il reste indifférent devant les souffrances d'autres Slaves, souffrances qui déchireraient le cœur de n'importe quel moujik. Noble héréditaire, il n'a jamais compris cette institution qui est d'une si grande importance dans notre culture[1]. Écrivain, il ne partage pas l'admiration de tous ses confrères pour Pouchkine, le père de la littérature russe. Dostoïevski écourta sa « cure » à Ems afin de pouvoir assister à l'inauguration du monument à la gloire de Pouchkine à Moscou, Tourgueniev s'empressa de revenir de Paris ; tous les autres écrivains, quel que soit leur parti (slavophiles ou occidentalistes) se rassemblèrent fraternellement autour du monument à la mémoire du grand poète ; seul Tolstoï quitta Moscou la veille de l'inauguration. Ce départ fit sensation en Russie ; le public, indigné, affirmait que Tolstoï était jaloux, et que faire l'apologie de Pouchkine le dérangeait. Je pense que cela n'avait aucun sens. Tolstoï était un gentleman, et le médiocre sentiment de jalousie lui était inconnu. Toute sa vie, il fut très sincère et très honnête. Les vers patriotiques de Pouchkine ne touchaient pas son âme germanique, et il ne pouvait pas envisager de feindre de louer sa mémoire. Dans toute notre grande Russie, Tolstoï ne pouvait aimer et comprendre que les paysans ; hélas ! Ses moujiks ne l'aimaient ni ne le comprenaient ! Tandis que nos intellectuels se précipitaient à Iasnaïa Poliana pour demander conseil au prophète, les moujiks de ce village se méfiaient de lui et de sa religion. Leur instinct fantastique leur disait, peut-être, que le bon vieux dieu d'Iasnaïa Poliana n'était qu'une misérable imitation allemande qui ne valait rien à leurs yeux.

Le fameux Tolstoïsme a beaucoup de points communs avec les préceptes des sectes allemandes qui ont longtemps existé en Russie. Lorsqu'ils se sont installés en Russie, les colons allemands ont aussitôt entre-

---

1. Dans Anna Karénine, Tolstoï raconte comment Levin (son propre portrait) se laisse convaincre par ses amis de venir dans une ville de province pour l'élection triennale du maréchal de la noblesse. Alors que son cousin et son beau-frère, Stiva Oblonski, sont tous deux très enthousiastes, espérant se débarrasser de l'ancien maréchal et en élire un autre qui comprendrait mieux les intérêts de la noblesse, Levin est parfaitement indifférent, incapable de comprendre leur agitation et ne pensant qu'à une chose : comment s'enfuir de la ville et retourner le plus rapidement possible à son village. Il n'avait évidemment aucune idée de ses obligations envers les nobles de sa province.

pris d'attaquer l'Église orthodoxe, qu'ils ne pouvaient pas comprendre. Ils fondèrent des sectes religieuses, dans un esprit essentiellement protestant, s'efforçant de propager leurs idées parmi les paysans, et pratiquant parfois le prosélytisme. Parmi ces sectes, les plus connues sont : « Shtunda », « Dubohore » et les « Moloques ». En véritable colon allemand, Tolstoï fonda lui aussi une secte protestante, les « Tolstoïens », et combattit notre Église durant toute sa vie. Mes compatriotes étaient assez naïfs pour prendre ses idées religieuses pour des idées russes, mais les étrangers étaient plus clairvoyants. Dans le cadre de leurs études sur la Russie, plusieurs écrivains anglais et français se sont étonnés des affinités entre les idées de Tolstoï et celles de nos différentes sectes germaniques. La naïveté de mes compatriotes vient probablement du fait qu'en Russie, personne n'attache aucune importance aux origines allemandes de la famille Tolstoï. Espérons qu'un biographe du prophète d'Iasnaïa Poliana finira tout de même par étudier sa vie sous l'angle de ses origines. Alors nous connaîtrons le véritable Tolstoï.

XXVI

Dostoïevski slavophile

L e *Journal d'un écrivain* eut un immense succès; pourtant, mon père en arrêta la publication à la fin de sa seconde année, et commença l'écriture de *Les frères Karamazov*. Son art le réclamait, lui rappelant qu'il était écrivain et non journaliste. *Les frères Karamazov*, que de nombreux critiques considèrent comme le meilleur roman de Dostoïevski, est l'une de ces œuvres que tout écrivain porte dans son cœur en y réfléchissant pendant des années, remettant son écriture jusqu'à ce que son talent ait atteint la perfection. Mon père pensait ne pas avoir atteint ce but; il se jugeait trop sévèrement pour cela. Mais quelque chose lui dit qu'il ne lui restait plus très longtemps à vivre. «Ce sera mon dernier livre,» dit-il à ses amis lorsqu'il leur annonça qu'il allait écrire *Les frères Karamazov*.

De tels romans, analysés, médités, caressés, pour ainsi dire, pendant des années, sont généralement remplis de détails autobiographiques; on y retrouve les traces de l'enfance, de la jeunesse et de la maturité. C'était le cas de *Les frères Karamazov*. Comme je l'ai dit plus haut, Ivan Karamazov, suivant la tradition familiale, dépeint Dostoïevski dans sa jeunesse. On retrouve également quelques similitudes entre mon père et Dmitri Karamazov, qui représentent sans doute la seconde partie de la vie de l'écrivain, de ses travaux forcés jusqu'à son séjour en Europe à la suite de son second mariage. Dmitri ressemble à mon père par son caractère schilleresque[1], sentimental et romantique, ainsi que par sa naïveté quant à ses relations avec les femmes. Tel que Dostoïevski avait pu l'être quand il pensa des créatures comme Maria Dmitrievna et Pauline N. être des femmes respectables. Mais sa plus grande affinité avec Dmitri se trouve dans l'arrestation, l'interrogation et la condamnation du jeune homme. En intégrant ce procès si important à son livre, Dostoïevski voulut à l'évidence témoigner de sa propre souffrance lors de l'affaire Pétrachevski.

---

1. Fait référence aux héros romantiques trouvés dans les écrits du poète allemand Schiller qui a écrit sur les belles âmes sensibles.

Il y a également quelque chose de Dostoïevski dans le starets Zosime. L'autobiographie de ce personnage est en réalité la biographie de mon père, ou du moins de son enfance. Dostoïevski situa Zosime en province, à un rang social plus modeste que le sien, et écrit son autobiographie dans ce langage curieux et quelque peu vieillot qu'utilisaient les moines et les prêtres. Néanmoins, on y reconnaît les faits essentiels de l'enfance de Dostoïevski : son amour pour sa mère et son frère aîné, l'impression que lui firent les messes auxquelles il assista enfant ; le livre *Quatre cents histoires de la Bible,* qui était son livre favori ; son départ pour l'école militaire de Saint-Pétersbourg où, selon le starets Zosime, il apprit le français et les manières à adopter en société, mais aussi où il s'imprégna de tellement de fausses idées qu'il en devint « une créature sauvage, cruelle et stupide. » Là était probablement l'opinion de mon père sur l'éducation qu'il avait reçu à l'école d'ingénieur.

Bien que mon père écrivît sa propre biographie à travers Zosime, il ne se contenta pas de créer un starets imaginaire. Il souhaitait étudier ce type au naturel, ainsi avant de commencer *Les frères Karamazov* il fit un pèlerinage jusqu'au monastère d'Optina Pustin, situé non loin de Moscou. Ce monastère était grandement vénéré par mes compatriotes, qui le considéraient comme le centre de la civilisation orthodoxe ; ses moines étaient reconnus pour leurs prouesses scientifiques. Mon père le visita en compagnie de son disciple, le futur philosophe Vladimir Soloviev. Dostoïevski était très attaché à lui, et certains supposaient qu'il avait dépeint Soloviev en la personne de Aliocha Karamazov[1]. Les moines d'Optina Pustin avaient appris la venue de Dostoïevski et le reçurent très chaleureusement. Ils savaient qu'il comptait décrire le monastère dans son nouveau roman, et chacun des moines souhaitait lui faire part d'idées et d'espoirs quant à la régénération de l'Église grâce au rétablissement du patriarcat. Il est clair que mon père mit seulement sous forme littéraire les discours de Zosime, de père Païssy et de père Iosef. Il préférait laisser les moines parler sur un sujet aussi important que celui de la question religieuse, puisqu'ils pouvaient s'exprimer avec autorité et connaissance. La personnalité du starets Ambroise, qui servit de modèle pour le personnage de Zosime, fit grande impression auprès de Dostoïevski ; il parla de lui avec émotion à son retour de pèlerinage.

Le succès du *Journal d'un écrivain*, l'enthousiasme avec lequel les habitants de Saint-Pétersbourg recevaient Dostoïevski aux soirées littéraires, ainsi que le prestige dont il jouissait auprès des étudiants attirèrent l'attention de ceux qui trouvaient un plus grand intérêt dans la politique

1. Je pense moi-même qu'Aliocha représente mon père quand il fut jeune adulte.

que dans la littérature nationale. Ces patriotes percevaient tout autant que Dostoïevski l'abysse qui séparait le peuple russe des intellectuels, et qui continuait de grandir jour après jour. Ils étaient désireux de le réduire; ils rêvaient d'établir des écoles patriotes, pour y apprendre aux jeunes à se dévouer à la grande œuvre orthodoxe, notre héritage provenant d'une Constantinople mourante, au lieu se laisser emporter par les utopies socialistes de l'Europe. Une société entière de patriotes entourait mon père, plus particulièrement Constantin Pobédonoszev et le général Tchérniaev. Pobédonoszev était très apprécié par l'empereur Alexandre III, qui le maintint à un rang de ministre quasi omnipotent tout au long de son règne. Dostoïevski ne partageait pas toutes les pensées quelque peu étroites de son nouvel ami, mais l'adorait pour son fervent patriotisme et son honnêteté, rare en Russie. Ce fut probablement cette qualité qui poussa Dostoïevski à le choisir comme tuteur de ses enfants à l'occasion de sa mort prématurée. Pobédonoszev accepta ces responsabilités, et malgré ses préoccupations avec des affaires étatiques, il s'occupa de nous jusqu'à ce que mon frère eût atteint la majorité, refusant de toucher l'argent qui lui était dû en tant que tuteur. Cependant, il n'avait lui-même jamais eu d'enfant, et n'avait aucune connaissance en matière d'éducation, il ne nous influença donc que très peu.

Le général Tchérniaev était un slavophile passionné. Ému par les souffrances qu'éprouvait le peuple slave, il partit en Sibérie, forma une armée de volontaires et partit affronter courageusement les Turques. Ses exploits chevaleresques furent reçus d'un tel enthousiasme en Russie qu'Alexandre III se vit obligé de déclarer la guerre aux Turques et délivrer les Slaves de la domination turque. Cette guerre prit fin et Tchérniaev revint en Russie. Plus tard, il fut nommé gouverneur général des provinces d'Asie centrale; mais en 1879, il séjournait à Saint-Pétersbourg avec sa famille, et rendait visite à Dostoïevski tous les jours. Lorsque j'allais dans le bureau de mon père, j'y trouvais le général assis à sa place habituelle sur le divan, discutant de la future confédération du peuple slave. Mon père était profondément intéressé par cette question. Une société de bienfaisance slave venait de voir le jour à Saint-Pétersbourg sous la présidence d'un grand patriote russe, le prince Alexandre Vassiltchikov. On proposa la vice-présidence à mon père, ce qu'il accepta volontiers. Il attachait une si grande importance à ses fonctions qu'il se passait de sommeil afin d'assister aux réunions de la société, qui se déroulaient dans l'après-midi. Dostoïevski avait tellement l'habitude de veiller jusqu'à très tard dans la nuit qu'il lui était impossible de trouver le sommeil avant cinq heures du matin, pourtant il insistait toujours pour être réveillé à onze heures les jours de réunion.

Les biographes de mon père se sont souvent demandé pourquoi il se passionna autant pour la question slave vers la fin de sa vie, alors qu'il n'y avait porté que très peu d'attention dans sa jeunesse. Cette ardeur pour la cause slave se manifesta chez Dostoïevski après son long séjour à l'étranger. Lorsque les Russes vont en Europe pendant quelques mois ils sont généralement éblouis par la civilisation européenne, mais quand ils y restent plusieurs années et l'étudient minutieusement, mes compatriotes sont frappés moins par la culture des Européens que par leur sénilité. Toutes les tribus germaniques des Francs, des Anglo-saxons et des Teutons leur semblent si âgées, si fatiguées ! Les qualités comme les vices de ces peuples sont semblables à ceux des personnes âgées. Leurs propres enfants naissent vieux. Il est difficile d'écouter les réflexions anémiques de ces vieillards et de ces femmes aux jambes nues. Les Européens ne perçoivent pas ceci, car ils se côtoient constamment, mais nous autres venus d'un pays jeune pouvons très bien le voir. Il est évident que dans quelques siècles les mains tremblantes des Allemands ne pourront plus tenir la torche de la civilisation qui leur a été confiée par les Romains mourants. Les Slaves ramasseront cette torche abandonnée et éclaireront le monde à leur tour. Le Nouveau Monde que tout le monde attend impatiemment viendra de cette race. Il est vrai que les Allemands eux-mêmes réalisent qu'il est urgent de suivre une nouvelle idée, et la cherchent passionnément, mais ils sont incapables de la trouver. Ces derniers temps, nous vîmes l'une de ces tentatives européennes pour enfin nous démarquer. Pendant tout l'hiver, nous fûmes divertis par des discours prônant la Société des Nations, qui allait transformer notre planète en paradis sur terre, résultant en un banal traité militaire entre la France et l'Angleterre. L'incapacité des Allemands à rajeunir le monde s'explique aisément : le cœur de leur culture se fonde sur la civilisation latine de la Rome antique, une civilisation magnifique, certes, mais essentiellement païenne. Malgré leurs efforts, les Allemands ne pourront jamais se défaire de leurs idées aristocratiques et féodales. Les Slaves, dont la civilisation est plus récente, ne savaient rien des Latins. Leur culture, héritée de l'Église orthodoxe de l'est, était profondément chrétienne depuis ses débuts. Nous autres Slaves, une race d'humbles bergers et de modestes fermiers, n'eûmes jamais connus l'aristocratie féodale. Le capitalisme européen nous est inconnu. Si par chance un Slave faisait fortune, ses enfants dépensaient tout. Leur instinct leur dit que les capitalistes sont des esclaves, ainsi ils se hâtent à briser les chaînes forgées par leur père imprudent. Il nous serait facile de présenter au reste du monde la nouvelle idée de démocratie chrétienne qui à elle seule peut calmer les ardeurs des campagnes socialistes et anarchistes.

Dostoïevski, voyant déjà la grande mission qui un jour serait confiée aux Slaves, souhaitait sincèrement les voir s'unir en préparation de ce moment solennel. Il rêvait d'une confédération de toutes les nations slaves, une confédération pacifique, dépourvue de tout dessein de conquête ou de désir d'assujettir les races germaniques. Chaque pays slave maintiendrait son indépendance, ses lois, ses institutions, son gouvernement, mais tous seraient unis dans les idées, la science, la littérature et l'art. Alors que les nations germaniques organisaient des jeux olympiques dans le but de montrer aux autres la puissance de leur force militaire, nous autres Slaves organiserions des olympiades bien plus intelligentes, nous rassemblant tour à tour dans nos différentes capitales pour admirer les peintures et les sculptures de nos artistes, écouter la musique de nos compositeurs, et assister aux lectures de nos poètes et de nos hommes de lettres. Au lieu de nous fatiguer dans des guerres fratricides comme le firent les malheureux Allemands, nous aiderions, encouragerions et fraterniserions avec nos confrères. Avant d'offrir la nouvelle loi de la démocratie chrétienne au monde, nous commencerions par montrer l'exemple de la fraternité et de l'égalité aux autres nations. Ce but semble bien loin à présent. Les Slaves, tout juste libérés de l'oppression, s'occupent à établir les frontières de leur petit pays. Ils ont raison : avant de s'atteler à de vastes projets, il est judicieux de consolider sa propre demeure. Mais lorsque toutes ces maisons (russe, serbe, tchèque et autre) seront solidement construites, les maçons lèveront la tête et commenceront à cerner le grand destin de leur race.

Pourtant ce rêve slave pourrait se réaliser plus tôt que l'on ne le pense. La Société des Nations, ce dernier refuge de l'impérialisme féodal, pourrait jouer un grand rôle dans l'organisation de la Confédération slave. Plus les Européens insensibles exaspèrent les Slaves, à vouloir se mêler de leurs affaires internes et les plier à leur volonté, plus tôt les Slaves commenceront à construire leur union fraternelle. La Société des Nations sera bientôt confrontée à une Confédération slave redoutable, qui sera suivie, de façon logique et inévitable, par une confédération de toutes les nations germaniques. Le monde entre dans une nouvelle phase de sa civilisation. L'Ancienne Alliance entre les pays de différents peuples, résultat du travail des rois et des diplomates, a fait son temps. Elle était anormale, car les peuples qui la composaient se haïssaient généralement tout en se couvrant de compliments et de marques de respect. Les nouvelles confédérations, fondées sur une sympathie fraternelle que partagent ceux d'une même race, seront plus solides. Possédant toutes une puissance à peu près égale, ces confédérations slave, germanique, latine et anglo-saxonne seront plus à même d'éviter la guerre que ne le serait une Société des Nations, un expédient désuet adopté autrefois en Europe sous le nom de Sainte-Alliance puis vite dissous. Lorsque les pays impériaux sentent le sol se dérober sous leurs pieds, ils s'unissent dans l'espoir d'endiguer le mouvement populaire grâce à leur puissance combinée. Ces espoirs sont vains ! Nous pouvons combattre les hommes, non les idées. Les peuples d'aujourd'hui désirent plus que tout la liberté et l'indépendance. Ils ne subiront aucune tutelle, peu importe la forme qu'on lui donnera.

XXVII

Le salon de la
comtesse Alexis Tolstoï

Parmi les salons littéraires de Saint-Pétersbourg que fréquentait Dostoïevski pendant les dernières années de sa vie, le plus remarquable était celui de la comtesse Alexis Tolstoï, la veuve du poète Alexis Tolstoï. Sa famille était d'origine mongolienne, et elle était dotée d'un de ces esprits perspicaces, «aussi aiguisé qu'un couteau,» disait Dostoïevski, que l'on trouve seulement chez les personnes de cette lignée en Russie. L'esprit slave est plus lent, et nécessite une longue période de réflexion au préalable avant de comprendre entièrement un sujet. La comtesse était l'une de ces femmes inspirantes qui sont incapables de créer elles-mêmes, mais qui suggèrent de beaux thèmes aux écrivains. Son mari avait énormément de respect pour son intellect, et ne publiait jamais rien sans la consulter auparavant. Lorsqu'elle devint veuve, elle s'installa à Saint-Pétersbourg. Elle était riche et n'avait pas d'enfant, mais s'était grandement attachée à une nièce qu'elle avait élevée et mariée à un diplomate. Ce diplomate avait été déployé pour une mission en Perse, et en attendant sa mutation vers un poste plus civilisé, sa nièce et ses enfants avaient pris quartier chez la comtesse. Quand la comtesse Tolstoï arriva à Saint-Pétersbourg, elle reçut tous les anciens confrères de son mari, ses poètes et romanciers contemporains, et chercha à étendre son cercle littéraire. Après avoir fait la connaissance de mon père, elle l'invitait chez elle et se montrait charmante avec lui. Mon père dînait avec elle, se rendait à ses réceptions nocturnes, et se fit convaincre de lire quelques chapitres de *Les frères Karamazov* à voix haute dans son salon avant leur publication. Il prit l'habitude d'aller visiter la comtesse Tolstoï lors de sa promenade de l'après-midi pour y discuter des nouvelles du jour avec elle. Ma mère, de caractère plutôt jaloux, n'objectait pas à ces visites, car à cette période la comtesse avait passé l'âge de la séduction. Toujours vêtue de noir, ses cheveux gris simplement coiffés d'un voile de deuil, elle désirait plaire seulement grâce à son intelligence et son amabilité. Elle sortait rarement, toujours de retour chez elle sur les coups de quatre heures, prête à servir le thé à Dostoïevski. Elle était hautement éduquée, avait beaucoup lu dans toutes les langues européennes, et portait souvent l'attention de mon père sur quelque article intéressant publié en Europe. Dostoïevski, absorbé par sa création, ne pouvait lire autant qu'il l'aurait voulu. Le comte Tolstoï était en mauvaise santé, et avait passé la majeure partie de sa vie à l'étranger, il s'était donc fait beaucoup d'amis avec qui la comtesse entretenait une correspondance régulière. Ils envoyaient à leur tour leurs amis en visite à Saint-Pétersbourg la voir, ces derniers devenant des habitués de son salon. En discutant avec eux, Dostoïevski restait en contact avec l'Europe, qu'il avait toujours considérée comme sa seconde patrie. Le confort sophistiqué qui régnait dans le salon de la comtesse se démarquait agréablement des autres intérieurs, beaucoup plus vulgaires. Certains de ses anciens amis appartenant au cercle de Pétrachevski avaient fait fortune, et couvraient l'illustre écrivain d'invitations. Mon père allait les voir chez eux, mais leur luxe ostentatoire le dégoûtait ; il préférait le confort et l'élégance subtile du salon de la comtesse Tolstoï.

Grâce à mon père, ce salon devint vite la mode et attira de nombreux visiteurs. « Quand la comtesse Sophie nous invitait à ses soirées, nous y allions si nous n'avions aucune autre invitation plus intéressante ; mais lorsqu'un jour elle nous dit : "Dostoïevski a promis de venir," nous en avons oublié toutes nos obligations et nous nous sommes hâtés chez elle. », me dit une dame âgée venant du monde russe (désormais réfugiée en Suisse) récemment. Les admirateurs de Dostoïevski dans l'élite saint-pétersbourgeoise demandaient à la comtesse Tolstoï de les présenter à l'écrivain. Elle leur proposait ses bons offices, bien que l'affaire ne s'avérât pas toujours facile. Dostoïevski n'était pas un mondain, et ne s'attachait pas à être aimable avec ceux qui lui semblaient désagréables. Lorsqu'il rencontrait des gens empathiques, bons et honnêtes, il était si gentil qu'ils ne l'oubliaient jamais, et répétaient ce qu'il leur avait dit vingt ans plus tard. Mais lorsqu'il se retrouvait en compagnie de ces nombreux snobs qui affluaient dans les salons d'une capitale, il restait obstinément silencieux. En vain, la comtesse Tolstoï essayait de le faire sortir de son mutisme par des questions adroites, mon père répondait distraitement par un « oui » ou un « non », et continuait son observation du snob comme s'il était un étrange et injurieux insecte. Grâce à cette intransigeante attitude, il se fit de nombreux ennemis ; ce qu'il ne prit jamais vraiment au sérieux[1].

---

1. Ce dédain contrastait fortement avec la politesse et l'amabilité extrême avec laquelle il répondait aux lettres de ses admirateurs provinciaux. Dostoïevski savait que ses idées et ses conseils étaient sacrés aux yeux de ces docteurs de cam-

On objectera peut-être qu'un grand écrivain comme Dostoïevski aurait dû se montrer plus indulgent envers les personnes stupides et mal élevées. Mais mon père avait raison de les traiter avec mépris, car le snobisme, introduit chez nous par les barons des provinces baltiques, était désastreux pour la Russie. L'Europe féodale passa des siècles à s'incliner devant les personnes titrées, les capitalistes et les hauts fonctionnaires. La bassesse des Européens à cet égard m'a souvent étonné lors de mes voyages à l'étranger. Le Russe, avec son idéal d'égalité fraternelle, ne comprend pas le snobisme et le trouve repoussant. Mes compatriotes voient l'attitude dédaigneuse du snob comme une insulte, ce qu'ils n'oublient jamais et dont ils s'empressent de se venger. Deux siècles de snobisme baltique amenèrent à la désintégration de la Russie. À l'aube de la révolution, toutes nos classes étaient à couteau tiré. La noblesse héréditaire haïssait l'aristocratie, qui encerclait le trône telle la muraille de Chine ; les marchands étaient hostiles aux nobles, qui les détestaient et ne voulaient pas se mêler à eux ; le clergé ne tolérait pas la position modeste qu'il occupait dans l'empire ; les intellectuels, issus du peuple, furent indignés lorsqu'ils apprirent que la société russe les considérait comme des moujiks, malgré leur plus grande éducation. Si tous avaient suivi l'exemple de Dostoïevski et avaient lutté contre le snobisme, la révolution russe aurait peut-être pris une tournure différente.

Dans le salon de la comtesse Tolstoï, comme dans les soirées des étudiants, Dostoïevski avait encore plus de succès auprès des femmes que des hommes, et cela pour la même raison : il traitait toujours les femmes avec respect. Les Russes ont toujours gardé leur point de vue oriental à l'égard les femmes. Depuis Pierre le Grand, ils cessèrent de les flageller : ils s'inclinent devant elles, baisent leur main et les traitent comme des reines, tentant d'être à la hauteur de leur civilisation européenne. Mais dans le même temps, ils les considèrent comme de grands enfants, frivoles et ignorants, que l'on doit constamment distraire avec des plaisanteries ou des anecdotes plus ou moins amusantes. Ils refusent d'aborder des sujets plus sérieux avec elles, et se moquent de leurs prétentions à l'intérêt pour la politique. Il n'y a rien de plus exaspérant pour une femme intelligente que de voir des idiots et des ignares s'imaginer lui être supérieurs. Dostoïevski ne prit jamais ce ton : il n'essayait jamais d'amuser ou de fasciner les femmes, mais leur parlait sérieusement, tel leur égal. Il ne suivait jamais la tradition russe de baiser la main des

---

pagne, ces maîtresses d'école et ces prêtres paroissiens obscurs, alors que les snobs de Saint-Pétersbourg ne s'intéressaient à lui seulement parce qu'il était la mode.

femmes, trouvant cette pratique humiliante envers elles. «Quand les hommes embrassent la main des femmes, ils les voient comme des esclaves, qu'ils tentent de consoler de leur servitude en les traitant comme des reines», disait-il souvent. «Quand à l'avenir ils les reconnaîtront comme des égaux, ils se contenteront de leur serrer la main, comme ils le font déjà avec leurs confrères.» De tels discours stupéfiaient les habitants de Saint-Pétersbourg, qui ne les comprenaient pas. Cette idée était l'une des nombreuses dont Dostoïevski avait hérité de ses ancêtres normands. Les Anglais ne baisent pas la main de leurs femmes, mais les saluent par une poignée de main. Et pourtant, aucune femme n'est plus libre et indépendante qu'en Angleterre[1].

Dostoïevski était très attaché à la comtesse Tolstoï, qui lui octroyait cette sympathie littéraire dont tous les écrivains ont besoin; mais ce ne fut pas à elle qu'il confia sa famille à sa mort. Il avait une autre amie, qu'il voyait moins, mais pour qui il éprouvait davantage d'admiration. Il s'agissait de la comtesse Heiden, née comtesse Zubov. Son mari était le gouverneur général de Finlande, mais elle restait pourtant à Saint-Pétersbourg, où elle avait fondé un grand hôpital pour les pauvres. Elle y passait ses journées à s'occuper des souffrants, s'intéressant à leurs histoires et essayant de les réconforter. Elle était une grande admiratrice de Dostoïevski. Quand ils se rencontrèrent pour la première fois, ils parlèrent de religion: mon père lui donna son point de vue sur l'éducation chrétienne. Connaissant l'importance qu'il attachait à l'éducation morale de ses enfants, la comtesse Heiden devint l'amie de ma mère et tenta de me montrer la bonne voie à suivre. Après sa mort, qui laissa un grand vide dans ma vie, je compris tout ce que je devais à cette sainte femme.

Les soirées littéraires inaugurées par les étudiants de Saint-Pétersbourg devinrent vite la mode chez les intellectuels. Au lieu de mettre sur pied des tableaux vivants ou des pièces de théâtre amateur, les grandes dames de Russie qui supervisaient les charités organisaient des soirées littéraires dans leurs salons. Nos écrivains se mettaient à leurs services et proposaient leur aide pour la bonne cause. Comme toujours, Dostoïevski était la plus grande attraction de ces soirées. Ce public étant bien différent de celui dont il avait l'habitude aux soirées étudiantes, il se passait du monologue de Marmeladov pour d'autres extraits de ses œuvres. Fidèle à son idée de rapprocher les intellectuels du peuple, il choisit de lire

---

1. La popularité de Dostoïevski auprès des femmes peut aussi avoir une autre explication. Selon l'un de ses camarades de la conspiration Pétrachevski, mon père était l'un de ces hommes qui « sont les hommes des plus virils, mais qui ont quelque chose de féminin, » comme le dit Michelet.

à ces assemblées aristocratiques le chapitre des *Frères Karamazov* où le starets Zosime reçoit de pauvres paysannes venues faire leur pèlerinage. L'une de ces femmes, ayant perdu son fils de trois ans, quitte son foyer et erre de couvent en couvent, incapable de calmer sa peine. C'était son propre chagrin que Dostoïevski dépeignit dans ce chapitre : lui non plus ne pouvait oublier son petit Aliocha. Il investit tellement ses sentiments dans la simple histoire de cette pauvre mère que toutes les femmes de l'auditoire s'en trouvèrent émues. La grande-duchesse héréditaire Marie Feodorovna, la future impératrice de Russie, était présente à l'une de ces soirées. Elle aussi avait perdu un fils qu'elle ne pouvait oublier. En écoutant la lecture de mon père, la « cesarevna[1] » pleura amèrement. Quand la lecture fut finie, elle s'adressa aux organisatrices de la soirée et demanda à discuter avec mon père. Les dames se hâtèrent pour assouvir sa demande, mais devaient manquer d'intelligence. Connaissant le caractère quelque peu suspicieux de Dostoïevski, elles craignaient qu'il refuse d'être présenté à la cesarevna, ainsi elles décidèrent d'user d'un stratagème pour permettre la rencontre. Elles vinrent voir mon père et lui dirent d'un ton mystérieux qu'une personne *très, très* intéressante désirait lui parler de sa lecture.

« Quelle est cette personne intéressante ? » demanda Dostoïevski, surpris. « Oh ! Vous verrez vous-même. Venez avec nous ! » répondirent les jeunes femmes en riant, l'emmenant dans un petit boudoir, l'y poussant et fermant la porte derrière lui. Dostoïevski était stupéfait par ces mystérieuses méthodes. La petite pièce était faiblement éclairée par une lampe à abat-jour, une jeune femme était assise à une petite table. À cette époque de sa vie, Dostoïevski ne regardait plus les jeunes femmes ; il salua la dame, comme on le fait pour un invité, et pensant qu'on lui jouait un tour, il sortit par la porte opposée. Dostoïevski savait que la cesarevna devait être à la soirée, mais croyait certainement qu'elle était partie, ou bien peut-être que, à cause de son habituelle inattention, il avait oublié qu'elle était dans le public. Il retourna dans la grande salle, fut immédiatement entouré, et plongeant dans une discussion qui l'intéressait, oublia complètement l'incident. Un quart d'heure plus tard, les deux jeunes femmes qui l'avaient emmené au boudoir se précipitèrent vers lui.

---

1. Les Européens se trompent souvent en désignant nos grands-ducs héréditaires comme des « tsarévitch. » Ce titre appartient aux fils des anciens tsars moscovites. Le fils aîné de l'empereur de Russie était le « cesarevitch » et sa femme la « cesarevna. » Le mot tsar, que les Européens prennent pour un mot mongol, désigne seulement « César » prononcé à la manière russe.

« Que vous a-t-elle dit ? » demandèrent-elles avec impatience.

« Qui cela ? » demanda mon père.

« Qui ? Eh bien, la cesarevna pardi. »

« La cesarevna ! Mais où était-elle ? Je ne l'ai pas vu. »

La grande-duchesse n'était pas satisfaite de cet entretien futile ; connaissant l'amitié que le grand-duc Constantin partageait avec mon père, elle demanda à celui-ci de lui présenter Dostoïevski. Le grand-duc arrangea immédiatement une réception et invita Dostoïevski, veillant à lui rappeler qui il allait rencontrer. Mon père était plutôt honteux de ne pas avoir reconnu la cesarevna, dont les portraits recouvraient toutes les vitrines des magasins de la ville. Il vint à la réception avec la ferme intention d'être aimable. La cesarevna l'enchantait. Elle était charmante, aimable et humble, et maniait l'art de plaire. Dostoïevski lui fit grande impression : elle parlait tellement de lui à son mari que le cesarevitch souhaita également faire sa connaissance. À travers l'intermédiaire de Constantin Pobédonoszev, il invita mon père à lui rendre visite. Le futur Alexandre III intéressait grandement tous les russophiles et les slavophiles de l'empire. Ils attendaient de lui de grandes réformes. Dostoïevski désirait beaucoup le connaître, et lui parler de ses idées russe et slave. Il vint au palais Anitchkov, la demeure officielle de nos grands-ducs héréditaires. Le couple impérial le reçut ensemble et fut charmant avec lui. Dostoïevski, qui à l'époque était un ardent monarchiste, avait la caractéristique d'ignorer l'étiquette de la cour et de se comporter au palais de la même manière que dans les salons de ses amis. Il parlait en premier, se levait pour partir quand il jugeait que la conversation avait assez duré, et après avoir quitté la cesarevna et son mari, quittait la pièce comme il le faisait à chaque fois, se tournant vers la porte. C'était sans doute la première fois dans sa vie qu'Alexandre III avait été traité comme un simple mortel. Il n'était pas le moins du monde offensé, et parla plus tard de mon père avec beaucoup d'estime et de sympathie. Il avait vu tellement de dos courbés dans sa vie ! Sans doute n'était-il pas triste de trouver dans son vaste empire un dos moins flexible que les autres.

XXVIII

Le festival Pouchkine

L'inauguration du monument Pouchkine à Moscou eut lieu en juin 1880. Ce grand festival national rassembla tous les partis politiques : slavophiles comme occidentaux déposèrent des fleurs au pied du monument et célébrèrent le plus grand des poètes russes dans leurs discours. Pouchkine satisfaisait tout le monde. Les Occidentaux admiraient sa culture européenne et ses poèmes, dont les sujets étaient d'origine anglaise, allemande et espagnole ; les slavophiles exaltaient son patriotisme et ses magnifiques poèmes slaves. Tous les écrivains russes s'empressèrent de lui rendre hommage. Tourgueniev vint de Paris et fut superbement accueilli par ses admirateurs. Il jouit d'un succès exceptionnel dans les soirées littéraires et fit de l'ombre à Dostoïevski, mais l'équilibre fut rétabli le lendemain pendant la réunion de la Société des Lettres, se déroulant dans la salle d'assemblée de la noblesse moscovite. Le succès de Dostoïevski y fut tel que la fête en l'honneur de Pouchkine se mua en triomphe pour Dostoïevski. Le chef de file des slavophiles, Aksakov, déclara du haut de sa tribune que le discours de mon père était « un événement ». Le sénateur Coni, qui était présent, m'en fit part plus tard. Cet éminent juriste est également un talentueux écrivain et un conférencier brillant. Sa sympathie se tournait peut-être plus vers les Occidentaux que vers les slavophiles, ainsi son enthousiasme à l'égard du discours de Dostoïevski fut d'autant plus significatif. « Nous étions complètement hypnotisés en l'écoutant, » me dit-il. « Je pense que si un mur du bâtiment était tombé à cet instant, que si un énorme bûcher avait été découvert sur la place et que ton père nous avait dit « Allons mourir dans ce feu pour sauver la Russie, » nous l'aurions suivi, heureux de mourir pour notre pays. » D'extraordinaires scènes se déroulèrent à la fin du discours. Le public prit d'assaut l'estrade pour l'étreindre et lui serrer la main. De jeunes hommes s'évanouirent d'émotion à ses pieds. Deux hommes âgés l'approchèrent, main dans la main, et dirent : « Nous sommes ennemis depuis vingt ans ; on a essayé de nous réconcilier à maintes reprises, mais nous avons toujours résisté. Aujourd'hui, après votre discours, nous nous sommes regardés et avons réalisé que dorénavant nous devions vivre tels des frères.» Tourgue-niev, qui jusqu'alors daignait seulement saluer Dostoïevski froidement, fut profondément ému et, allant rejoindre mon père, lui serra la main chaleu-reusement. Cet acte venant de Tourgueniev, ainsi que la réconciliation des deux anciens ennemis, furent les deux incidents qui impressionnèrent le plus Dostoïevski ce jour-là. Il aimait en parler à Staraïa Roussa à son retour de Moscou.

Quels mots magiques composaient ce fameux discours, qui était consi-déré comme un grand événement par toute la Russie littéraire, ceux qui n'avaient pas pu assister au festival l'ayant lu dans la presse? Je résume ce que Dostoïevski dit aux intellectuels de son pays[1]: «Vous êtes mé-contents, vous souffrez, et vous imputez votre malheur au système dans lequel vous vivez. Vous pensez que vous deviendrez heureux et satisfaits si vous introduisez les institutions européennes en Russie. Vous avez tort. Vos souffrances trouvent leur raison ailleurs.

À cause de votre éducation cosmopolite, vous vous êtes éloignés du peuple, vous ne le comprenez plus; vous formez votre propre cercle ré-duit, complètement étranger et hostile au reste du pays, au milieu d'un vaste empire. Vous méprisez votre peuple en raison de son ignorance, et vous oubliez que c'est lui qui a payé pour votre éducation européenne, c'est lui aussi qui soutient à la sueur de son front vos universités et vos écoles supérieures. Au lieu de le mépriser, essayer d'étudier les idées sa-crées de votre peuple. Rendez-vous humble devant lui, œuvrez main dans la main à sa grande tâche; car ce peuple illettré que vous repoussez par dégoût porte en lui la parole chrétienne qu'il proclamera devant l'Ancien Monde lorsqu'il sera maculé de sang. Vous servirez l'humanité non pas en reproduisant servilement les utopies des Européens, qui les ont entraînés dans leur propre destruction, mais en forgeant avec votre peuple la nouvelle idée orthodoxe.»

Ces paroles de sagesse vinrent droit au cœur de mes compatriotes, qui étaient las de mépriser leur pays. Ils se réjouissaient d'imaginer que la Russie n'était pas une simple copie, une caricature obséquieuse de l'Eu-rope, mais bien qu'elle pouvait être la messagère du monde. Hélas! Leur joie fut de courte durée! Le voile cachant le futur, levé par un homme de génie, retomba une nouvelle fois, et nos intellectuels renouèrent avec leurs idées fausses. Ils travaillèrent obstinément à l'introduction de la

---

1. Le discours, qui est plutôt long, contient une analyse très subtile de la poésie de Pouchkine. Le lecteur ferait bien de lire le texte complet. Je ne donne que la conception de mon père à propos du peuple russe et de son futur. C'était cette conception qui avait tant embrasé l'imagination de nos intellectuels.

république européenne en Russie, méprisant trop le peuple pour lui demander son avis, et croyant naïvement que onze millions d'intellectuels avaient le droit d'imposer leur vision à cent quatre-vingts millions d'habitants. Profitant de la fatigue qu'avait produite une guerre interminable, nos intellectuels réussirent enfin à introduire leur république longtemps désirée en Russie. Ils réalisèrent très vite à quel point il était difficile de gouverner la Russie sans un tsar. Le peuple démontra une fois de plus sa force morale, ce que Dostoïevski avait deviné longtemps auparavant, et que ses adversaires politiques s'obstinaient à ignorer. La fierté de ce peuple au grand génie et promis à un grand futur fut profondément blessée par l'idée qu'une poignée de rêveurs et de médiocrités ambitieuses envisageaient de régner sur lui, et de lui imposer leurs utopies. Il lutta contre eux comme il le fait aujourd'hui contre les bolchéviques. Le peuple défend son idéal, son grand trésor chrétien qu'il garde pour le futur et qu'il proclamera au monde plus tard, lorsque l'ancienne société féodale aristocratique se sera enfin désintégrée. Nos intellectuels ont-ils compris la leçon que le peuple russe leur a enseignée ? Pas le moins du monde. Ils continuent à prendre leur rêve pour une réalité ; ils croient que les bolchéviques ont réussi à démontrer aux moujiks récalcitrants l'excellence du régime européen qu'ils ont rapporté de Zurich dans leurs bagages fermés. Pour ma part, je crois que les bolchéviques ont porté le coup mortel à l'idée républicaine en Russie. Nos paysans possèdent une bonne mémoire, et pour des siècles à venir le mot « république » sera pour eux synonyme de désordre, de vol et de meurtre. Ils reviendront à l'idée monarchique, en vertu de laquelle ils ont fondé leur immense empire, mais la nouvelle monarchie sera bien plus démocratique que l'ancienne. Le peuple a réalisé que ses *bare* sont faibles, aisément intoxiqués par des utopies, incapables de peser leurs actions, et ne leur confira pas la gouvernance du pays à nouveau. Il les mettra sans doute à son service, car il a besoin de leurs connaissances ; mais dans le même temps il enverra bien plus de ses représentants à la nouvelle douma qu'auparavant. Ces nouveaux députés n'auront aucune culture européenne ; mais, dotés du bon sens et de la connaissance de la vie caractéristiques des Russes, ils voteront des lois paraissant cruelles et barbares aux yeux de notre ancien gouvernement.

La Russie a tourné une nouvelle page de son histoire. Dostoïevski, qui comprit et prédit le futur si clairement, deviendra son auteur favori. Jusqu'alors, mes compatriotes s'étaient contentés de l'admirer ; désormais ils commencent à l'étudier.

✳ ✳ ✳

Il est assez curieux qu'aucun des écrivains qui se rassemblèrent autour du monument de Pouchkine et célébrèrent en prose et en vers la poésie russe du grand homme, son cœur russe, ses idées russes et ses affiliations russes, ne fît allusion à ses origines nègres, qui sont cependant très intéressantes.

Au XVIIᵉ siècle, une des petites principautés nègres d'Afrique, située sur la côte méditerranéenne, fut conquise par ses voisins. Le roi fut tué, son harem et ses fils vendus à des pirates. Un des jeunes princes, acheté par l'ambassadeur de Russie, fut envoyé à Pierre le Grand en guise de cadeau. L'empereur offrit le petit noir à ses jeunes filles, qui jouaient avec lui comme avec une poupée. Remarquant l'intelligence de l'enfant, Pierre le Grand l'envoya à Paris, où le jeune Hannibal, c'est ainsi que l'empereur l'appelait, reçut une brillante éducation. Plus tard, il revint à Saint-Pétersbourg et servit l'empereur avec une grande dévotion. Désireux de le garder en Russie, Pierre le Grand le maria à une fille de boyard et l'anoblit. Ses descendants restèrent dans notre pays, se marièrent à des Russes, et au début du XIXᵉ siècle rendirent l'hospitalité de la Russie en lui donnant un grand poète[1]. Bien qu'il eût le teint beaucoup plus clair que ses ancêtres maternels, Pouchkine possédait un bon nombre de caractéristiques du type nègre : des cheveux noirs et crépus, des lèvres charnues, ainsi que la vivacité, la passion et l'ardeur des Africains. Cela ne l'empêchait pas d'être russe cœur et âme. Il construisit notre langage littéraire et nous donna des modèles parfaits de prose, de poésie et d'art dramatique. Il est le vrai père de la littérature russe. Pourtant, beaucoup de choses dans la vie et dans les œuvres de Pouchkine peuvent être expliquées par son origine africaine. Alors pourquoi aucun de ses admirateurs n'y fit référence ?

Il est probable qu'à l'époque, l'idée de l'hérédité de race était inconnue des Russes. J'ignore si elle existait en Europe. Elle fut présentée plus tard par le comte Gobineau qui, je crois, la découvrit en Perse. Certains écrivains français l'assimilèrent et, l'exagérant légèrement, la rendirent très à la mode. Cette vérité est tellement élémentaire qu'il est impossible d'écrire une bonne biographie sans la prendre en compte, et on se demande étonnés pourquoi ce ne fut pas découvert plus tôt.

Ce fut à cause de cette ignorance à propos de l'hérédité que Dostoïevski n'attacha jamais une grande importance à ses origines lituaniennes. Même si son frère et lui avaient l'habitude de dire, « nous les Dostoïevski

1. La mère de Pouchkine était une Hannibal.

sommes des Lituaniens,» il se considérait sincèrement comme un vrai Russe. Cela était également dû au fait que l'ancien empire de Russie était bien plus unifié qu'il est généralement supposé. Tous ces émigrants qui demandent à présent une séparation de leur pays de la Russie manquent par conséquent de soutien. La majorité des Lituaniens établis dans les grandes villes russes étaient sincèrement attachés à la Russie. Ils étaient encore plus patriotes que les Russes, car ils avaient hérité de leurs parents civilisés l'idée de fidélité à leur pays, alors que ce sentiment ne s'était jamais vraiment développé chez les Russes. Notre éducation tendit à tuer le patriotisme au lieu de le stimuler ; son idéal était un pâle sombre cosmopolitisme. Dans un autre temps, les Lituaniens, avec leur modestie caractéristique, parlaient si peu d'eux-mêmes et de leur pays, que les Russes finirent par croire que la Lituanie était morte depuis longtemps. Ce fut seulement depuis la guerre que les Lituaniens commencèrent à lever timidement la tête ; lorsqu'on lit les livres qu'ils ont publiés récemment, on voit très clairement qu'ils ne connaissent que très peu l'histoire de leur propre pays. Leurs intellectuels les délaissèrent année après année, migrant en Russie, en Pologne et en Ukraine, et les Lituaniens restés au pays devinrent petit à petit une société rustique composée de paysans et de marchands, qui ne se rappelaient que très peu leur ancienne gloire et ne comprenaient pas son origine. Ils oublièrent leurs origines normandes, déclarèrent qu'ils n'avaient rien en commun avec les Slaves et étaient fiers d'appartenir à la tribu finno-turque. Les Finno-Turques sont une belle race ; il serait fâcheux de les dénigrer, car ils sont les ancêtres des Russes, des Polonais et des Lituaniens. Cependant, ils sont intellectuellement inférieurs et n'ont jamais engendré un seul génie. Il leur fallut se mêler à d'autres races supérieures pour sortir de l'obscurité et commencer à marquer l'histoire. La fusion entre les Finno-Turques installés sur les rives du Niémen et les Slaves descendants des Carpates produisit les Lituaniens, qui assimilèrent plus tard le génie normand. Tant que cette flamme normande continuait à briller au sein de cette race, la Lituanie était un État brillant et civilisé ; lorsqu'elle commença à s'éteindre, la Lituanie sombra petit à petit dans l'oubli, bien qu'il lui restât le caractère normand qui la distinguait de ses voisins polonais, ukrainiens et russes. Il était tout naturel que Dostoïevski s'intéressât si peu à sa nation obscure et oubliée, et attribuât plus importance à ses ancêtres russes. Pourtant, ceux qui lisent ses lettres pourront constater qu'il fut hanté toute sa vie par l'idée qu'il était différent de ses camarades russes et n'avait rien en commun avec eux. «Je suis de caractère étrange ! Je suis de caractère mauvais !» disait-il souvent en écrivant à ses amis. Il ne réalisait pas qu'il n'était ni étrange ni mauvais, mais seulement lituanien. «J'ai la vitalité d'un chat. J'ai toujours l'impression de commencer à vivre!» disait-il, affirmant cette force de caractère qui était naturelle chez les Normands, mais que les Russes ne possédaient pas. «J'ai vu Dostoïevski dans les pires moments de sa vie,» disait son ami Strakhov. «Son courage ne faiblissait jamais, et je pense que rien n'aurait pu l'abattre.»[1] Si Dostoïevski était surpris par sa propre force, la faiblesse puérile de ses amis russes le surprenait encore davantage. Il était obligé de rabaisser toutes ses idées à leur niveau de compréhension, malgré cela, il y avait souvent des malentendus. Leurs conceptions puériles de l'honneur le stupéfiaient. De ce fait, un de ses meilleurs amis, A. Milioukov, déterminé à le sauver du piège tendu par l'éditeur Stellovski, proposa que tous ses amis littéraires l'aident à finir *Le Joueur* en écrivant chacun un chapitre, et que mon père signe l'œuvre terminée. Pour faire court, Milioukov avait proposé à Dostoïevski de commettre une fraude, et tout cela de manière plutôt inconsciente. Plus tard, lorsqu'il décrivit cet incident au public, il se réjouit d'avoir tenté de sauver son illustre ami. «Je ne mettrai jamais mon nom sur le travail d'un autre homme,» répondit mon père avec indignation.

Une autre des idées les plus caractéristiques de Dostoïevski, son intérêt passionné pour l'Église catholique, s'explique aussi seulement par l'atavisme. Les Russes ne se sont jamais intéressés aux affaires du Vatican. Le pape est à peine connu en Russie, personne ne pense ou ne parle jamais de lui, quasiment aucun écrivain l'a mentionné. Mais Dostoïevski avait quelque chose à dire à propos du Vatican dans presque tous les numéros du *Journal d'un écrivain*, discutant du futur de l'Église catholique avec ferveur. Il l'appelait une Église morte, déclara que le catholicisme avait cessé d'être autre chose que de l'idolâtrie depuis longtemps, pourtant il est clair que cette Église existait encore dans son cœur. Ses ancêtres catholiques avaient dû être de fervents croyants; Rome avait dû jouer

---

1. Les biographes de Dostoïevski ont accordé trop d'importance aux éternelles complaintes dans ses lettres à ses relations et ses amis intimes. Celles-ci n'auraient pas dû être prises tant au sérieux, car les personnes névrosées adorent se plaindre et être consolées. Je parle en connaissance de cause, car j'ai hérité de cette petite faiblesse. Ma volonté est très puissante ; je pense que rien ne pourrait me briser ou m'anéantir, et pourtant n'importe qui lisant mes lettres à ma mère ou à mes amis intimes aurait l'impression que je suis désespérée et au bord du suicide. Les docteurs spécialisés dans les troubles névrotiques pourraient sans doute expliquer cette anomalie. Pour ma part, je pense que les personnes peuvent avoir à la fois une volonté de fer et des nerfs affaiblis. Ils sont guidés dans leurs actions par leur forte volonté, mais de temps à autre, ils calment leurs nerfs défaillants en pleurant et en criant, ainsi qu'en se plaignant à leurs amis les plus indulgents.

un grand rôle dans leurs vies. La fidélité de Dostoïevski envers l'Église orthodoxe n'était que la conséquence logique de la fidélité que prêtaient ses ancêtres à l'Église catholique. «Je n'ai jamais compris pourquoi ton père s'intéressait autant à ce vieux fou de pape,» me dit un jour un écrivain russe et ami de mon père. Aux yeux de Dostoïevski, ce «vieux fou» était la figure la plus intéressante en Europe.

L'isolation spirituelle et morale dans laquelle mon père vécut toute sa vie n'était pas un phénomène unique dans notre pays. Presque tous nos grands écrivains étaient d'origine étrangère, et ne se sentaient pas à l'aise en Russie. Pouchkine était d'origine africaine, le poète Lermontov était le descendant d'un barde écossais, Lermont, qui était venu en Russie pour des raisons que j'ignore; le poète Joukovski était le fils d'une Turque, la mère de Nekrassov était polonaise; Dostoïevski était lituanien, Alexis Tolstoï était ukrainien, Léon Tolstoï était de sang allemand. Seuls Tourgueniev et Gontcharov étaient des vrais Russes. Il est probable que la jeune Russie soit toujours incapable de produire de grands talents sans aide. Elle peut les enflammer avec l'étincelle de son génie, mais le bûcher doit être préparé par des personnes plus vieilles ou plus civilisées. Tous ces demi-Russes n'étaient pas à leur place en Russie. Leurs vies se composaient d'une série de luttes contre la société mongole qui les entourait et les faisait suffoquer. «Le mal m'a fait naître en Russie!» criait Pouchkine. «C'est un pays sale rempli d'esclaves et de tyrans,» dit l'Écossais Lermontov. «J'envisage de m'expatrier, d'échapper à l'océan de bassesse odieuse, à l'indolence dépravée qui menace d'engloutir la petite île de vie honnête et laborieuse que j'ai créée» écrivit le colon allemand Léon Tolstoï. En vérité, les grands écrivains russes les plus prudents fuirent le pays: le poète Joukovski préférait vivre en Allemagne; Alexis Tolstoï était attiré par les trésors artistiques de l'Italie. Ceux qui restèrent firent la guerre à l'ignorance et la brutalité russe et moururent jeunes, vaincus, tels Pouchkine et Lermontov, qui furent tués en duel. Nekrassov vécut parmi les Russes et mourut malheureux; Dostoïevski lui-même note ceci dans la nécrologie de Nekrassov. Tolstoï s'isola autant qu'il le put à Iasnaïa Poliana, mais il est très difficile de s'isoler en Russie. Ses disciples, de stupides Mongoles, finirent par profiter de la volonté affaiblie du vieil homme et l'éloignèrent de sa femme, la seule personne qui l'aimait et le comprenait réellement; ils le sortirent de sa maison et l'abandonnèrent à son sort sur le bord de la route… Pauvres grands hommes, sacrifiés par Dieu pour la civilisation de notre pays!

Tous ces écrivains d'origine étrangère partageaient les idées de mon père sur la Russie. Ils détestaient notre soi-disant société cultivée, et se sentaient à l'aise seulement parmi le peuple. Leurs meilleurs caractères leur viennent des paysans, qui représentaient à leurs yeux le futur de notre pays. Dostoïevski agit en interprète pour tous ces grands hommes lorsqu'il dit aux intellectuels russes : «vous pensez être de vrais Européens, mais au fond vous n'avez aucune culture. Le peuple, que vous voulez civiliser par le biais d'utopies européennes, est bien plus civilisé que vous, à travers le Christ, devant qui il s'agenouille et qu'il a sauvé du désespoir. »

XIX

La dernière année
de la vie de Dostoïevski

Dostoïevski revint en conquérant à Staraïa Roussa, où nous passions l'été. « Quel dommage que tu n'aies pas assisté à l'Assemblée ! » dit-il à ma mère. « Comme je regrette que tu n'aies pas vu mon succès ! » Fidèle à ses principes d'économe, ma mère avait décidé de ne pas accompagner mon père à Moscou ; elle l'obligeait maintenant à se rendre à Ems pour y faire sa cure, mais Dostoïevski n'en avait pas l'intention. Il était occupé à écrire l'unique numéro du *Journal d'un écrivain* qui parut en 1880 ; ce fut un immense succès. Dostoïevski désirait consolider la théorie qu'il avait énoncée au festival Pouchkine et répondre à ses opposants qui, une fois l'euphorie évaporée, essayaient d'étouffer la nouvelle idée. Il espérait aller à Ems en septembre ; puis, épuisé par les émotions qu'avaient entraînées son triomphe et sa lutte politique, il abandonna son voyage, pensant qu'il pourrait se passer d'Ems pour une fois. Malheureusement, il n'avait pas réalisé à quel point il était fatigué. Sa volonté de fer, l'idéal qui enflammait son cœur et le remplissait d'enthousiasme l'avait trompé à l'égard de sa force physique, qui n'était pas bonne.

Il envisagea de rétablir la publication du *Journal d'un écrivain*, dont l'unique numéro de 1880 servirait de programme. *Les frères Karamazov* étant terminés, il redevint publiciste et se jeta une fois de plus dans l'arène politique. Le premier et, hélas, le seul numéro de 1881, paru en janvier, contenait un programme détaillé. Ce testament de Dostoïevski proclamait des vérités auxquelles personne n'aurait cru à son époque, mais qui se réalisent étape par étape, et se réaliseront complètement durant le XXᵉ siècle. Cet homme de génie prédit des événements longtemps à l'avance. « Ne méprisez pas le peuple, » dit-il aux intellectuels russes ; « oubliez qu'il a un jour été votre esclave ; respectez ses idées, aimez ce qu'il aime, admirez ce qu'il admire ; car si vous vous obstinez à rejeter ses croyances, et tentez de lui inoculer des institutions européennes qu'il ne comprend pas et qu'il n'acceptera jamais, un jour viendra où le peuple vous répudiera dans la colère, se retournera contre vous et cherchera de nouveaux guides. Vous exigez un parlement européen, et vous espérez y siéger pour y voter des lois sans consulter le peuple. Ce parlement ne sera rien de plus qu'une société de débat. Vous ne pouvez pas diriger la Russie, car vous ne la comprenez pas. Le seul parlement qui puisse exister dans notre pays est une assemblée populaire. Laissez le peuple se réunir et proclamer sa volonté. Quant à vous, les intellectuels, votre tâche sera d'écouter respectueusement les humbles paroles des paysans délégués et d'essayer de les comprendre, afin de donner un corps juridique à leurs simples déclarations. Si vous dirigez la Russie conformément aux désirs exprimés par le peuple vous ne vous tromperez pas, et votre pays prospérera. Mais si vous vous isolez dans votre société de débat européenne, vous resterez dans l'obscurité, vous bousculant les uns sur les autres ; au lieu d'éclairer la Russie, vous n'aurez que des blessures au front. Augmentez le nombre d'écoles primaires, développez le réseau ferroviaire et, par-dessus tout, essayez de former une bonne armée, car l'Europe vous déteste et prendra volontiers tout ce que vous possédez. Les Européens savent que le peuple russe sera toujours hostile à leurs avides rêves capitalistes. Ils pensent que la Russie porte en elle la parole de la fraternité chrétienne qui mettra un terme à leur régime philistin. Nous devrions œuvrer non pas avec les Européens, mais avec les Asiatiques, car nous les Russes sommes aussi asiatiques que nous sommes européens. L'erreur de notre politique de ces deux derniers siècles a été de faire croire au peuple d'Europe que nous sommes de vrais Européens. Nous avons trop bien servi l'Europe, nous avons pris une trop grande place dans leurs querelles intérieures. Au premier appel au secours nous avons envoyé nos armées, et nos pauvres soldats sont morts pour des causes qui leur sont insignifiantes, et ont immédiatement été oubliées par ceux qu'ils avaient servis. Nous nous sommes inclinés comme des esclaves devant les Européens et n'avons reçu que haine et mépris. Il est temps que nous tournions le dos à cette Europe ingrate. Notre futur est en Asie. Il est vrai que l'Europe est notre mère, mais au lieu de nous mêler de ses affaires nous devrions mieux la servir en œuvrant pour notre idée orthodoxe, qui finira par apporter la joie dans le monde entier. Pendant ce temps, il sera préférable de chercher à s'allier aux Asiatiques. En Europe, nous n'avons été que de simples intrus ; en Asie, nous serons les maîtres. En Europe, nous avons été des Tatares ; en Asie, nous serons des hommes de culture. Avoir conscience de notre mission civilisatrice nous accordera cette dignité dont nous manquons en tant que caricatures des Européens. Allons en Asie, cette « terre de saints miracles, » comme l'appelait l'un de nos plus grands slavophiles, et rendons le nom du tsar blanc plus grand et vénéré là-bas que celui de la reine d'Angleterre, ou que celui du calife. »[1]

Ceci, la dernière volonté de Dostoïevski et son testament étaient incompréhensibles aux yeux de ses contemporains. Son esprit clairvoyant avait surpassé le leur. La société russe était hypnotisée par l'Europe et vivait uniquement dans l'espoir de devenir un jour entièrement européenne. Cette idée avait été très renforcée par l'adhésion de nos gouvernants. Comme tous les Slavo-Normands, les Romanov haïssaient les Mongols et craignaient l'Asie. Nos tsars, possédant de nombreux palaces en Europe, n'en avaient aucun en Sibérie ou en Asie centrale, qu'ils visitaient peu. Lorsque des princes d'Orient venaient à Saint-Pétersbourg, on les recevait poliment, mais aussi froidement. Fidèles aux traditions de Pierre le Grand, les Romanov œuvraient obstinément à l'introduction des institutions européennes en Russie. Tous nos conseils impériaux, notre Sénat, notre Douma, nos ministères et nos chancelleries étaient des copies parfaites des modèles européens. Nos écoles pour filles imitaient les couvents français, et nos écoles militaires reproduisaient celles d'Allemagne. L'esprit russe était banni dans ces établissements, et mes jeunes compatriotes qui avaient été éduqués dans ceux-ci préféraient discuter en français. Si nos souverains avaient réussi à européaniser nos nobles, ils avaient échoué à étendre le processus au peuple. Les nobles et intellectuels russes étaient faibles, mais le peuple était fort et restait fidèle à sa mission historique. Privés de leur gouvernement européen, ils commencèrent immédiatement à appliquer leurs politiques russes. À peine deux ans après l'abdication de Nicolas II, le colonel Semenov fut proclamé grand-duc de Mongolie, les Russes entamèrent des négociations avec les émirs d'Afghanistan et de Kurdistan, et les hindous envoyèrent des délégations à Moscou. Le fait est que le sang slave diminue d'année en année dans les veines des Russes, tandis que leur sang mongolien se fait de plus en plus dense. Si les Slaves de l'ouest n'envoient pas leurs ressortissants pour aider à coloniser l'Asie, dans un siècle les Russes seront complètement mongolisés. Leur idée de fraternité slave est

---

1. Le texte ci-dessus n'est qu'un résumé du dernier numéro du Journal d'un écrivain qui mérite qu'on l'étudie minutieusement dans son ensemble. Il rend manifeste l'esprit normand de Dostoïevski, désireux de voler vers de nouvelles régions, et d'apporter la civilisation dans les endroits les plus sauvages. Cet esprit est plus remarquable chez lui, car on ne le trouve chez aucun autre grand écrivain russe. Tolstoï, Tourgueniev et Gontcharov ne possèdent rien de cet esprit pionnier. La civilisation mongole ne les intéresse pas.

déjà sensiblement en déclin. En 1877-8, toute la Russie combattit pour libérer les Serbes et les Bulgares, et en 1917 nos soldats jetèrent leurs armes, indifférents à l'invasion de la Serbie par l'ennemi. En oubliant les Slaves, notre peuple transfère sa sympathie aux Mongoliens. Avant, ils se battaient pour libérer leurs frères Slaves de la domination turque et autrichienne ; désormais ils rêvent de délivrer leurs nouveaux frères, les peuples d'Orient, de leurs oppresseurs européens. Les tribus asiatiques sont à leur tour attirées par les Russes à cause de leur sang mongolien, qui devient de plus en plus apparent dans notre peuple. La Russie n'a qu'à tendre la main pour qu'elle soit serrée par d'innombrables pattes marronnes ! Les Asiatiques attendaient ce geste depuis longtemps. Ils sont las du barbarisme et meurent d'envie d'être civilisés ; ils aspirent à jouer un rôle dans la destinée du monde. La civilisation que leur proposent les Anglais est trop hautaine pour eux : ils ne parviennent pas à l'assimiler, d'autant plus, car elle leur est offerte avec mépris. Les Anglais sont prêts à construire des canaux et des réseaux ferroviaires en Inde, mais ils refusent de se mêler aux Indiens et les laissent pourrir dans leurs superstitions païennes. Pourtant rien n'est plus blessant pour les Orientaux que le mépris, car le sens de la dignité n'est pas plus développé ailleurs que dans l'est. Les peuples d'Orient seront toujours attirés par les Russes, car ils sont réputés pour être d'aimables, modestes et généreuses bêtes. Il est bien connu dans l'est qu'ils sont prêts à saluer fraternellement tous les museaux qui s'offrent à eux, peu importe leur couleur. Ils s'accoupleront volontiers avec les Mongoliens et aimeront leurs rejetons jaunes aussi fort que leurs blancs. La Russie donnera à la Mongolie sa culture européenne, qui demeure faible, et donc facile à assimiler. Elle leur proclamera l'évangile et invitera les Orientaux au banquet des seigneurs. En des temps révolus, ceux des patriarches moscovites et des tsars, la mission chrétienne était considérée comme le devoir sacré de la Moscovie. Lorsque les Russes vainquaient une tribu mongolienne, ils envoyaient leurs missionnaires dans les provinces conquises. Ils construisaient des églises et des couvents, ils attiraient les jeunes princes d'Orient à Moscou et les éblouissaient avec les fêtes de leurs tsars, la splendeur et l'amabilité de leurs boyards. Les jeunes Mongols, fascinés par la première civilisation à laquelle ils étaient confrontés, embrassèrent l'orthodoxie avec leurs tribus. La majorité de nos aristocrates et de nos nobles héréditaires descendent de ces princes mongols et se distinguent par leur patriotisme ardent. En réprimant le patriarcat, Pierre le Grand mit fin à cette excellente politique moscovite. Ses successeurs suivirent son exemple, et au lieu d'envoyer des missionnaires en Asie, ils financèrent les mosquées, les décorant avec de splendides tapis venant des palaces russes ; ils aidèrent les bouddhistes à construire leurs temples, au grand désarroi de notre clergé, qui était resté fidèle à la tradition moscovite. De futurs patriarches russes redoubleront d'efforts chrétiens en Asie. Les Européens chercheront seulement les mines d'or et d'argent dans ce continent ; nous les Russes trouverons dans « cette terre de saints miracles » d'autres mines, d'une plus grande valeur pour l'humanité. Nous découvrirons des trésors de foi, d'apôtres éloquents, capables de combattre l'athéisme en Europe et de soigner cette maladie mortelle.

La révolution russe annonce l'éveil de l'Asie. La phase européenne de notre histoire touche à sa fin ; sa phase orientale s'apprête à voir le jour. Les Russes perdront progressivement tout intérêt dans les affaires européennes et deviendront absorbés par celles de l'Asie. Ils aideront les autres nations orientales à se défaire du joug européen et les placeront sous leur protection. Le rêve de Dostoïevski se réalisera : le nom du tsar blanc sera plus vénéré que celui du roi d'Angleterre ou que celui du calife.

Curieusement, les Européens prônent en réalité notre conquête de l'Asie, qui les dépouillera de leurs riches colonies orientales. Profitant du désordre actuel en Russie, ils œuvrent fébrilement à détacher la Lituanie, l'Ukraine, la Géorgie, la Finlande, l'Estonie et la Livonie d'elle. Ils pensent ainsi affaiblir notre pays, et ne voient pas qu'ils vont en fait le renforcer. Les Lituaniens, les Ukrainiens, les Géorgiens et les originaires des provinces baltiques détestent et méprisent le sang mongolien des Russes depuis toujours, et font tout leur possible pour nous détourner de l'Asie. Mieux civilisés que les Russes, ils eurent une immense influence sur mes compatriotes et constituèrent la barrière principale à notre fusion avec les Asiatiques. Lorsqu'il n'y aura plus aucun député slavo-normand et géorgien à la douma, les députés russes s'entendront mieux, et leur sang mongolien les attirera vers l'est. Les Européens vocifèrent en faveur d'un régime démocratique en Russie et ne voient pas que plus la Russie deviendra démocratique, plus hostile elle sera envers l'Europe. Nos aristocrates et nos nobles parlaient en français et en anglais entre eux et voyaient l'Europe comme leur seconde patrie ; nos classes moyennes et nos paysans n'apprennent pas les langues étrangères, ne lisent pas d'auteurs européens, ne voyagent pas en Europe et n'aiment pas les étrangers. Ils porteront leurs nouveaux tsars vers l'Asie, et ces gouvernants, libérés de l'influence européenne des barons baltiques, des Polonais et des Géorgiens, ne pourront plus s'opposer à la volonté du peuple. En créant un régime démocratique en Russie, les Européens et les Américains pensent préparer le terrain pour l'exploitation de nos richesses minérales et végétales. Ils ont tort, car nos moujiks protégeront la terre plus obstinément que nos nobles européens, qui étaient prêts à troquer leurs possessions contre un moyen d'apprécier les terrasses de Monte-Carlo. Les moujiks commencent toujours leurs frappes et leurs insurrections en tuant les travailleurs européens dans les mines et les usines. L'idée que des étrangers deviennent millionnaires en vertu de nos richesses nationales leur semble profondément humiliante. Trompés par nos émigrés, les Européens et les Américains ne connaissent rien du caractère de nos paysans et les prennent généralement pour des idiots faciles à gouverner. Les Européens hésitent à lutter contre le bolchévisme, espérant que le désordre affaiblira la Russie ; tandis que les Russes consolident leur nouvelle amitié avec les Orientaux qui, pour autant qu'elle soit fondée sur une sympathie mutuelle, pourrait bien devenir très solide. Alors que l'Europe change quotidiennement d'attitude envers notre pays, n'étant pas certaine de la politique à adopter, la Russie, l'Oiseau de feu s'envolera définitivement vers l'est. La cécité de l'Europe et de l'Amérique à cet égard est presque comique, pourtant elle entre dans l'ordre des choses. Quand Dieu doit proclamer une nouvelle vérité au monde, il commence par aveugler ceux qui s'accrochent à l'ancienne idée qui est devenue insignifiante et inutile.

✳ ✳ ✳

Occupé ainsi à la politique de son pays, Dostoïevski ne négligea pas ses enfants et continua de nous lire les chefs-d'œuvre de la littérature russe tous les soirs. Durant le dernier hiver de sa vie, il nous récita des fragments de la pièce de théâtre bien connue de Griboïedov, *Le malheur d'avoir trop d'esprit*. Cette comédie pleine d'esprit est emplie de phrases devenues proverbiales chez nous. Dostoïevski admirait beaucoup cette excellente satire de la société de Moscou et aimait la voir en spectacle. Il pensait cependant que les acteurs ne l'avaient pas comprise, en particulier le rôle de Repetilov, dans lequel il voyait la personnification du parti libéral chez les Occidentaux. Repetilov n'apparaît pas avant la fin de la pièce. Il est invité au bal de Famonsov, mais n'arrive pas avant quatre heures du matin, quand tous les invités s'en vont. Il arrive plutôt ivre, soutenu par deux valets de pied, et commence immédiatement à déclamer d'interminables discours ; les invités l'écoutent le sourire aux lèvres et s'éclipsent petit à petit, laissant leur place à d'autres. Repetilov ne remarque pas que son public change et se déplace, et continue à parler. Nos acteurs représentent Repetilov comme un bouffon, mais Dostoïevski le considérait comme passionnément tragique. Il avait raison, car l'incapacité de nos intellectuels à comprendre la Russie et à lui trouver une tâche utile, leur indolence orientale se manifestant par d'interminables discours, est maladive. Dostoïevski nous avait déclamé et expliqué si souvent cette comédie qu'il en vint à vouloir jouer lui-même le rôle, pour nous en montrer sa conception. Il exprima ce désir avec certains de ses amis, qui lui proposèrent de monter une pièce de théâtre amateur chez eux, et d'enfin donner le dernier acte à la fameuse œuvre de Griboïedov. Cet intéressant projet fut grandement discuté à Saint-Pétersbourg. Mon père ne voulait pas apparaître en public avant d'être bien préparé et s'entraînait constamment devant ses enfants. Comme à son habitude, il était enflammé par cette nouvelle idée et jouait sérieusement, entrant sur scène, trébuchant, gesticulant et déclamant. Nous suivions son imitation avec admiration. Nous avions un jeune ami, Serge K., fils unique d'une riche veuve, qui le gâtait énormément. Dans l'une des pièces de son appartement, elle avait fait construire une petite scène avec un rideau et simple décor, et sur cette scène nous jouions pour nos parents, récitant les fables de Krilov ou les poèmes de nos grands écrivains russes. Malgré ses nombreuses occupations, Dostoïevski ne ratait jamais nos représentations, et encourageait les jeunes acteurs en applaudissant. Nous développâmes une passion pour le théâtre, et la représentation de notre père nous intéressa beaucoup. J'ai toujours regretté le fait que la santé de Dostoïevski l'empêcha d'apparaître comme acteur. Il aurait créé un genre original et mémorable. En effet, ce n'était pas la première fois que la passion ukrainienne pour le théâtre se manifestait chez Dostoïevski. Lorsqu'il sortit de prison, il écrivit une comédie, *Le rêve de l'oncle*, qu'il transforma ensuite en roman. Dans l'une de ses lettres, il dit qu'il avait beaucoup ri en écrivant cette pièce. Il déclara que le héros, le prince K., était comme lui, et en effet le caractère naïf et chevaleresque du pauvre prince rappelle celui de mon père. Plus tard, quand il revint à Saint-Pétersbourg, Dostoïevski aimait inventer des discours «à la manière du prince K.,» et il les déclamait à ses amis, adoptant la voix et les gestes du pauvre dégénéré. Cela l'amusait beaucoup, et il put donner vie à son héros. Il est curieux que mon père se représentât deux fois en prince, dans *L'idiot* et *Le rêve de l'oncle*, et chaque fois en dégénéré.

La mort de Dostoïevski

Vers fin janvier ma tante Véra vint à Moscou pour rester avec sa sœur Alexandra. La nouvelle de sa venue enchanta mon père, qui s'empressa de l'inviter à dîner. Il se rappelait avec plaisir les nombreuses fois où il lui avait rendu visite chez elle, ainsi que l'accueil chaleureux auquel il avait eu droit durant son veuvage. Il était impatient de discuter avec elle de ses neveux et nièces, de sa mère et de leur enfance à Moscou et Darovoye. Il ne se doutait pas que sa sœur s'était résolue à avoir une tout autre sorte de conversation.

Le fait est que, depuis longtemps, les Dostoïevski étaient à couteau tiré concernant l'héritage de leur tante Kumanine. À sa mort, elle avait laissé tout son argent aux héritiers de son mari ; mais une terre d'exploitation forestière de quelques douze milles déciatines dans la principauté de Riazan devait être divisée entre ses neveux et nièces Dostoïevski et les enfants d'une autre sœur, leurs cousins. Les nombreux héritiers ne parvenaient pas à s'accorder et gaspillaient leur temps dans d'interminables disputes. Ces discussions se poursuivaient à Moscou, et mon père, qui ne connaissait que très peu la famille de sa tante, n'y prenait pas part, et attendait impatiemment qu'ils parviennent à un accord et lui versent sa part du butin, s'élevant à deux mille déciatines. C'était une propriété considérable ; malheureusement, elle se situait plutôt loin des voies ferrées et était difficile d'accès, ce qui diminuait sa valeur. Néanmoins, Dostoïevski y était très attaché, car c'était la seule propriété qu'il pouvait laisser à sa famille. Et cet héritage était soudainement remis en question par ses sœurs.

Selon la loi russe de l'époque, les femmes ne pouvaient hériter que d'un quatorzième d'une propriété. Mes tantes, toutes plutôt avares, comptaient beaucoup sur la propriété de leur tante, et furent très contrariées lorsqu'elles apprirent qu'elles ne recevraient qu'une pacotille. Elles se souvinrent ensuite la facilité avec laquelle leur frère Fiodor avait renoncé à ses droits sur les biens de ses parents en échange d'une petite somme d'argent comptant. Elles pensaient qu'il se laisserait faire piller une seconde fois tout aussi facilement, et lui demandèrent de résigner son dû en faveur de ses trois sœurs, sous prétexte qu'il avait déjà reçu bien plus de sa tante que tout autre membre de la famille. Il est vrai qu'il avait toujours été le préféré de sa tante, qui était également sa marraine. Mais, avant toute chose, ma tante Kumanine avait hérité de la fortune de son mari, et était libre d'en faire ce qu'il lui plaisait ; ensuite, mon père avait dépensé presque tout ce que sa tante lui avait donné pour subvenir aux besoins de la famille Dostoïevski. Dans une lettre adressée à l'un de ses amis, mon père raconta qu'il avait sacrifié 12 000 roubles qu'il avait reçus d'elle pour essayer de sauver le journal *Epoha*, qui appartenait à son frère Mikhaïl. Il avait aidé son frère Nicolaï toute sa vie, sa sœur Alexandra lorsque son mari avait été malade, sans parler des enfants de mon oncle Mikhaïl, qui dépendirent de lui pendant des années. Toutefois, connaissant la nature généreuse de mon père, je suis sûre qu'il aurait renoncé sa part de l'héritage à ses sœurs s'il n'avait pas eu à considérer la supériorité des droits de sa femme et de ses enfants. Il avait enfin remboursé les dettes de son frère Mikhaïl, mais puisqu'il devait subvenir aux besoins de trois foyers, celui de son frère Nicolaï, de son beau-fils Issaïeff et le sien, il dépensait tout ce qu'il gagnait et ne pouvait rien économiser. Il est vrai qu'il nous laissait ses œuvres ; mais en Russie un tel héritage ne garantissait rien. Il n'était pas rare qu'un écrivain énormément lu durant sa vie fût complètement oublié après sa mort. À cette époque, personne ne pouvait prédire la place qu'allait prendre Dostoïevski, non seulement en Russie, mais partout dans le monde. Lui-même ne s'en doutait guère. La traduction de ses œuvres dans d'autres langues avait déjà commencé, mais ces traductions l'importaient peu. Il se considérait comme russe, et déclarait que les Européens étaient incapables de comprendre les idées russes. Il avait raison, car nos grands écrivains (Pouchkine, Lermontov, Gogol, Griboïedov, Gontcharov et Ostrovski) ne jouirent jamais d'un grand succès en Europe ; pas même Tourgueniev, bien que ses amis européens le promussent avec ferveur. Dostoïevski n'était pas conscient de son esprit normand, qui le rendait attrayant aux yeux des Européens, de même façon que l'esprit allemand de Tolstoï avait assuré son succès à l'étranger. Il existe peu de nations en Europe ou en Amérique qui n'aient pas un mélange de sang normand dans leurs veines. La foi ardente des Normands ainsi que leur perspicacité prodigieuse, qui se manifestent dans les œuvres de Dostoïevski, attirent les Européens, tandis que son âme slave, tendre, généreuse et enthousiaste, attire les Slaves. L'effort mongolien, dont mon père avait hérité de son grand-père moscovite, était en revanche très faible chez lui; cela explique peut-être pourquoi les peuples orientaux, dont les Juifs, n'ont jamais apprécié Dostoïevski.

Mon père ne pouvait prétendre à aucune pension gouvernementale pour sa femme et ses enfants. Les pensions étaient seulement attribuées aux veuves de fonctionnaires et mon père refusait de servir l'État, car il souhaitait rester libre et indépendant. Ma mère fut la première veuve d'écrivain à laquelle l'État accorda une pension[1], ce qui surprit tout le monde. Mon père pensait qu'il n'avait pas le droit de prendre les revenus de ses enfants pour les donner à ses sœurs qui, en effet, étaient plus riches que nous. Ma tante Alexandra possédait une maison à Saint-Pétersbourg, ma tante Barbara en possédait plusieurs à Moscou, ma tante Véra avait conservé Darovoye, le domaine de ses parents. Elles s'étaient toutes mariées jeunes, et au moment où j'écris leurs enfants étaient grands et capables de gagner leur vie, tandis que nous étions encore très jeunes. En vain, Dostoïevski expliqua ceci à ses sœurs; elles ne voulurent pas entendre raison. Ma tante Alexandra se querella avec son frère et cessa de nous rendre visite; ma tante Barbara, plus diplomate, se tint en retrait et ne voulut pas en discuter. Sachant à quel point Dostoïevski était attaché à la famille de sa sœur Véra, les deux autres l'envoyèrent voir mon père pour faire une nouvelle tentative.

Le dîner de famille eut lieu un dimanche, le 25 janvier. Il commença gaiement avec des blagues et des souvenirs des jeux et divertissements de l'enfance de Dostoïevski. Mais ma tante était désireuse d'en venir aux choses sérieuses, et commença à débattre sur l'éternelle question du domaine Kumanine qui empoisonnait la vie de tous les Dostoïevski. Mon père fronça les sourcils; ma mère tenta de changer de conversation en questionnant sa belle-sœur à propos de ses enfants. Cela ne servait à rien: ma tante Véra était la moins intelligente de la famille. Bien entraînée par ses sœurs plus intelligentes et malignes, elle avait peur d'oublier leurs instructions, et continua à parler de son affaire avec un enthousiasme grandissant. En vain, Dostoïevski expliqua la position financière difficile dans laquelle il était, et parla de ses devoirs de père; ma tante

1. Le gouvernement accorda à ma mère une pension de 2000 roubles (£200), allouée aux veuves de généraux. En plus de cela, on lui offrit deux nominations au Corps des Pages et à l'institut Smolny, deux écoles aristocratiques russes, pour nous. Elle les accepta, mais à l'époque nous étions trop jeunes pour être envoyés à l'école. Quand nous étions plus vieux, l'édition posthume des œuvres de mon père rapportait un si bon revenu que ma mère nous plaça dans d'autres établissements et finança notre éducation elle-même. Elle nous a expliqué que selon les idées de mon père, les parents devaient assurer les besoins de leurs enfants eux-mêmes et laisser les nominations aux orphelins.

ne voulait pas l'écouter; elle reprocha à mon père sa «cruauté» envers ses sœurs, et finit par fondre en larmes. Dostoïevski perdit patience et, refusant de poursuivre cette douloureuse discussion, sortit de table avant la fin du repas. Alors que ma mère escortait sa belle-sœur en pleurs, qui avait insisté pour rentrer immédiatement chez elle, mon père prit refuge dans sa chambre. Il s'assit à sa table d'écriture, prenant sa tête entre ses mains. Il sentit une extraordinaire fatigue le submerger. Il avait tellement attendu ce dîner, et ce maudit héritage avait gâché sa soirée... Soudain, il sentit une étrange humidité sur ses mains; il les regarda; elles étaient couvertes de sang. Il toucha sa bouche et sa moustache puis rétracta sa main avec horreur. Il n'avait jamais eu d'hémorragie aupa-ravant. Il fut pris de terreur et appela sa femme. Ma mère le rejoignit à la hâte et appela immédiatement le docteur; pendant ce temps, elle nous amena dans la chambre de mon père, essaya de plaisanter, et nous rapporta un journal comique qui venait d'arriver. Mon père reprit pos-session de lui-même, rit aux illustrations comiques, et plaisanta à son tour avec nous. Le sang avait cessé d'envahir sa bouche; son visage et ses mains avaient été nettoyés. Voyant notre père riant et plaisantant, nous ne comprenions pas pourquoi notre mère nous avait dit que papa était malade et que nous devions essayer de l'amuser. Le docteur arriva enfin, rassura mes parents, déclara que des hémorragies se déclenchaient souvent en cas de catarrhe des organes respiratoires, mais somma à mon père d'aller au lit immédiatement et d'y rester pendant deux jours, en restant le plus silencieux possible. Mon père se coucha docilement sur son divan turc, et ne se releva plus...

Le lendemain, il se réveilla joyeux et confortable. Il avait bien dormi, et restait seulement au lit sur instruction du docteur. Il désirait recevoir ses amis intimes qui lui rendaient visite tous les jours, et leur parla du premier numéro du *Journal d'un écrivain* de 1881 qui devait paraître et auquel il était profondément intéressé. Voyant que mon père attachait si peu d'importance à sa maladie, ses amis pensèrent que celle-ci n'était qu'une indisposition passagère. Le soir, après qu'ils furent partis, mon père eut une autre hémorragie. Puisque le docteur avait dit à ma mère que cela risquait d'arriver, elle ne s'alarma pas. Elle fut cependant gran-dement bouleversée le lendemain, le mardi, par l'extrême prostration de son mari. Dostoïevski avait cessé de s'intéresser à son journal; il était allongé sur son divan les yeux clos, stupéfait par l'étrange faiblesse qui le terrassait, car il avait toujours été si dynamique et plein de vie, sup-portant toutes ses souffrances sans altérer sa routine ou interrompre son travail. Les amis qui étaient venus le voir s'inquiétaient de sa faiblesse, et conseillèrent à ma mère de ne pas s'en remettre seulement à Dr Bretzel, notre docteur de famille, mais d'avoir une autre opinion. Ma mère fit venir un spécialiste, qui ne pouvait pas être là avant le soir. Il expliqua que la faiblesse était l'inévitable résultat des deux hémorragies et qu'elle passerait après quelques jours. Mais il ne cacha pas à ma mère que son cas était bien plus sérieux que l'avait supposé Dr Bretzel. «Cette nuit sera décisive,» dit-il.

Hélas! Lorsque mon père se réveilla le lendemain après une nuit agitée, ma mère réalisa que ses heures étaient comptées. Mon père, lui aussi, le réalisa. Comme à chaque crise de sa vie, il se tourna vers l'évangile. Il supplia sa femme d'ouvrir la Bible qu'il avait reçue en allant en prison et de lire les premières lignes sur lesquelles ses yeux se poseraient. Ravalant ses larmes, elle lut à voix haute: «Mais John s'y opposa en disant: j'ai besoin d'être baptisé par toi, et toi viens-tu à moi? Et Jésus lui répondit: «Ne me retiens pas[1], car il est convenable que nous accomplissions tout ce qui est juste.» Mon père songea un moment puis dit à sa femme: «As-tu entendu? Ne me retiens pas. Mon heure est venue. Je dois mourir.»

Dostoïevski réclama ensuite un prêtre, fit sa confession et reçut le Saint-Sacrement. Quand le prêtre fut parti, il nous fit entrer dans sa chambre et, prenant nos petites mains dans les siennes, il supplia à ma mère de lire la parabole du fils prodige. Il écouta les yeux fermés, absorbé par ses pensées. «Mes enfants,» dit-il d'une voix faible, «n'oubliez jamais ce que vous venez d'entendre. Ayez foi absolue en Dieu et ne perdez jamais espoir en son pardon. Je vous aime de tout mon cœur, mais mon amour n'est rien comparé à l'amour de Dieu pour tous ceux qu'il a créés. Même si vous êtes malheureux au point de commettre un crime au cours de votre vie, ne perdez jamais espoir en Dieu. Vous êtes ses enfants; rendez-vous humble devant lui comme devant votre père, implorez son pardon et il se réjouira de votre repentance, comme le père se réjouit du fils prodige.»

Il nous enlaça et nous donna sa bénédiction; nous quittâmes la chambre mortuaire en pleurant. Des amis et parents étaient rassemblés dans le salon, car la nouvelle de la dangereuse maladie de Dostoïevski s'était répandue en ville. Mon père les fit venir les uns après les autres, et dit des paroles affectueuses à chacun. Alors que le jour s'écoulait, sa force diminua sensiblement. En soirée, il eut une nouvelle hémorragie et commença à perdre connaissance. Les portes de sa chambre furent alors

1. C'est apparemment la version russe, comme laisse apparaître le contexte. Dans la version française: Laisse faire maintenant.

ouvertes et ses amis et sa famille vinrent pour être présents à sa mort. Ils restent autour de lui sans parler ni pleurer, faisant attention à ne pas déranger son agonie. Seule ma mère pleurait en silence, agenouillée près du divan sur lequel était allongé son mari. Un étrange bruit semblable au gargouillis de l'eau s'échappa de la gorge du mourant, sa poitrine se souleva, il parla rapidement dans un ton grave, mais personne ne comprit ce qu'il disait. Petit à petit, son souffle devint de plus en plus silencieux, ses mots moins audibles. Enfin, il resta silencieux…

J'ai depuis lors assisté à la mort de beaucoup d'amis et de parents, mais aucune ne fut aussi radieuse que celle de mon père. La sienne fut vraiment une mort chrétienne, telle que l'Église orthodoxe le désire pour tous ses enfants, une mort sans douleur et sans honte. Dostoïevski avait seulement souffert de faiblesse ; il resta conscient jusqu'à ses derniers instants. Il vit la mort s'approcher sans crainte. Il savait qu'il n'avait pas enterré son talent et que toute sa vie il avait été le servant fidèle de Dieu. Il était prêt à apparaître devant le Père éternel, espérant que pour le récompenser de toutes les souffrances qu'il avait vécues dans cette vie Dieu lui donnerait un nouveau grand travail à faire, une nouvelle grande tâche à accomplir.

* * *

Lorsqu'une personne meurt en Russie, son corps est immédiatement lavé. Il est ensuite habillé dans ses plus fins et beaux habits et allongé sur une table couverte d'un drap blanc jusqu'à ce que son cercueil soit prêt. De longues bougies sont apportées de l'église la plus proche, ainsi qu'un tissu doré, qui est étendu sur le corps. Deux fois par jour, le prêtre vient réciter la panikhide, ou prières pour les morts, qu'il dit accompagnés par la chorale de son église. Les amis et la famille du défunt y assistent, tenant chacun un cierge allumé. Pendant le reste de la journée et de la nuit, un lecteur de l'église ou une nonne lisent un psaume à voix haute en se plaçant au pied du cercueil. L'enterrement a lieu au troisième jour, parfois seulement au quatrième, si les parents qui désirent être présents vivent dans des provinces lointaines et ne peuvent pas arriver avant.

Après une nuit fiévreuse je me levai et entrai, les yeux rougis par les larmes, dans la chambre de mon père, je trouvai son corps allongé sur la table, les mains croisées sur la poitrine et portant une icône. Comme beaucoup d'enfants nerveux, j'avais peur des morts et ne voulais pas m'en approcher ; mais je n'avais pas peur de mon père. Il paraissait endormi sur son coussin, souriant légèrement, comme s'il regardait quelque chose de beau. Un peintre était déjà installé à ses côtés, dessinant Dostoïevski dans son repos éternel. Les journaux avaient annoncé la mort de mon père ce matin-là, et tous ses amis se hâtaient pour assister à la première panikhide. Des délégations d'étudiants appartenant aux nombreuses écoles supérieures de Saint-Pétersbourg les suivaient. Ils arrivèrent accompagnés du prêtre rattaché à leur école, puis il récita les prières, les étudiants chantant les réponses. Les larmes coulaient le long de leurs joues ; ils sanglotèrent en observant le visage immobile de leur maître bien-aimé. Ma mère vagabondait dans et hors de la pièce telle une ombre, les yeux gonflés par les larmes. Elle réalisait si mal ce qu'il s'était passé que lorsqu'un fonctionnaire de la Cour vint de la part de l'empereur Alexandre II pour lui informer que l'État envisageait de lui accorder une pension, et ainsi financer l'éducation de ses enfants, elle se leva joyeusement pour aller annoncer la nouvelle à son mari. « C'est à ce moment-là, » me dit-elle plus tard, « que j'ai réalisé que mon mari était décédé, et que dorénavant je devrais vivre seule, sans cet ami avec qui partager mes joies et mes peines. » Mon oncle Jean, qui, par une étrange coïncidence, arriva à Saint-Pétersbourg au moment de la mort de Dostoïevski, dut superviser les préparatifs pour les funérailles. Il demanda à sa sœur où elle souhaitait que son mari fût enterré. Ma mère se rappela alors une conversation qu'elle avait eue avec Dostoïevski le jour des funérailles du poète Nekrassov quelques années auparavant, au cimetière de Novodievitchi[1]. Mon père prononça un discours devant la tombe ouverte du poète et rentra triste et déprimé. « Je rejoindrai bientôt Nekrassov, » dit-il à ma mère. « Je vous prie de m'enterrer au même endroit. Je ne souhaite pas reposer à Volkovo parmi les écrivains russes[2]. Ils m'ont haï et persécuté toute ma vie et l'ont rendue amère. J'aimerais reposer auprès de Nekrassov, qui a toujours été bon avec moi, qui a été le premier à me dire que j'avais du talent, et qui ne m'a pas oublié lorsque j'étais en Sibérie. »

Ma mère, voyant qu'il était malheureux, essaya de le distraire en plaisantant, une méthode qui fonctionnait généralement.

« Quelle idée ! » dit-elle gaiement. « Novodievitchi est si lugubre et isolé ! Je préférerais vous enterrer au monastère Alexandre Nevski. »

« Je croyais que seuls les généraux étaient enterrés ici[3], » dit mon père,

---

1. Un couvent pour les nonnes.
2. La majorité de nos écrivains sont enterrés dans le cimetière de Volkovo. Il y existe un endroit appelé la passerelle des écrivains.
3. Le monastère d'Alexandre Nevski, qui contient des reliques du saint patron de Saint-Pétersbourg, est considéré comme le cimetière aristocratique de la ville.

tentant de plaisanter à son tour.

« Eh bien, n'êtes-vous pas un général de la littérature ? Vous avez certainement le droit de reposer avec eux. Quelles splendides funérailles vous aurez ! Des archevêques célébreront votre messe funéraire, la chorale du métropolitain la chantera. Une énorme foule suivra votre cercueil et quand la procession approchera le monastère les moines viendront vous saluer ! »

« Ils font seulement cela pour le tsar, » répondit mon père, amusé par les prédictions de sa femme.

« Ils le feront pour vous aussi. Oh ! Vous aurez des obsèques magnifiques, tel que l'on ne les a jamais vues à Saint-Pétersbourg. »

Mon père rit et raconta à ses amis venus discuter avec lui des funérailles de Nekrassov les fantaisies de sa femme. Plus tard, beaucoup se souvinrent de cette étrange prédiction que ma mère avait faite par plaisanterie.

Se rappelant cette conversation, ma mère supplia mon oncle Jean d'aller avec leur beau-frère, M. Paul Svatkovski, au couvent de Novodievitchi afin d'y acheter une tombe pour mon père près de celle de Nekrassov. Elle lui donna tout l'argent qu'elle avait à la maison et qu'il devrait peut-être avancer pour payer la tombe et la messe funéraire. En sortant, mon oncle remarqua nos visages pâles et funèbres, et demanda à sa sœur la permission de nous emmener au couvent. « Une balade en traîneau leur fera du bien, » dit-il en nous regardant avec pitié.

Nous courûmes nous habiller et montâmes joyeusement dans le traîneau. L'air frais et le soleil hivernal nous firent effectivement du bien, et avec notre insouciance d'enfants nous oubliâmes un moment la perte cruelle dont nous souffrions. Le couvent de Novodievitchi se situe en périphérie de la ville, non loin de l'arc de Narva. C'était la première fois que j'entrais dans un couvent, et j'observai curieusement les silencieux couloirs, le long desquels les nonnes glissaient comme des ombres. On nous montra la salle de réception ; la mère supérieure du couvent, une vieille dame habillée en noir, coiffée d'un long voile couvrant sa tête et sa robe, entra, l'air froid et hautain. M. Svatkovski expliqua que le célèbre écrivain Dostoïevski avait exprimé le souhait d'être enterré auprès du poète Nekrassov et, sachant que le coût était élevé, supplia pour que nous ayons la tombe au plus bas prix possible, compte tenu du peu de revenus laissés par mon père. La mère supérieure fit un dédaigneux geste de la main. « Nous les nonnes n'appartenons pas au monde, » dit-elle froidement, « et ses célébrités ne sont rien pour nous. Nous avons des prix fixes pour les enterrements et nous ne pouvons les changer pour

personne.» Puis cette humble servante de Jésus annonça un prix exor-
bitant, bien plus excessif que ce que la modeste somme de ma mère
pouvait offrir. En vain, mon oncle plaida la cause de sa sœur, demandant
à ce qu'elle puisse payer en plusieurs fois pendant une année. La mère
supérieure déclara que la tombe ne serait pas creusée avant d'avoir été
complètement payée. Il finit par se lever et quitter cette usurière sainte.

Nous rentrâmes, indignés, pour informer ma mère de l'échec de notre
mission. « Quel dommage!» dit-elle tristement. «J'aimerais l'enterrer à
l'endroit qu'il a choisi lui-même. Je suppose que nous devrions l'enterrer
auprès de notre petit Alexeï à Ohta, mais il n'a jamais aimé cet endroit.»
Nous convînmes que mon oncle devrait aller à Ohta le lendemain pour
acheter une tombe et organiser la messe funéraire avec le prêtre.

En fin de journée, ma mère fut informée qu'un moine avait appelé et
souhaitait s'entretenir avec elle. Il venait au nom de la communauté
du monastère d'Alexandre Nevski qui, dit-il, admirait beaucoup Dostoïevski. Les moines désiraient que le corps du célèbre écrivain repose
au sein de leur monastère. Ils entreprendraient également de réaliser
la messe funéraire, qu'ils proposaient de célébrer avec grande solennité
dans leur plus grande église. Ma mère accepta joyeusement son offre
généreuse. Quand le moine fut parti, elle vint dans sa chambre et se
souvint soudain de ce qu'elle avait dit à son mari quelques années auparavant: «Je vous enterrerai dans le monastère d'Alexandre Nevski.»

Le jour suivant, le vendredi, les admirateurs de Dostoïevski envahirent
notre demeure dès le matin. La foule état hétérogène: des écrivains, des
ministres, des étudiants, des grands-ducs, des généraux, des prêtres, de
grandes dames et de pauvres femmes de la classe moyenne se succédaient
pour saluer le corps de Dostoïevski, devant attendre leur tour pendant
parfois des heures. La chaleur de la chambre mortuaire était telle que
les bougies s'éteignirent durant la panikhide. De magnifiques gerbes de
fleurs décorées de rubans portant de touchantes inscriptions, envoyées
par les différents ministères, sociétés et écoles qui feraient partie de la
procession funéraire, étaient envoyées en tel nombre que nous ne sa-
vions plus où les disposer. Les petites gerbes et les bouquets apportés par
les amis de Dostoïevski furent placés près du cercueil dans lequel mon
père venait d'être allongé. Ses admirateurs embrassaient ses mains, pleurant et suppliant pour garder une fleur ou une feuille en souvenir de lui.
Aidés par nos jeunes amis venus surveiller avec nous près du cercueil,
mon frère et moi distribuâmes des fleurs toute la journée aux inconnus
qui nous entouraient.

Le samedi, une énorme foule remplit la rue à l'angle de notre maison. De nos fenêtres, nous observâmes la marée humaine, ondulant comme une vague, sur laquelle les gerbes de fleurs et les rubans portés par les étudiants flottaient. Un corbillard était prêt pour transporter les restes de Dostoïevski jusqu'au monastère. Ses admirateurs empêchèrent le cercueil d'y être déposé. Ils le prirent et le portèrent en se relayant jusqu'au lieu de sa sépulture. Conformément à la tradition, la veuve et les orphelins le suivirent à pied. Puisque le chemin jusqu'au monastère Alexandre Nevski était long et que nos corps enfantins se fatiguaient vite, des amis nous sortirent occasionnellement du cortège pour nous placer dans des calèches. « N'oubliez jamais les splendides funérailles que la Russie offrit à votre père, » nous dirent-ils. Lorsqu'enfin la procession approcha le monastère, les moines sortirent par la grande porte pour aller trouver mon père, qui reposerait désormais au milieu de leur communauté. C'était un honneur qu'il ne réservaient qu'aux tsars ; mais ils le rendirent également au célèbre écrivain russe, le fils respectueux et fidèle de l'Église orthodoxe. Une autre des prédictions de ma mère fut réalisée.

Il était trop tard pour commencer la messe funéraire, qui fut reportée au jour suivant. Le cercueil fut placé au milieu de l'église du Saint-Esprit ; après un court service, nous retournâmes chez nous, usés par la fatigue et l'émotion. Les amis de mon père restèrent un temps pour surveiller la foule. Le soir approcha, le soleil se coucha ; la foule se dispersa petit à petit, se préparant à revenir le lendemain pour l'enterrement. Dostoïevski ne fut pas laissé seul pour autant. Les étudiants de Saint-Pétersbourg ne l'abandonnèrent pas : ils étaient déterminés à assister à la dernière nuit sur terre de leur maître adoré à ses côtés. Nous apprîmes plus tard ce qu'il s'était passé cette nuit-là du métropolitain de Saint-Pétersbourg qui, selon la tradition, vivait au monastère Alexandre Nevski. Quelques jours après les funérailles, ma mère vint le rencontrer, afin de le remercier pour la magnifique cérémonie que les moines avaient organisée pour mon père, et nous emmena avec elle. Le métropolitain nous bénit et commença à nous décrire ses impressions de la vigile étudiante. « Le samedi soir, » dit-il, « Je suis allé à l'église du Saint-Esprit pour saluer à mon tour le corps de Dostoïevski. Les moines m'ont arrêté à la porte, me disant que l'église, qui devait être vide, était remplie de monde[1]. Je suis donc allé dans la petite chapelle qui est au second étage de l'église adjacente, ses fenêtres donnant sur l'église du Saint-Esprit. J'y ai passé une partie de la nuit à observer les étudiants, sans qu'ils me voient. Ils

---

1. Les métropolitains Russes sont de très grands personnages, et apparaissent en public seulement dans des occasions solennelles.

étaient agenouillés et priaient, et en priant ils pleuraient et sanglotaient. Les moines ont commencé à lire les psaumes tour à tour. Je ne les avais jamais entendus lire de cette façon ! Ils lisaient avec une voix tremblant d'émotion, mettant leur cœur dans chacun des mots qu'ils prononçaient. Et ils me disent que ces jeunes gens sont athées, et qu'ils haïssent l'Église. Quel pouvoir magique Dostoïevski possédait-il qui pouvait les ramener ainsi à Dieu ? »

Ce pouvoir était celui que Jésus offrit à tous ses disciples. L'Église russe mécontente, paralysée depuis l'époque de Pierre le Grand, avait perdu son pouvoir sacré. Maintenant qu'elle s'est délivrée de ses chaînes et, depuis la révolution, se noie dans le sang de ses martyrs, les prêtres et les moines torturés et mis à mort par les bolchéviques, elle renaîtra et deviendra aussi puissante qu'à l'époque des anciens patriarches moscovites.

Le jour de l'enterrement, le dimanche 1ᵉʳ février, tous les admirateurs de Dostoïevski qui travaillaient durant la semaine profitèrent du jour saint pour aller à l'église et prier pour le repos de son âme. Très tôt le matin, une foule énorme envahit le paisible monastère d'Alexandre Nevski, situé sur les rives de la Neva et formant à lui seul un petit village, avec ses énormes églises, ses trois cimetières, ses jardins, son école, son séminaire et son académie ecclésiastique. Les moines, voyant la foule augmenter de minute en minute, remplissant les jardins et les cimetières et grimpant sur les monuments et les grilles en fer, s'inquiétèrent et firent appel la police, qui ferma immédiatement les grandes portes. Ceux qui arrivèrent après se tinrent sur la place devant le monastère, et restèrent là jusqu'à la fin de la cérémonie, espérant entrer d'une manière ou d'une autre, ou du moins entendre les chants funéraires pendant que le cercueil était transporté vers la tombe.

Vers neuf heures du matin, nous conduisîmes jusqu'à la grande porte, et furent étonnés de la trouver fermée. Ma mère sortit de la calèche, cachée sous son voile de veuve et nous tenant la main. Un officier de police barra l'entrée. « Plus personne n'est admis, » dit-il sévèrement.

« Quoi ? » cria ma mère stupéfaite. « Je suis la veuve de Dostoïevski, et on m'attend pour commencer la messe. »

« Vous êtes la sixième veuve de Dostoïevski qui tente d'entrer. Arrêtez de mentir ! Je n'autoriserai plus personne à passer. »

Nous nous regardâmes perplexes, ne sachant pas quoi faire. Heureusement, des amis nous attendaient ; ils se précipitèrent vers la porte et nous firent rentrer. Nous eurent beaucoup de mal à traverser la foule alentour, de nouvelles personnes entrant toujours dans l'église, qui était déjà pleine à craquer. Lorsqu'enfin nous atteignîmes l'endroit qui nous était réservé, la messe put commencer. Elle fut célébrée par l'archevêque, qui prononça la messe funéraire, et chantée par la chorale du métropolitain. Au cimetière, se fut au tour des écrivains : les discours qu'ils délivrèrent à côté de la tombe ouverte, conformément à la tradition, durèrent de nombreuses heures. La prédiction de ma mère s'était entièrement réalisée. Jamais il n'y avait eu telles funérailles à Saint-Pétersbourg[1].

Pourtant, un important détail de la messe funéraire avait été omis. En Russie il est de coutume que le cercueil reste ouvert lors de la messe ; vers la fin, la famille et les amis s'approchent et donnent au défunt leur baiser d'adieu. Le cercueil de Dostoïevski était fermé. Le jour des funérailles, mon oncle et M. Pobédonoszev, notre tuteur, allèrent au monastère très tôt le matin. Ils ouvrirent le cercueil et trouvèrent Dostoïevski avec une tout autre apparence. Craignant que la vue de son visage altéré ne perturbe sa veuve et ses enfants, M. Pobédonoszev demanda aux moines de ne pas ouvrir le cercueil. Ma mère ne put jamais lui pardonner entièrement. « Quelle différence cela m'aurait-il fait ? » dit-elle amèrement. « Peu importe ses changements, il serait resté mon mari bien-aimé. Il a été enterré sans mon baiser d'adieu et ma bénédiction. »

Pour ma part, je fus plus tard très reconnaissante envers mon tuteur pour m'avoir épargné cette funèbre vision. J'étais heureuse d'avoir le souvenir de mon père allongé comme s'il dormait paisiblement dans son cercueil, et souriant devant le magnifique paysage qu'il observait. Pourtant, il aurait peut-être été mieux pour moi de voir son corps décomposé. Cela aurait détruit l'étrange rêve qui m'obséda après les funérailles, m'offrant d'abord tellement de joie puis tellement de peine. Je rêvai que mon père n'était pas mort, qu'il avait été enterré dans un état léthargique, qu'il se réveillerait bientôt, appellerait les gardiens de cimetière à l'aide et qu'il reviendrait à nos côtés. J'imaginai notre joie, nos rires et nos baisers. J'étais la fille d'un écrivain imaginatif, j'avais le désir de créer des scènes, des gestes et des mots, et ce simulacre enfantin m'emplissait d'une grande joie. Cependant, petit à petit, alors que les jours et les semaines passèrent, la raison s'éveilla dans mon jeune cerveau et détruisit mes illusions, me disant qu'un humain ne pouvait pas vivre sous terre sans air ni nourriture, que la léthargie de mon père durait très longtemps, et que peut-être, il était vraiment mort. Puis je souffris cruellement…

---

1. Dostoïevski avait lui-même prédit certains détails de sa mort et de son enterrement quand il décrivit la mort du starets Zosime dans Les Frères Karamazov.

Et pourtant j'avais raison. Mon rêve d'enfant n'était pas une illusion; mon père n'était pas mort. Il revint plus tard quand je fus assez vieille pour lire et étudier ses œuvres, et ne me quitta plus. Grâce à sa chère présence, je n'ai jamais ressenti la peur dans ma vie. Je sais que mon père veille sur moi, intercède avec Dieu pour moi, et que notre sauveur ne lui refusera rien. Comme je l'ai écrit, je lui ai supplié de me guider et de m'inspirer, et par-dessus tout de m'empêcher de dire des choses qui lui auraient déplu. Puisse-t-il avoir entendu ma prière!

Aimée Dostoïevski

Discovery
Publisher

Les Éditions **Discovery** est un éditeur
multimédia dont la mission est d'inspirer et de
soutenir la transformation personnelle, la croissance
spirituelle et l'éveil. Avec chaque titre, nous nous
efforçons de préserver la sagesse essentielle de
l'auteur, de l'enseignant spirituel, du penseur,
guérisseur et de l'artiste visionnaire.

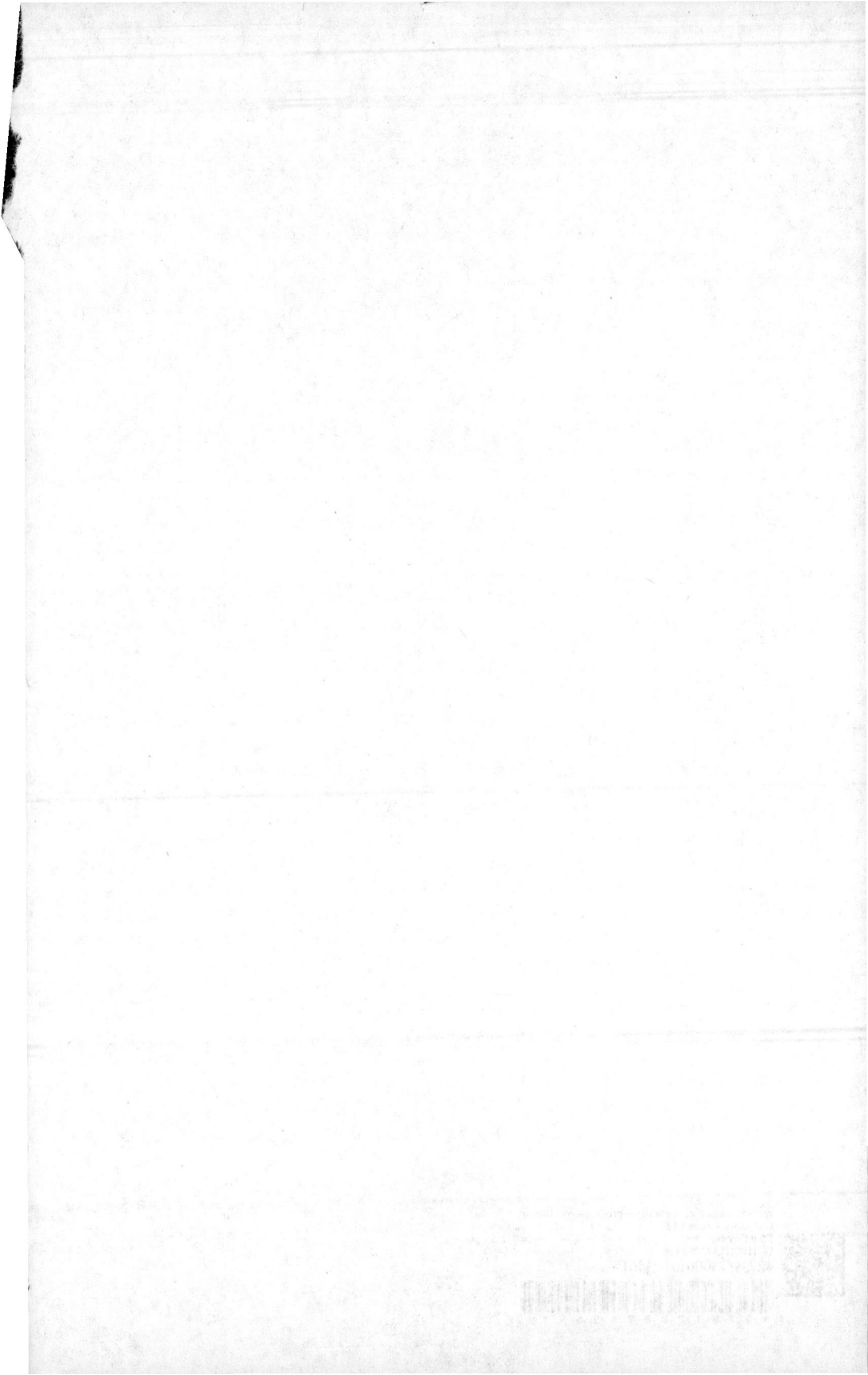

www.ingramcontent.com/pod-product-compliance
Lightning Source LLC
Chambersburg PA
CBHW011343090426
42739CB00017B/3461